U0886126

序

生活在宋朝的无数种活法

首先声明：本书适合夜间阅读，配合着做梦。

汤因比老头做了一个梦，一个穿越的梦。

在梦里，他来到了中国的宋朝。

汤因比老头不姓汤，也不是中国人。

他的梦开启了一个课题，一个对宋朝做研究的课题。

这位英国洋老头儿是搞历史研究的，横向纵向顺向逆向反复比较、挑三拣四一番，最终选定中国的宋朝作为最爱：如果有机会，他愿意生活在中国的宋朝。

汤因比之后，宋朝的粉丝队伍日益壮大，大家都想穿越去宋朝，以至于我们不得不开出一个“宋朝自由行”的定点时光旅行项目，以满足不同年龄、不同性别、不同肤色、不同文化程度但同样喜欢做梦的人士的穿越需求。

我们确保目的地宋朝的生活真实不假，在此次旅行过程中，请抛弃垃圾电视剧在你心目中形成的对宋朝的不准确认知，跟我们去感受真实宋朝的活色生香。另外，我们这次组团绝对是超值深度游，除了吃喝玩乐、衣食住行，还将尽可能地向你展现大宋朝的政治、经济、文化、风俗各个层面，以便你全方位、零距离、无死角地真实体验一回做宋朝人的滋味！

为了使此次旅行终生难忘，在出发之前需要对我们的目的地做一些功课，下面导游将发放《宋朝旅行攻略》，让你对目的地有一个大致的了解，在感性接触之前有一个概括性的认识。

我们先来看《一起去看宋朝的活色生香》之“序”——

与其他朝代相比，宋朝最具梦幻特征。

中国是文明古国，一个区域携天时、地利之势，便会产生一种文明，而文明有一定的寿命，兴衰存亡、新陈代谢是其规律。加之古人不懂生态保护，当地力用尽，繁华也就随之灰飞烟灭。所以，秦汉之后不可能再有秦汉，隋唐之后不可能再有隋唐。唯有这宋朝却是大规模地继往开来，开创了一个永远屹立于世界的“中国”。笔者翻烂二十四史发现，“中国”这个词汇在过去只指一块地方，类似于我们今天所说的“中原”，从宋朝开始才特指一个国家，也间接成为中华文化的载体。换个大言不惭的说法：自宋之后，方有“中国”！

宋朝是历史上经济最发达、商业最繁荣的朝代之一，放到世界范围看也毫不逊色：GDP占到当时全世界的一半以上，一年的货币发行量（铸钱量）最高达五百万贯，而明朝两百七十六年的历史中总货币发行量也只有一千万贯。可惜那时，大卫·李嘉图和亚当·斯密都还没有出生，否则《皇宋度支实录》之类的皇皇巨著就是今天的经济

一起去看宋朝的活色生香

陈华胜 著

新世界出版社
NEW WORLD PRESS

图书在版编目（CIP）数据

一起去看宋朝的活色生香 / 陈华胜著. -- 2版. -- 北京：新世界出版社，2020.11（2023.3重印）
ISBN 978-7-5104-7132-2

Ⅰ. ①一… Ⅱ. ①陈… Ⅲ. ①中国历史－宋代－通俗读物 Ⅳ. ①K244.09

中国版本图书馆CIP数据核字（2020）第174451号

一起去看宋朝的活色生香

作　　者：陈华胜
责任编辑：刘　颖
责任校对：宣　慧　张杰楠
责任印制：王宝根
出版发行：新世界出版社
社　　址：北京西城区百万庄大街24号（100037）
发 行 部：(010) 6899 5968　(010) 6899 8705（传真）
总 编 室：(010) 6899 5424　(010) 6832 6679（传真）
http://www.nwp.cn
http://www.nwp.com.cn
版 权 部：+8610 6899 6306
版权部电子信箱：nwpcd@sina.com
印　　刷：天津旭非印刷有限公司
经　　销：新华书店
开　　本：880mm × 1230mm　1/32
字　　数：221千字　　印　　张：10.75
版　　次：2016年9月第1版　2020年11月第2版
印　　次：2023年3月第2版第4次印刷，累计第8次印刷
书　　号：ISBN 978-7-5104-7132-2
定　　价：42.00元

学硕士、博士的必修课了。中国人至今引以为傲的“四大发明”，有三大发明出现在宋朝：活字印刷的推广就是如今的互联网，没有罗盘的发明哪来苹果的手机定位？火药的作用就更不用说了，离了这玩意儿，今天再厉害的武器统统是道具。另外，像石油这种今天被认为最重要的战略资源，一千多年前就早已为中国人服务了，不信你去翻翻沈括的《梦溪笔谈》。

宋朝也是历史上最开明的皇朝，对外推行多求友、少树敌，有利于人类和睦的和平外交；对内重视知识、尊重人才，实行有利于发展生产的宽松政策。二十一世纪，全世界都提出了和平与发展的口号，任何国家都不会再公开提出征服别人的国策，但是在古代，大凡王朝要谋求发展，都是宣称开疆拓土的，一点儿也不隐讳，一点儿也不客气，西方的罗马帝国如此，东方的蒙古帝国如此，汉、唐、明、清各个朝代都如此。只有宋朝的开国皇帝赵匡胤，史书上记载，他以玉斧画大渡河道：“此外非吾有也！”——尊重领土与主权完整，尊重各民族和平共处，多么超前的思想！这位开国皇帝还在太庙竖立誓碑，告诫子孙后代，做皇帝的不得擅杀读书人和进言劝谏者。还有，在当今世界，英国的文官制度一直被称道，但如果追本溯源，这种制度实际上起源于宋朝的科举。宋朝的科举制度比隋唐时更强调公平、公正、公开地选拔人才，不分地域、不分阶级、不问民族、不问出身，只要你有志于参政议政，只要你有真才实学，统统欢迎，白屋亦能出公卿。去《宋史》查阅一番，两千多个人在这部正史里有自己的传记，其中平民出身的高达60%。

宋朝是中国历史上第一个市民社会。除了两宋的京城开封和临安外，像扬州、明州、广州、泉州、江陵、临清等都是人烟辐辏、市肆罗列的大城市，城市化进程远远超过后来的元、明、清。大规模的城市化改变了原来农业社会的结构，大量的商人、手工业者、小业主构成了市民阶层的主体，标志着中国社会市民阶层正式产生，而发达的市民文化也使得宋朝更像是一个现代社会，只是它的现代化足足提前了一千年！

这样一个时代，怎不令人神往？连汤因比都想生活在宋朝，大家想必也动心了吧！如果你也想生活在宋朝，会是怎么个活法呢？

当然可以有无数个选择：

如果你是个有志向、有抱负的青年人，那么，你可以朝仕途发展，参加宋朝的公务员考试。“书中自有黄金屋，书中自有颜如玉”，宋朝的皇帝亲自题诗号召你们好读书、读好书，由于科举制度比较公开、公平、公正，连代考、作弊都还没有发明，所以只要好好学习，天天向上，你就有可能是下一个范仲淹、王安石。

如果你喜欢做生意，崇尚孔方兄，那正好，大宋朝的经济活动“每一交易，动辄千万”，你完全可以一掷千金，豪情万丈……什么？你担心千金不好带？没关系，我们大宋朝已经有了世界上最早的纸币——交子，它可是信用卡爷爷的爷爷的爷爷！另外，你放心，大宋朝做生意基本上还是诚信经营，没有股市风险和经济危机，用不着做有可能被逼跳楼的打算。

如果你是个享乐主义者，那么宋朝的勾栏瓦肆每天熙熙攘攘，娱乐休闲活动通宵达旦，市民生活水平在全世界绝对首屈一指，你只要生扑上去，大可以乐不思蜀、流连忘返。当然，也得提醒你，多注意身体，不要弄得跟西门庆一般。

如果你是个爱情至上主义者，应该庆幸宋朝没有博弈论，没有呆头呆脑的数学公式，有的是一曲曲精致的宋词，靡丽缠绵、凄婉动人，你尽可以在丝弦弄音的七夕之夜“人约黄昏后”，在轻烟袅袅的小楼里用辞章去歌咏爱情——“金风玉露一相逢，便胜却人间无数”。只要你愿意，白天歌唱月亮，夜晚歌唱太阳，活得像张先、像柳永，七颠八倒都没关系。

也许你是个喜欢八卦的人，钟情宫廷剧，离了这个就茶饭不香，那么，大宋朝有许多让你充分发挥想象、将自由八卦进行到底的事情，比方说在宋朝的十八个皇帝中，有八个皇帝没有亲生儿子继承大统，非皇帝亲子即位的比例竟然高达50%。怎么样？有戏了吧！“斧声烛影”“狸猫换太子”，离开了这些宫闱秘事，编剧们得多难啊！好好研究研究，下一个金牌编剧或许就是你！

也许你豪情满怀，一心想着“男儿何不带吴钩，收取关山五十州”，那就更有用武之地了。大宋朝的外侮边患频仍，何愁不能建功立业、奠基千秋万代？“醉里挑灯看剑，梦回吹角连营”，先从你家门口的石轱辘开始练起，十八般兵器样样俱会，狄青、岳飞、杨家将、呼家将，小时候评书里的英雄都是你的榜样。

当然，宋朝最让人浮想联翩的还是当个文人，幻想着江南细雨霏霏的时节，在西子湖畔看雨打芭蕉的摇曳生姿，听落红委地的一声叹息，连虫鸣都和着《诗经》的韵，伊人正撑一把油纸小伞缓缓消失在杏花飘香的小巷深处……你可以黯然神伤于“落花人独立，微雨燕双飞”的情怀里，在雨中寻寻觅觅；也可以怡然自得于“小楼一夜听春雨，深巷明朝卖杏花”的欢喜中，在风中洋洋洒洒。宋朝是一个文人的时代，你尽可以舞文弄墨、浅斟低唱；宋朝又是一个最讲究精致生活的朝代，作为文人你当然最有资格讲求品位。这种品位有传承有代序，宋朝的皇帝也都是文人出身，他们不仅自己“以身作则”爱好文学艺术诗赋书画，而且还亲力亲为处处引领时尚潮流。像宋朝的徽宗皇帝，无论他填的词还是作的画，甚至他监制的茶具瓷器，直到今天依然是精品中的精品。总之，在宋朝当个文人可以很任性，比如苏东坡、陆放翁、秦少游、柳三变、林和靖。

蝴蝶梦中家万里，往事越千年。扇动你的鼻翼，依然能嗅到三个多世纪前汴梁与临安传来的梅花香气；竖起你的耳朵，依稀能听到诗人词家那一吟三叠的华丽咏叹。蜕变中的蝴蝶，在挣扎中绽放绚烂的羽翼，在迷梦中失去故国的方向。它的精致与脆弱、妩媚与嫣然，带给我们的是怎样的心动、怎样的缅怀！

我们的时光机器即将打开，请大家凝神屏气，配合着做梦的姿势，一起去体味宋朝的活色生香。

一起去看宋朝的活色生香

目录

第一章 夜汴梁，你是一个不夜城

第二章 骑头毛驴屁颠颠去投宿

第三章

旅游须知：怎样跟宋朝人打交道

第四章

皇宫上空的鸽群：大宋朝的早晨

第五章 参观皇家寺院：出家做和尚居然要花钱

第六章 走访一户人家：西门庆哪来的泼天富贵

第九章

娱乐不分限制，大宋朝好玩吗?

第十章

运动打卡，奥林匹克的精神有没有

第十一章 时尚起义，大宋朝样样不落后

第十二章 一不小心中了状元

第十三章
风雅与忧伤：宋词里的人生

第十四章
升堂！看大宋提刑官断案

第十五章 张灯结彩：大宋人民沐浴在节日气氛中

第十六章 宋朝旅游纪念品：非精美无以用

第一章

夜汴梁，你是一个不夜城

天黑请睁眼！

欢迎大家来到公元十世纪的东京汴梁。

时光旅行的好处是永远没有时差，也不用牵挂行李。你们来得正是时候，眼前这座灯火辉煌的城市就是大宋朝的首都——东京汴梁。我们这趟“宋朝自由行”将从体验大宋朝的夜生活开始。

喜欢旅游的朋友都知道，城市的夜生活才是旅游的精髓所在，刚才我听到几个团友在议论纽约、巴黎，还有拉斯维加斯的夜生活，是的，要看到一个城市的五光十色就非得紧跟夜晚的脚步。不过，我要提醒你们：我们现在是在公元十世纪，同时期的纽约、巴黎、拉斯维加斯还是一片荒漠！你不用惊诧得合不拢嘴，就这么跟你说，你要是再上溯几百年，去往唐朝，你也看不到夜生活。因为唐朝严格实行宵禁制度，一到夜里，长安城就漆黑一片，活像个鬼城。你要是不幸赶在深夜到达，三更半夜还得在长安城的三十八条主要大街上晃荡呢，那就别想着诗意地看星星、看月亮，从诗词歌赋谈到人生哲学了，麻溜儿地，赶紧找个犄角旮旯躲起来吧！否则，唐朝的城管执法人员可就对你不客气，直接把你押送到京兆府去。这时候，即使你有护照，也别指望能够起作用了。

唐朝政府明文规定，城、坊、市门必须在太阳一落山就关闭。唐朝的京城长安城郭极大，占地面积世界第一，但这座规规矩矩、方方正正的城市里所有道路都是笔直的，像一个格子状的围棋棋盘在平原上四散铺开。这方格一共有一百零八个，被称为长安城一百零八坊。每一个坊都像后世的那种街区、社区一样住满了人家，熙熙攘攘。每个坊与坊之间也都有门相通，但一到夜晚就完全关闭，互相隔绝，所以整个长安城就像是一个大鸟笼，不仅相互隔绝，而且城市里面还普遍实行宵禁，连掌灯燃烛都有限制，“只许州官放火，不许百姓点灯”说的就是这种场景。

真正把老百姓从“大鸟笼”里解放出来的是伟大的宋太祖赵匡胤先生。

宋太祖年轻的时候是混江湖的，跟我们一样喜爱夜蒲，当了皇帝后倒也没有对百姓刻意去限制。天生不喜欢循规蹈矩的赵匡胤先生看着那中规中矩的街道心生反感，横一条、竖一条，怎么就没有一点儿创意？于是，他在建设首都汴京开封时宣布废除坊厢制，道路也是自然延伸，“世上本没有路，走的人多了也就成了路”，何必横竖划一呢？然后再随街设坊、面市建屋、破墙开店、沿街设摊，拆除鸟笼捣毁棋盘，旧城改造重新来过。等这座汴京城按着他的生动格局星罗棋布地建成后，赵匡胤又诏令开封府三鼓以后夜市不禁。于是，才有了宋朝人民的夜生活：道路已打通、街区不封闭、城门不关禁，从前的笼中鸟变成了清水里的自由鱼。

中国古代城市中真正有“夜生活”这种概念，正是从宋朝开始的。放眼全球，同时代夜生活最绚烂的也只有东京汴梁这一座城市。所以说，选择夜游宋朝，你们真是来对了！绝对是独一无二、举世无双，“风景这边独好”。

现在，我要隆重请出我们今天夜游的地陪——大宋朝的仁宗皇帝赵祯赵先生！对，就是电视剧《清平乐》的男主角。

让我们跟随赵祯先生的视野和思绪，一起去神游大宋朝的夜色吧！

晚风吹过来，多么清爽！大宋朝的夜色绚丽明亮。汴梁城内，皇宫中处处掌灯，一派金碧辉煌。

汴京的金山上光芒照四方。大宋的子民从小被这样教育，那是一个多么令人神往的地方！

但是二十三岁的赵祯不这么看。酒楼、茶馆，伎艺人指下、口中传来的作乐声，伴着市民的欢声笑语、丝竹管弦、灯红酒绿、男欢女爱，声声入耳。当这些声响一阵又一阵、一段又一段地传入宫中，传到赵祯的耳畔时，他郁闷得一塌糊涂：凭什么我只能被关在这深宫之中，“家事、国事、天下事，事事关心”呢？

世界那么大，我想去看看——

皇帝羡慕皇城外的夜生活，在宋朝以前还从未有过这样的记录，在宋朝以后也不多见。

赵祯后来有没有踏出宫门？都说侯门深似海，可比着宫门总还差两个档次，好比现在的手机苹果 6 和苹果 10。当然了，宋朝的苹果不叫苹果，而叫“蘋婆”。但不管是苹果还是蘋婆，总归都是诱惑，赵祯想要咬一口还真不是那么容易。因为他是一位好皇帝，被历史定位了的好皇帝。我们后来叫他宋仁宗，这个“仁”字是那么好当的吗？孔夫子一辈子不就追求着这么一个字吗？你看看他的年号：天圣、明道……一个个光芒万丈，注定了不食人间烟火。

这一年，垂帘听政的刘太后刚刚驾鹤西去。按说赵祯可以自己当家做主了，但是，刘太后替他聘请的一班“监事会”老师还在：王旦、文彦博、欧阳修……一个个都是按照圣人的标准出生的，还有那个黑包拯，这厮连龙袍都敢打！按照宋制，他每天都要临御垂拱殿，还要在文德殿上接见文武百官，称为“常参”；五天一次在崇德殿或者垂拱殿接见群臣，称为“起居”；就是不能随便出宫去。

算了，算了，皇帝要以身作则，为民表率，争做道德模范，还是存天理、灭人欲，克己复礼？真想知道青年赵祯这种自我勉励的时刻到底咬掉了几颗牙。

外面的世界很精彩，皇帝赵祯很无奈！

精彩当然是由于大宋皇朝的富民政策和宽松的投资环境。按历史学家的说法叫作——为城市商业的繁荣拓展了空间和时间的维度。所以，宋朝的时候，除了京城开封外，像扬州、明州、杭州、广州、泉州、江陵等地都是人烟辐辏、市肆罗列的大城市。再引用历史学家的话来掉一下书袋：大规模的城市化改变了原来农业社会的结构，大量的商人、手工业者、小业主构成了市民阶层的主体，也标志着中国社会市民阶级正式产生。

注意，宋朝是中国历史上的第一个市民社会。市民朋友来逛市民社会，那真是来对地方了！发达的市民文化使得宋朝更像是一个现代社会，只是它的现代化足足提前了一千年！

来到市民社会就精彩了！可惜，作为政策制定者的大宋皇帝却享受不到。

很多年后，大宋朝作家协会的一班作家朋友十分同情青年赵祯在人性与欲望中的苦闷挣扎——随便说一句，按照弗洛伊德的说法，作家的“力必多”特别旺盛，所以他们总是喜欢离经叛道——在他们的话本小说中，青年赵祯摆脱各种束缚，迈出宫门去了夜店。

> 城中酒楼高入天，烹龙煮凤味肥鲜。公孙下马闻馐醉，一饮不惜费万钱。
>
> 招贵客，引高贤，楼上笙歌列管弦。百般美物珍馐味，四面栏杆彩画檐。

这是宋话本《赵伯升茶肆遇仁宗》中的一首《鹧鸪天》，说的是宋仁宗微服出宫来到城中，看到东京的著名酒楼樊楼时所发出的一番感叹。从文学的角度来说，这首词并没有什么出色之处，可是它的意义在于，用皇帝的视角突出了酒楼在宋朝城市生活中作为城市繁荣象征的特殊地位。

樊楼，樊楼，有多少神奇故事将你传说！

在这里，我要将宋朝夜生活中最亮丽的酒楼情况跟大家做个说明：东京汴梁的酒楼大多集中在九桥门街市一段，那一带酒楼林立、绣旗招展，竟然可以遮蔽天日！忻乐楼、和乐楼、遇仙楼、铁屑楼、仁和楼、清风楼、会仙楼、时楼、班楼、潘楼、千春楼、明时楼、长庆楼、状元楼、登云楼、得胜楼、庆丰楼、太和楼、三元楼、太平楼、五闲楼、赏心楼……光这些名字排过去，你就可以想象这条街的规模有多大。

然而这许多酒楼中的佼佼者，首推樊楼！

樊楼，原名叫白矾楼，因一帮贩白矾的商贾经常在这里聚会谈生意而得名，就像今天的烟草大厦、民航大厦。它建在稠密的店铺民宅区，因皇城寸土寸金，只好向空中发展。樊楼有多高？从《事林广记》所记载的图上来看，应该是三层楼，但那时候的楼高与今天可不是同样的标准，如果宋朝人到我们今天层高二米多的楼房来看一看，他们或许会认为我们住的是鸽子窝。宋朝的三层大建筑往往是建二层砖石台基，再在上层台基上立永定柱做平座，平座以上再建楼，所以虽说只有三层楼，实际已经是非常高了。高到什么程度？宋朝的皇宫以高大闻名于世，樊楼却要高过它！樊楼西楼的第一层就高得可以俯瞰皇宫。

宋朝以前的城市里并没有高楼，像我们电视里经常看到的阿房宫、大明宫都是高耸入云的建筑，但这些高楼都在皇宫大内。像这样供市民饮酒作乐过夜生活、专事赢利的经营性高楼在宋朝之前是不可想象的，更别说盖得比皇宫还高了。

中国史专家、日本的加藤繁博士写于二十世纪三十年代的论文《宋代都市的发展》中就专门辟出一节讲“酒楼”。根据他的考证，宋代城市的酒楼“都是朝着大街，建筑着堂堂的重叠的高楼”，“这些情形都是宋代才开始出现的”。

现在，跟着古人的图画和记载，我们到樊楼去感受一下一千多年前的夜生活。

停车！停车！赶紧停车！看没看到樊楼门前竖立着朱黑木条互穿而成的杈子？这在魏晋以后要官至三品以上的府第才有资格用，它是提醒你下马下轿，但是有专人伺候，类似于今天代客泊车的服务台。

酒楼的门首扎缚着彩楼欢门，让你还没有进入酒楼就感受到一种华贵的气魄。酒楼每一层的顶部都结扎出山形的花架，装点着花形、鸟形的饰物，就像今天夜店的霓虹闪烁。门前站着两个迎宾的伙计，他们“头戴方顶样头巾，身穿紫衫，脚下丝鞋净袜”，对人彬彬有礼，口里喊着“晚上好！欢迎光临”——恍惚之中，你似乎来到了夜总会！其实，宋朝的酒楼不单单是喝酒，基本类似于今天的会所。

来，来，我们往前走。进了酒楼是一个宽阔笔直的主廊，南北天井两廊各列小室，也就是我们今天所谓的小包厢，当时称为“酒阁子”。《水浒传》里写宋江、柴进乔装改扮进京扮作闲官上了樊楼，“寻个阁子坐下”，就是这种小包厢。宋朝的酒楼，达官贵人、平民百姓都可随意出入，但进酒楼也有个规矩，不可轻易登楼上阁。你如果不准备破费太多，不如在楼下找个“散座”，包厢是要收包厢费的，这一点先跟大家说明白。

不管包厢还是散座，只要你一入座，凡是下酒的羹汤都可随意享用，全场免费，就像今天的韩国料理，泡菜是免费供应的。

即使来十位客人，每人要一味羹汤也无妨，过卖、铛头热情招呼，明档、菜单应有尽有，上百种菜肴，传唱如流，酒未到先设数碟“看菜”——冷菜先上！待举杯又换细菜、热菜，极意奉承，少有违误，服务质量绝对令人满意。

酒楼的器皿餐具也极尽奢华。宋话本《俞仲举题诗遇上皇》中主人公俞良到丰乐楼假说在此等人，“酒保见说，便将酒缸、酒提、匙、筋、碟，放在面前，尽是银器”。如果是二人对酌，一般用一副注碗，两副盘盏，果菜碟子各五片，水菜碗三五只，而一桌银酒器皿下来总得值个百余两纹银。怪不得书上记载，官办的酒楼里供饮客用的金银酒器就价值千余两。看来，奢靡之风果然由来已久！——顺便说一句，想要见识宋朝酒楼里银质酒具的朋友，可以到四川博物馆去看看。

写《东京梦华录》的孟元老特意对这种贵重的银酒器做了记述，根据他的记载，那时候你如果是空手来沽酒，酒楼还允许你将银酒具带回去，贫下市民、妓馆来店沽酒，酒楼也照样用银器供送，第二天去取回，也不见丢失。偶尔有酒楼丢失了银器，文人就当新鲜事情记录下来，发到朋友圈去。看来，那个时候的道德水准和市民素质还真值得点赞！

酒楼是个好地方，大家都想去。

宋仁宗的大臣鲁宗道就经常换上便服，不带侍从，偷偷跑到酒楼去饮酒。

有一天，宋仁宗有要事急着要召见鲁宗道，偏偏鲁先生却在喝夜老酒。太监宫使好不容易找到他老人家，好心跟他说：“皇上如果怪您来得迟了，应该找什么理由来回答？请您事先想好了告诉我，我们统一一下口径。”鲁宗道为人耿直刚正，有“鱼头”之称。这只有机鱼头果然不开窍，说你只管照实禀告皇上好了。回到宫中，宋仁宗果然查问宫使迟迟不回的原因，宫使也只好一五一十地坦白了。宋仁宗就板起面孔责问鲁宗道：“你为什么私自到酒店中去喝酒啊？”

你猜鱼头怎么回答？

他居然振振有词：“酒肆百物具备，宾至如归！”

想想宋仁宗，自己在天理人欲之间挣扎徘徊，还不如一个大臣来得自由！真是人比人，气死人，皇帝也不是一份好职业。

醉翁之意不在酒，在乎山水的，当然也只是欧阳修这样的少数几个人，鲁宗道之流恐怕还是喜欢酒楼的欢场氛围。

在宋朝的酒楼里都有吹拉弹唱的伎乐在旁边伴奏助兴，这些吹箫、弹阮、歌唱、杂耍的人叫作“赶趁”。经常有市民在生活无着的情况下，选择去酒楼“赶趁”。《水浒传》里鲁提辖拳打镇关西，就是因为在酒楼喝酒的时候遇上了“赶趁”的金老汉、金翠莲父女。精明的酒楼经营者对唱好唱坏、孰优孰劣不太挑剔，那是客人的口味问题，只要会唱个曲儿能逗个乐的，就予接纳，让他们在酒楼谋生。独乐乐，不如众乐乐；一个人发财，也要让大家发财。宋朝的酒楼之所以歌管欢笑之声通宵达旦，就是因为酒楼的经营者充分调动了娱乐手段，终朝唱乐喧天，每日笙弦聒耳，弄得好皇帝赵祯在皇宫里都坐立不安了。

古人也并非个个都是圣人，为了笼络客人，酒楼还得有满足客人其他方面需求的招数。一到晚上，就有数百名浓妆艳抹的环肥燕瘦聚在百余步长的主廊上，莺歌燕舞，等待着酒客的召唤。

不过，酒楼毕竟不是青楼，这些大酒楼营造的是陪酒氛围，使酒楼的气氛更加活跃。想一想，酒客们在这样的环境当中潇洒悠闲，举杯推盏邀当垆美人共话，醉了，醺醺在花团锦簇中品尝秀色。如果还有进一步的想法，再互留联络方式。当然了，也有陪酒又卖欢的酒店，这些酒店门首都有红栀子灯作为标记，不晓得是不是现代“红灯区”一词的出处。大家等会儿分散行动的时候，要注意区别，千万别闹出误会，叫人家笑话你素质太低。

话说这白矾楼声名远扬，很有些国际影响，就像好莱坞、拉斯维加斯一样成了大宋朝的文艺地标，大金国的臣民看得眼红，强烈要求引进“先进文化”。金国皇帝也只好顺应民意，吸引外资在燕山脚下也盖了一座秦楼，统统依样画葫芦。按照宋话本《杨思温燕山逢故人》的说法，“楼上有六十阁儿，下面散铺七八十副桌凳”，连酒保都是雇用流落于北方有白矾楼工作经验的离职员工。其实，替金国皇帝想想，也不用这么麻烦，再过几年，连开封汴梁都是你们的了，小小一座樊楼连锅端了拆回去不就得了？但是金国皇帝手下的虎狼之师手脚有些野蛮，毛手毛脚地活生生把这么一座楼给拆没了。南宋的皇帝逃到临安后，想想有些可惜，就在西子湖畔又盖了一座丰乐楼，据说“高切云汉，上可延风月，下可隔嚣埃”，人们简直就把它当作南宋中兴的一个标志了。当然，这些都是后话，我在这里交代一些前因后果便于大家参观。

怎么？有几位年纪大的朋友有些受不了这重金属高分贝“贝

斯”的干扰，想要找个相对清静的地方？去茶馆，嗑瓜子，摆龙门阵？这几位成都的朋友念念不忘他们的龙门阵。好，好，我们下一站就去茶馆看看。

茶馆中的写意人生

大宋朝人民喜欢上酒楼吃夜宵，也同样热爱泡茶馆消闲。宋人接待客人的习俗是“至则啜茶，去则啜汤”，这样的习俗极大地促进了茶行与茶肆的兴旺。

宋朝的酒楼像夜总会，宋朝的茶馆当然也不是清茶一杯。杭州、成都的团友说了，他们那里的茶馆有各色自助小吃，随意取食——放心！这些都是从宋朝茶馆里学来的。宋朝的茶馆里别说自助小吃，就是酒菜面饭，只要你开口，自有茶馆的小厮去替你买来。大宋朝的服务原则是客官至上——用现代人的语言来说就是，顾客是上帝。所以，只要你有铜钱银子，就能买到所有服务。

要说我们大宋朝茶馆的花样，比起你们现在的茶馆那可是多了去了：有中间建浴池的，一边喝茶一边还可以泡澡，水包皮、皮包水“双结合”，据说后来有日本的导游专门来学了去，现在日本还有这样的茶馆；也有兼做杂货生意的，茶馆里可以买卖衣物、图书、花环、领抹，简直就是一个百货超市；还有暗藏卧室的“花茶坊”，《梦粱录》居然还搞了个统计，说这样的花茶坊在杭州就有五家：市西坊南潘节干茶坊、俞七郎茶坊、保佑坊北朱骷髅茶坊、太平坊郭四郎茶坊和张七相干茶坊。作者总结说：“此五处多有炒（吵）闹，非君子驻足之地也。”作者自然是君子喽，可是，不去“驻足”哪里知道“炒闹”？不过，儿童不宜倒是真的。我在这里特地留了一个心眼，告诉你们杭州临安府的五家“花茶坊”，却不告诉你们东京汴梁府的花茶坊，省得影响你们家庭和睦。

宋朝的茶馆，不仅可以以茶会友，还额外承担着办事中介的作用，比如《水浒传》里的王婆就是开着一家茶肆，卖些王干娘酸梅汤，“杂趁养口”，活生生把个武大郎的娇妻“中介”到了西门庆的床上。据说，这还是有生活原型的！根据野史记载，宋徽宗看中了京城名妓李师师，就跑到一个叫周秀开的茶馆里，一边喝茶一边大把花钱让周秀去李师师那儿传话，周秀这个茶博士就做了花为媒，“奉旨拉皮条”，替皇帝办成了“世纪佳缘”。所以《梦粱录》把这种茶馆称为“人情茶坊”，在这样的茶肆里，再有身份的人也要讲人情，甚至连真龙天子也和普通百姓一样，这是大宋朝的可爱之处。

茶馆总是比酒楼清静，开宝马车的朋友不愿意跟骑自行车的混在一起，就把一些高档茶楼包下来，大加装修，挂起名人字画，插满四时鲜花，修造山水园林，这就是宋朝有钱人的会所。在这样的会所里，那些有身份的子弟常常聚在一起，习学乐器或唱叫之类，互相炫耀技艺，派头十足，这叫“挂牌儿”，所以，你也可以把这样的会所看成宋朝的 KTV。当然了，有高富帅活动的场所，也必然有白富美专用的会所，东京和临安都有一些专门吸引仕女来游玩吃茶的处所，谢绝男士入内，就像今天的女子生活会馆一样，在里面做水疗、练瑜伽、修眉毛、描指甲，哪怕是隆胸、束胸，那都是她们的事了。

逛完了酒楼、茶馆，我们要去东京的夜市看看。人多成众，店多成市，老百姓最接地气的夜生活还是逛夜市。那夜市可是商业繁荣的象征，也是大宋朝人民内需强劲、消费旺盛的表现。

夜市里的美味风情

大宋朝的夜市里有什么呢？可谓应有尽有！你尽可以展开想象的翅膀，反正比今天我们的夜市还要热闹而且花样更多。

东京城内较大的夜市有两处，一处是御街一带的州桥夜市。州桥又叫天汉桥，位于御街与东西御道的交叉口，横跨汴河。州桥夜市的范围从州桥南去，出了东京外城的正南门——南熏门，然后一直往北走，至朱雀门前的龙津桥。州桥东侧沿街开满了店铺，各色商品应有尽有；桥的西侧则多是妓馆酒楼，张灯结彩，莺歌燕舞。沿街各处，有小贩贩卖干脯、肚肺、包子、鸡杂等各类小吃野食，好吃又便宜，每份不过十五文，而且东西环保，绝对没有添加剂，喜欢小吃的团友可以放心食用。

州桥夜市的水果铺也相当有名。东京的水果来自全国各地，有河北的鹅梨、西京的雪梨、真定的浊梨、河阴的石榴、温州的瓯柑、福建的荔枝、江西的金橘、河东的葡萄、卫州的白桃、南京的金桃、洛阳的嘉庆子、岭南的橄榄等数以十计。什么叫嘉庆子？你就来自洛阳，怎么从来没听说过？哈哈，嘉庆子就是李子，因为当时东都洛阳嘉庆坊的李树产的果子甘鲜绝伦，时人称为嘉庆子，现在没有这样的称谓了，你不知道也很正常。对了，各位团友，建议你们尝尝江西的金橘，这玩意儿在宋朝可是稀罕货，因为江西离汴梁较远，那时候物流不发达，京城百姓一开始都没见过这东西，后来有人带了几颗到酒席上，樽俎之间光彩灼烁，宛如金弹子，吃起来又清香爽口，从此被京城人视为珍果，连仁宗皇帝的温成皇后都特别喜欢吃，所以这东西的价格立刻飙升，文献记载说是“价重京师”，你们都听说过“一骑红尘妃子笑”的故事，唐朝的杨贵妃喜欢吃荔枝，宋朝的温成皇后喜欢吃金橘，这玩意儿就是宋朝的“妃子笑”，所以，大家来了不可不尝，看看跟今天的金橘有没有什么不同。

逛完了州桥夜市，我们要去另一处著名的夜市马行街逛逛。《水浒传》里写梁山泊好汉潜入东京汴梁时多次提到一个地方叫马行街，这条街长达数十里，街上遍布铺席商店，入夜时分，家家门前扎缚灯棚，灯火辉煌耀如白昼，各处摊店百货陈列，供人随意挑选，而装有茶汤的车担、卖茶汤的小贩则提壶上街四处游走，方便那些走累了唇干舌燥的市民呷一口香茶 、饮一碗甜汤，提提精神，继续去赶夜场。宋元之际的著名书画家赵孟頫留下了一幅《斗茶图》，从他的画上来看，这些小贩的大茶壶底部都装着小火炉，能始终保证茶水滚烫，设计得十分科学。有人考证，宋朝时提炼水银技术已经发展成规模生产，最早的暖水瓶出现了，所以，才有那么多的提瓶卖茶者，“冬日虽大雨雪，亦有夜市盘卖”。当然了，有暖水瓶也得有冰箱。这个“冰箱”自然是宋朝人制的，是一种外面包银的木箱，里面放上冰。你可以直接买冰吃，就像今天吃棒冰一样，也可以买他“冰箱”里放着的木瓜汁、红豆汤、荔枝膏水。

日复一日，年复一年，马行街的夜市在东京汴梁便出了名，连大文豪苏东坡都不无感慨地写道：“蚕市光阴非故国，马行灯火记当年。”

你如果夜市逛得累了，两条腿发酸想要打车，优步、滴滴是寻不到的，出租车也没有，出租的毛驴倒是通宵营业，租上一头晃晃悠悠地骑着回家或者回酒店，驴主人还会殷勤地替你牵着驴，亲自送你到家门口，服务周到真是没话说。到了客店，你还想吃什么，也可以叫外卖，宋朝的快递小哥绝对不比今天的差多少，只是他们没有电瓶车而已。

平心而论，那时候的夜市不仅喧嚣热闹而且有文化、有品位。你看，你看，这里就有一个落魄的秀才在夜市里当街卖诗，由顾客题字出韵，即兴提笔作诗，每首标价三十文。如果才思受阻，停笔耽搁或者假借磨墨来磨洋工，则要扣钱。这样的功夫，你叫今天的诗人来试试！

说到这里，我又要扯到后面的事去了。到了南宋，这样的夜市仍旧在临安延续。当一天的暮云与十里华灯同时升起，以临安天街为中轴的夜市便把京城生活推入一个新高潮。天街的饮食、百货商店以及各种服务性店面，灯明如昼，门庭若市。成串的红纱灯笼，吸引着各色人等进进出出。还有那些售卖夜点心的摊贩，他们的车、架、担、盘以及壶、匙、碗、筷都擦拭得干净锃亮，若是从吴山上俯瞰全城，那就是一条晃动的灯龙，声浪沸腾，横亘在天底。

咦，这位团友怎么掉队了？围着一个瞎子在干什么？哦，想要算算你来年的运程，生意好不好，桃花旺不旺，哈哈，有这方面兴趣的话，那你应该去南宋临安的夜市！

两宋时期，算命占卜在城市中十分流行，两宋都城的夜市中，卜肆生意极为兴旺，尤其以南宋杭州为盛。算命先生与饮食店家一样，一直要营业到三更，临安御街两旁，“术士三百余人设肆”，其中著名的有蒋星堂、玉莲相、花字青、霄三命、玉壶五星、沈南天五星、鉴三命、泰来心等，还有一些流动的卖卦人口里唱着“时运来时，买庄田，娶老婆”，举着幌子一路招摇。有个温州瑞安陶山的卦士每年下山一次来临安卖卦，他的卦据说是“易筮如神”，所以价钱也挺贵，一卦要千钱。而且这位算命先生也挺牛，每次只算十卦，超过一卦都不肯接，拿了卖完十卦的钱买好一年中所需的生活用品，便雇头毛驴载着回陶山去了。飘飘然还真有些仙人的风骨。

跟上，跟上，我们接着往前走。

听！那边紧锣密鼓，丝竹盈耳。看！女主角在舞台的上方咿咿呀呀地唱，得意扬扬地甩着白色的水袖，贴面的黑片子上的珠花闪着蓝色的光；两块狭长的胭脂从眼皮一直抹到下巴，烘托出雪白的琼瑶鼻。武生的彩脸看上去异常阔大，像妖魔的面具。只见他一个腾空，尘土飞扬，引来台下一片喝彩……那里就是大宋朝最负盛名的勾栏瓦舍了。

可惜今天时辰不早了，我们得找个地方投宿休息。好在，勾栏瓦舍白加黑、五加二，全天候营业，这个娱乐大世界我们稍后再带你去。

不急，不急，夜未央，夜正长。星月渐隐，夜色深沉，天街上依然是万家灯火，一片笙歌，大宋朝的夜色就这么绚丽明亮。今天的许多大城市如纽约、伦敦、东京、巴黎，那时都还沉浸在一片荒漠中!

第二章

骑头毛驴屁颠颠去投宿

带着初来乍到的欣喜，浅浅地体验了一把宋朝夜生活的滋味。当然，有些团友抱怨酒没喝上一口，茶没吃上一杯，戏没看上一出，就这么走马观花了一回。别急，我们来日方长，酒一定让你喝，茶一定让你品，戏一定让你看，一切都会在后面接着体验。宋朝的酒文化、茶文化、勾栏文化独树一帜，我们在日后的行程中会安排大家深度体验。眼看天色不早，今晚我们得赶紧去住宿安顿啦。

对了，各位团友请把你们的身份、职务证明准备好，现在导游要来收证了。请注意，一定要有职务证明！无论你是厅局级干部还是县处级干部，或者就是“白板”群众，都请你们准备好相关证明。为什么要职务证明？当然是大宋朝的特色规定了！

大宋朝住宿须知：要按官职大小依次排队。让我细细跟大家讲讲其中的缘由。

住宿备好身份证，等级次序不能乱

来到大宋朝住宿，驿馆、正店、脚店虽然任君挑选，但一定要记住，千万不要住黑店！不是我吓唬你们，先来看一段文字：

话说武松自从三月初头杀了人，坐了两个月监房，如今来到孟州路上，正是六月前后，炎炎火日当天、烁石流金之际，只得赶早凉而行。约莫也行了二十余日，来到一条大路上，三个人已到岭上，却是巳牌时分。三人奔过岭来，只一望时，见远远的山坡下约有数间草房，傍着溪边柳树上挑出个酒帘儿，武松见了，指道："那里不有个酒店！"

相信大家对这段描述不陌生吧？此文出自四大名著之一的《水浒传》。读过的人都知道，武松要去投宿的酒店就是十字坡孙二娘的黑店。亏得他武二郎多长了一个心眼，否则叫蒙汗药蒙倒，早做了十字坡的人肉馒头。

读《水浒传》，似乎感觉大宋朝黑店特多，孙二娘开的是黑店，朱贵开的也是黑店，弄得人心惶惶，这宋朝的酒店业怎么这么不安全？谁还敢出门去？

其实，《水浒传》说的是强盗草寇黑社会的故事，情况有些特殊，大宋朝的酒店住宿业没有想象的那般恐怖，还是蛮正规的。

按照宋朝的道路交通法规，各州府通往汴京及后来的临安都修有官道，这些道路由政府出资修筑维护，道路两旁栽种榆、柳、松、杉等树木，有些路段还挖有排水沟。在北方靠近边疆的地方，为了防止辽、金铁骑长驱直入，这些树木栽种得特别茂密，五步一棵、十步一树，好歹也挡一下你的马队。现在陕西有个地方叫榆林，据说就是由此得名。后来，辽国还特别提出过外交抗议，说我们两国已经达成和平协议，你这么搞是破坏和平。抗议归抗议，大宋朝终于还是没有让步，继续栽树，对外宣称是绿化造林、造福子孙，对内统一口径，叫寓国防于绿化。怎么样？宋朝人聪明吧！

官道上标记了道路里程、国界、州县界或其他交通规则的路标，叫“堠子”，类似于今天高速公路上的提示牌。通常官道上二十里置马铺，有歇马亭，就好比休息区；六十里设驿站。驿站有“饩给”，也就是后勤保障供应，专门用于接待公使和来往官员。

驿站是中国古代特有的文化，从秦朝一统秦始皇修筑秦直道开始，历朝历代都有驿站建设，宋朝称驿站为“铺驿”，也叫“递铺”。古时候没有电话传真，更没有 E-mail，驿站的主要功能就是传递情报兼营邮政服务。对了，到了大宋朝，你们的苹果、华为手机统统作废，要想跟家人联系，必须到递铺去投寄快递。那个时候的快递小哥不归中通、申通、顺丰等快递公司管，因为这些人是吃皇粮的。

宋代的邮传分为马递、步递、急脚递三种，此外还有一种特殊加急的，叫作“金字牌急脚递”，专门负责传递皇帝的紧急文件，金牌上刻着“御前文字，不得入铺”。快看，快看，前面一骑驿卒（宋朝叫“铺兵”）飞驰而来，驿站节级（相当于主任）早已带了人牵着供替换的马、端着供驿卒填肚子的茶水饭食在铺外等候，喝一口水换一匹马继续向下一站飞驰，这叫八百里急递。催岳飞回师的十二道金牌就是这么接力传递的。当然，号称八百里急递，其实是做不到日行八百里的，打个对折，日行四百里也算是急脚递了。

说到快递小哥，团友们羡慕他们月入不菲，不过，风里来雨里去的辛苦也不是人人都吃得消的。宋朝的铺兵同样是高收入职业，不过，铺兵传递邮件，必须在规定的时间内送达，否则是要受杖刑甚至遭流放——责任比今天的快递小哥重多了，幸亏那个时候没有“双十一”！铺兵传递的邮件都要装入皮筒、竹筒或纸角封固，称为“递角”。急递的邮件要用牌符分出等级……

哈哈，是不是有些跑题了？还是回来说驿站。

驿站的另一个功能就是接待来往官员和使节，有点儿类似于政府招待所。这个政府招待所只认级别，若不是政府官员，再有钱你也别想住进去。

我们等会儿进去可以看到，驿站的客房也有豪华精装和一般装修之分，这里可不讲先来后到，只认官品官级的大小。今天你的官品最大，请你住上房；明天来了比你更大的官儿，对不起，请你将上房腾出来，换到下房去住，如果连下房也没有了，那你就只能卷着铺盖走人了。有一则笔记，说是一个州官到外地出差住进驿馆，驿馆里还住着一位太子洗马（太子的老师），这位州官居然不知道太子洗马是什么官，冒冒失失地问老先生：“日洗几马？”翻译成现代说法就是，每天要洗几匹马？这当然是个笑话，一般情况下约定俗成，大家都懂规矩，也就没有什么尴尬了。

陆游陪你出行，毛驴就是代步工具

对了，忘记介绍我们这一站的地陪人员：大名鼎鼎的诗人陆游，陆放翁！

别急着讨签名，陆诗人今天心情不好，有些郁闷。我们先跟着他走走——

宋孝宗乾道八年（公元 1172 年），四十七岁的诗人陆游骑着一头驴子在细雨中经过剑门关缓缓地向成都进发。

> 衣上征尘杂酒痕，远游无处不销魂。
>
> 此身合是诗人未？细雨骑驴入剑门。

诗人总是自视颇高，除了写诗弄文，还总想着经世济国、施展抱负，唐朝的李白是这样，我们的陆诗人也是这样。但是，诗人在仕途上大多走得跌跌撞撞，陆诗人自诩北伐中原的大计了然于胸，俨然诸葛亮再世，但朝廷却看他是个臭皮匠，没把他当一回事，他此去成都赴任的官职只是成都府路安抚司参议官。一个小小的参议官，连骑马的资格都没有，只能骑着一头瘦驴，披着蓑衣，衣服上还沾着隔夜的酒痕，冒着丝丝细雨赶路。一首《剑门道中遇微雨》，让陆游此行的落拓形象跃然纸上，那是怎样的一种让人心酸的场景！

如果这一趟陆诗人是鲜衣怒马过剑关，那他会不会像前朝的李太白那样“仰天大笑”呢？问题是，诗人骑驴倒不是为了追求意境故作落拓，实在是因为宋朝的主要城际交通工具恐怕也只有驴了。

偷偷告诉你，骑着毛驴的不都是阿凡提，宋朝的滴滴出租的都是毛驴。

我们在电影电视里看到的都是古人高乘驷马的威风样子，可实际上大多数时候，中原朝廷的马匹供应一直是困扰王朝统治者的大问题。汉朝初年，汉高祖刘邦登基时，偌大一个中国甚至找不出四匹同样颜色的马来替新皇帝拉车，大臣们上朝一般都乘牛车，这么老牛拖破车地艰苦奋斗坚持下来，一直到汉武帝征服西域，才算扭转局面，保证了马匹供应。

宋朝的情况一点儿都不比汉朝初年好。几位西北来的团友都知道，中国自古能养马的地方就是燕赵、陕西以及西域一带。前两个地方长期受汉人控制，而西域的可控性差，不能稳定产量，但任何一个王朝只要能严密控制燕赵、陕西一带，马匹的供应便能保证。但北宋是少有的连两个地方都不能牢固控制的王朝，陕西大部分落在西夏手中，燕地也在辽人手中，能养马的只有河北部分地区，但因辽人占领了燕地，赵地门户大开，经常受侵袭，因此赵地也难以提供稳定的马匹供应。让我们来看一组数据：辽道宗时期，辽国拥有战马百万匹以上，几乎可以达到人手一匹，上马为兵下马为民；就连西夏国也有战马五十余万匹；而宋朝的战马就少得可怜，数量最多的真宗时代也不过二十万匹。任你杨家将、岳家军，用双腿跟人家的骑兵对抗，总还存在着差距，因此宋朝军队在对外作战中一直处于劣势，交通和装备上的缺陷是很重要的一个原因。

那么有人会问，宋朝的马从哪里来呢？

大多只能从外族高价进口，遇到国际形势紧张、贸易禁运时，马匹就更加稀缺。为了保证购买的数量和质量，政府多次禁止民间私人买马，同时鼓励广大百姓自力更生一起养马。但是养马不比养鸡，马性喜高寒，养马得有草场，中原地带要养好一匹马哪有那么容易。好不容易养好了一匹，赶上战争，政府又来强制征用，凡有敢于私自藏匿或者背着政府私自买马的，被发现了都是死罪。《续资治通鉴》曾有记载，太宗太平兴国五年（公元980年），对辽国作战，“乃诏诸道市所部吏民马，有敢藏匿者死”。在这样的政策下，要老百姓提升养马的积极性，实在也有些不现实。所以，马匹在宋代绝对称得上是奢侈品，不是大官巨富或者军人武职一般都轮不到骑马，就像今天的兰博基尼也不是我们每一个平头百姓买得起一样。

出行没有马怎么办？活人总不能让尿憋死，那就用牛车、驴子、轿子代替。轿子用的是人力，虽说那个时代人力成本还不像今天这么高，但抬轿的人也得吃饭养家，所以雇个轿夫还是价钱不菲的；牛车安稳，但是行动太慢，从一个城市跑到另一个城市，闷都可以将你闷死，所以只好作短途使用；好在小毛驴吃苦耐劳，屁股上抽一鞭，也能跑上一阵子，所以，对于一般老百姓来说，陆路最好的城际交通工具就是驴子了。一幅《清明上河图》，你去看看，是驴子多还是马多？卷轴的右端就是一群毛驴进城的景象。

做官做到像王安石那样当朝一品，退下来后仍旧是骑头毛驴晃荡在钟山脚下，所以，你陆游先生就忍耐着些吧，好在骑着毛驴的慢生活也是蛮有型的。

如果条件允许，你当然可以自家养驴，不用担心政府征用，更没有人告你藏匿；如果不是经常出门，你也可以去租赁铺租一头驴骑骑。刚才说了，宋朝的出行公司出租的都是毛驴。在我们后面的旅程中，大家可以雇头毛驴代步，不过这是自费体验项目，事先声明。不必担心找不到租赁点，去汴京城转一圈，街巷桥头都有驴子出租，价格还算公道，一次一百文钱，尤其方便想郊游踏青或者出门办事的人。租头毛驴上路，那可就是真正的“驴友”了！当然，长途租赁、异地还驴，价格就会高一些。陆游先生的毛驴不知是租是买还是官家配给的，他没有交代，这种细碎的事情跟他的情怀也没什么关系，我们就不去瞎猜了。

轻舟已过万重山，水上交通世界第一

俗话说，上帝关上了一道门，必然替人打开一扇窗。大宋朝的陆路交通颇受交通工具的限制，水路交通就堪称世界领先了。宋朝的造船业相当发达，很多地方设立了造船场、造船坊，特别是东南沿海的广州、泉州、明州、温州以及杭州等地都是造船的重要基地，不但有官方的造船场，也有很多民间的造船场。宋太宗时代，各州一年制造的船只就有三千多艘，有远洋航行的海船，也有用于作战的艨艟战舰，也有一般的座船、游船，大小船只，功能齐全。

宋朝的造船质量比前朝更上一层楼：船体巍峨高大，结构坚固合理，行船工具更趋完善，装修更为华美，特别是开始使用指南针（司南）进行导航，开辟了航海史的新时代。宋船头小，尖底呈V字形，便于破浪前进；身扁宽，体高大，吃水深，受到横向狂风袭击仍很稳定，同时，结构坚固，船体有密封隔舱，加强了安全性。底板和舷侧板分别采用两重或三重大板结构，船上多樯多帆，便于使用多面风。大船上又都设有小船，遇到紧急情况可以救生、抢险。每只船上都有大小两个锚，行船中也有探水设备。所以，选择水路出行，坐在雕梁画栋的船头，如同在平地行走一般，倒是个不错的享受。好在南方地区水网密布，雇一艘船，想去哪里就去哪里，岂不快活？“船上看山如走马，倏忽过去数百群”，大文豪苏东坡父子三人从四川眉州出山，就是这般坐船来的。

陆游先生也是一位旅行家，九年中两次到四川任职，后来，他就改走水路了。他的《入蜀记》就是以日记形式写的一本出色的长江游记：你看他在镇江停船十余天，趁机游览了金山、焦山和甘露寺，还在金山遇到了奉命出使金国的另一位诗人范成大。然后，船到当涂（今安徽当涂），凭吊传说中捞月亮淹死在这里的大诗人李白，写了首《吊李翰林墓》，洒几滴惺惺相惜的眼泪。再往江州（今江西南昌）游了庐山，寻访当年唐代大诗人白居易的踪迹；去鄂州登黄鹤楼；再去荆州凭吊爱国诗人屈原；去黄州游览苏东坡故居雪堂；去巴东拜谒寇準祠堂，还在小雪中登上了秋风亭……船过长江三峡，拜了巫山神女庙，登上神女峰，过了把登徒子的瘾；再去瞿塘峡寻访白帝城……你看他这一趟，逸兴遄飞，再也不落寞了。这都得益于水上交通的便捷！

你看我，说着说着又跑偏了，没办法，为了让大家多了解一些那个时代的活色生香，就不免要多说点儿。说完了宋朝的交通工具，我们的酒店也快到了，还是回来说住店那些事吧。

住店规矩要遵守，官大一级压死人

刚才说到驿馆住宿要分三六九等，以我们陆游参议官的身份恐怕是住不了驿馆的上房，若是住了驿馆上房，政府方面自有周到的服务，也不会让我们的诗人衣服上带着昨夜的酒痕上路了，所以陆游颇有些牢骚。不给你们签名，不要埋怨他架子大，人家烦着呢！

驿站也算政府机构，有专门的官员负责管理，明朝的王阳明就在贵州当过驿站的负责人。自古以来，驿站都是政府出资公款招待，到了明朝末年，崇祯皇帝心疼自己的腰包，下决心要杜绝浪费，就开始裁撤驿站，不少驿站工作人员因此下岗，其中就有一个失业人员叫李自成，后来造反端了崇祯的老窝。崇祯要是后来晓得这事，恐怕连肠子都要悔青。不过这些都是后话，大宋朝的皇帝待官员十分仁厚，所以官员们可以住进驿馆。后来，宋朝皇帝想想，总这样下去不是事啊，度假福利太好，朝廷承担不起还是小事，官员也都学会了偷懒，动辄出差揩公家的油，怠政惰政可不是闹着玩的，于是又出了新规定。《庆元条法事类》卷十《职制门七·舍驿》篇中白纸黑字明文规定："诸居占馆超过三十日，徒一年。"意思是说，长期霸占驿馆骗吃骗喝要被罚流放一年！

停车！停车！司机请停车！前面就是一家驿馆，哎，哎，你怎么也下去了？你的职务够不上住驿馆。什么？你是黑龙江来的？哦，大金国！在宋朝，你属于外宾。告诉你吧，接待外宾有专门的涉外宾馆。

汴京城内专门招待海外诸国或蕃客使者的国宾馆有八处。跟今天的涉外宾馆不一样，大宋朝的国宾馆是按国别分类搞专门接待的，免得大家语言不通，鸡同鸭讲。汴河北岸位于旧城光化坊的叫都亭驿，专门接待辽国使节。辽国是北宋最强最大的邻国，在外交上处于优势地位，辽使到东京活动也最多，在宋辽共处的一百多年间，辽使来汴京达三百次左右，平均一年两次以上，人数在七百人以上；新城内城西厢惠宁坊有家都亭西驿，是接待西夏使者的；接待回纥、于阗使臣的叫礼宾院，在新城内城厢延秋坊，汴河南岸金梁桥附近；接待高丽使臣的同文馆位于阊阖门外安州巷，高丽使者来汴京也很多，"韩流"一般较为庞大，少则几十人，一般为一百多人，最多的一次竟来了二百九十三人；南番、西番、大食（阿拉伯）的贡奉客使可以住在兴道坊的怀远驿……咦，大金国，大金国的客人住哪里？

让我查查！哦，大金国的贵宾要住班荆馆。这里其实就是我们大宋皇帝龙袍加身的陈桥驿，在封丘门外东陈桥附近，后来改名班荆馆。在大金国还没有兴起之前，这里是专门用来宴请辽国使节的。我查了一下档案，馆里收藏保存的仅苏东坡代笔起草的宴请辽国使者的文书就达十八件之多。可是后来，大辽国被大金国灭掉了，班荆馆就改作招待大金国贵宾的地方。可是，你不是大金国的使节，只不过是大金国的一般草根百姓，所以，抱歉，你还是不能住班荆馆，以后记得叫大金国开个介绍信来。

驿馆、国宾馆安全、干净、吃住自在，还公费招待，用不着自己掏腰包，但平民布衣无权享受。我看了一下我们这里的团友，大多数政治面貌还是“白板”群众，普通老百姓外出投宿也得找酒店，好在大宋朝的酒店业也颇发达。

这里我要特别关照一下：宋朝的酒店跟今天的酒店宾馆略有差别，今天的酒店宾馆是以住宿为主，餐饮作为配套设施；而宋朝的酒店则是吃酒宴饮为主，住宿作为配套。宋朝的酒店有正店、脚店之分，那个时候没有地方评星级，但正店是有国家牌照可以专卖官酒甚至自酿官酒，自然也是上档次上规模的，好比今天的星级宾馆；脚店则是小旅馆、招待所，当然也可以卖酒，但那属于分销处，从正店或者官酒场里批发来做零售，只能算小本生意。像前文所说的樊楼，就是正店中的头牌，樊楼每年卖官酒的酒曲达五万斤，能供脚店三千户之用。

东京汴梁城里仅正店就有七十二家，州桥以东的汴河两岸都是各大旅店的集中区，交通便利，地理位置优越，是进京贸易往来商人的首选之地。汴京的客舍往往兼营堆放货物，还不仅仅是今天的行李寄存，而是货仓保管，因为客人中商贾颇多。住宿兼堆货，因此生意特别兴隆，大的正店每年收入达“数万缗计”。

如果你是到了南宋的都城临安，那么六部桥、三桥址一带则是旅店集中的区域，这里的旅店规模档次都不输东京汴梁，客舍宽敞明亮、陈设雅致，服务颇为周到，价格当然也不菲。须知，两宋时期，汴京和临安可都是全世界最大的都市，汴京城里住着二十万户人家、一百多万人口，那个时候的伦敦只有四万人，纽约还是一片荒地。你到今天的纽约、伦敦去住住酒店，看看便宜不便宜。

当然，你如果不是“腰缠十万贯，骑鹤下扬州”这种财大气粗的主儿，住不起大牌的正店，那也不要紧，各种私营的脚店多如牛毛，随便找一家进去投宿，起码可以安顿下来。对了，宋朝时住宿开房叫“解房”，这个你要知道。

没钱？免费投宿有去处

你如果不想开房，另外还有一种特殊的投宿去处，那就是寺院。每一座寺院进门都有一尊韦陀菩萨的塑像，你要看仔细了：如果那尊韦陀塑像是站立着金刚杵拄地的，那表示这家寺院不接待挂单的游方僧和其他客人投宿；如果韦陀菩萨是手捧金刚杵一副慈眉善目的样子，好了，你就可以放心地去投宿，出家人慈悲为怀，总是会给你方便的。

那些囊中羞涩的书生似乎特别喜欢到寺院里投宿寄居，张生与崔莺莺的“西厢故事”就发生在寺院里。当然了，你不要净想着好事，不是每回在寺院里投宿都会碰到崔莺莺，《聊斋》里的女鬼也都是在荒寺郊庙里出没。为了大家的旅途安全，我们还是安排正店入住，每人一个房间，要想双宿双飞，只有到脚店里去住大通铺，类似于今天的浴室招待所。

现在大家来拿钥匙，没有房卡。

对了，以上我所说的情况都是指城市和一些热闹的农村，下回你们分散活动，如果到了治安不太好的地界，前不着村后不着店，那可得小心，千万别错过了宿头，弄不好真会一脚踏进十字坡的黑店，孙二娘的下一笼馒头还没有入笼呢！

第三章

旅游须知：怎样跟宋朝人打交道

不好意思，这么晚把大家召集来，是要开一个紧急会议。

大家都已经拿到了房间钥匙，里面的设施还可以吧？啊，你问我密码？中国人一到哪儿都要先问密码，好像离开网络就活不下去。大宋朝没有互联网、没有路由器，哪来的密码！空调、电视机当然也没有，要想写信，桌上倒有文房四宝。大家克服一下，穿越时光到大宋来，早就应该有思想准备。

我这会儿把大家叫来是通报一些情况。

刚才，我们二八五号房的客人下去打热水，为了抢一个老虎灶的龙头跟其他人发生了纠纷，吵起架来，还用杭州话“六二”骂人家活死人，幸亏人家听不懂，要是弄不好打起来，捉到县衙门去，我们这趟旅游也就泡汤了。其实，房间里没有热水供应，你出几个小费让小厮打水送上来就是了，何必自己提着个水瓶费力去打，还要跟人家吵架。出来旅游嘛，一要开心，二要想通，想通就要会花钱。

刚才还有一位团友告诉我，他刚才着急，已经去街头小贩那里兑换了银子，一两官银只兑了三十个铜板回来，蚀煞老本！

所以，我要赶紧把大家叫拢来开个会，普及一下旅游须知，免得再闯祸惹事或者吃亏做冤大头。

首先，我们先来认识一下身边的这个人。这位是我们这一章的地陪范仲淹范老师，大家在中学的时候都读过他的《岳阳楼记》。鼓掌！欢迎范老师！

大家看，我们旅店里进进出出那么多客人，他们都是从哪里来的？我可以明确地告诉你们，玩穿越过来的就我们这么一个团，其他人都是大宋朝的子民。

走过三关六码头，宋朝的江湖都是哪些人在混？

你看街面上来也熙熙，去也攘攘，感觉宋朝人民好像一个个行色匆匆“在路上”的样子，其实，这是假象。

宋朝人民热爱家乡，谁不说咱家乡好，一般都不轻易离开家乡，如果要搞个统计调查的话，估计 60% 的人从出生到过世一般只在一个地方待着，老老实实，安安分分，从来没有想过去看看外面的世界。一部《金瓶梅》，像西门庆这样的角色一辈子也只去过一趟东京汴梁，那还是去走蔡太师的关系递门生帖认干爸爸的，其余时间都待在清河县一隅之地作威作福。

来，来，我们听范老师说：

中国有句成语叫“安土重迁”，出处是东汉班固的《汉书·元帝纪》：“安土重迁，黎民之性；骨肉相附，人情所愿也。”在一个地方住习惯了，生于斯长于斯，祖坟祖宅都在这里，你还想跑到哪里去？留恋故土，不愿轻易挪动，把搬迁看得很重，不随便迁移，这是我们大宋朝人的普遍想法。再者说了，我们宋朝的城市化进程也较前代大幅提速，有学者研究，宋朝是中国历史上城市人口比例最高的时代，北宋为20.1%，南宋为22.4%，其后几个朝代均不及我们大宋。除了汴京、临安这样的大都市，像导游刚才讲的清河县这样的小县城也如雨后春笋般纷纷涌现。这些大小城市的城市功能越来越完善，娱乐、旅游一条龙，应有尽有，大可以叫人足不出户尽享繁荣。当然，道路交通太不发达，不像你们这般，飞机、火车日行千里，我们宋朝人要出一趟门总得一年半载。俗话说，出门一里不如家里，所以大家还是喜欢做井底之蛙，各自守着一口井。

听到没有？听到没有？范老师讲了，你们在这里碰到的，大部分还是东京汴梁本地人。俗话说，强龙不压地头蛇，为了抢一个老虎灶、一罐热水，犯得着跟人家地头蛇去闹吗？弄得不好，碰着宋朝的皇帝、大官微服出行，你也去冲撞人家？不是我吓唬你们，开封府那个老包市长最喜欢微服出行了，不过他倒也好认，面皮比较黑，额头还有一只月亮挂在那里。

当然，在我们旅店住下的总还是游客为主，那个时候同城约会开钟点房，还真是闻所未闻。我归纳起来，那个时候走出家门闯荡江湖的大凡有三类人：

第一类是做官的，像我们范老师，今天在这里做官，明天一纸调令到另一个地方上任了，这叫宦游。宋朝的地方官员大多三年一任，连任者较少，常常调任其他地方。这种宦游最少负担，沿途都有当地政府接待，等于公费旅游，只不过宦游的人当中有人春风得意，“把酒临风，其喜洋洋者矣”；也有人灰心丧气，“去国怀乡，忧谗畏讥，满目萧然，感极而悲者矣”。范老师的千古名篇《岳阳楼记》已经把这两种宦游人生写得淋漓尽致。遭遇不同，心境不同，游法也自然不同。像我们前一站的地陪陆游先生那样骑驴出剑门也算是宦游人生，只是他的官做得不大，以至于连匹马都骑不上。我们范老师就比他厉害，上马为将下马为相，事实上，范老师也是那个时候的大旅行家，一生仕宦四十年，足迹遍布全国各地，他每到一地，在工作之暇多登览当地的山水风光，给我们留下了不少优美的游记散文。你问范老师《岳阳楼记》是怎么写出来的，哈哈，范老师倒还真没去过岳阳楼！他的朋友滕子京出任巴陵郡守，让人画了一幅岳阳楼的图画寄给范老师，范老师发挥想象力，点染一下景物，发一通议论，就这么写了一篇课文出来，关键是一句“先天下之忧而忧，后天下之乐而乐”，把宋朝士大夫的时代精神和责任担当都写出来了。厉害吧？鼓掌！鼓掌！再次为范老师鼓掌！不过，公款旅游的事就不要渲染了，那个时候做官宦游也算是一种福利。

好了，来说第二类人。第二类是读书人，赴州、府及上京赶考，这叫游学，四年一次大考之年，天下士子纷纷出动，等于是集体串联，且不管能不能鱼跃龙门、攀龙附凤，先自饱览一番祖国的大好河山，美其名曰：“读万卷书，行万里路”也是好的，反正盘缠、路费都是家里出。若是路上还能演出“倩女幽魂”式的爱情故事，那当然更加浪漫且充实。你不要艳羡人家，这些大宋朝的莘莘学子平时在家长和塾师的高压监督下两耳不闻窗外事，一心只读圣贤书，过着类似苦行僧的日子，初到东京汴梁繁华的都市，声色犬马对他们都是不小的诱惑。从心理学的角度来说，这各种本能及心理的压力愈重，宣泄的欲望就愈强烈。一旦金榜题名，立刻成了万人仰慕的社会精英，“人生得意须尽欢”，当捷报飞至，“漫卷诗书喜欲狂”。于是，紧绷的神经一下子松弛下来，各种平时积压的渴望喷涌而出。这也是可以理解的，你要想过他们的生活，那你就要先吃得起十年寒窗苦！范老师，我说得对吗？

第三类则是商人。像西门庆府上的韩道国是西门大官人雇用的职业经理人，就要走南闯北替东家长途贩运。这些人虽然也闯荡江湖，跑过三关六码头，但宋朝跟中国历史上的所有朝代一样，从来都不提倡“重商主义”，商人再有钱再有能耐，也还是不太被人看得起，对他们的评价只有一句话：“天下熙熙，皆为利来；天下攘攘，皆为利往。”像韩道国那样拼死拼活替西门庆赚银子，到头来家里的老婆王六儿都被东家西门庆给偷走了。

这三类人怎么区别？太好区别了！宋朝人的穿衣跟住宿一样有严格的等级分别。宋太宗的时候就曾下令，诸色公人、庶人、商贾、伎艺只许穿黑、白两色的服装，绝对不能穿黄色、紫色。骑马、骑驴、乘车、乘轿也有规定，马鞍不能带彩绘，车轿的装饰也不得彩绘。当然了，这些规定执行得不是很严格，所以宋朝人衣服的颜色事实上不至于那么单调，但大致总有些规矩，各个行当的人都有习惯形成的公认服装，大家自觉遵守，很少有奇装异服。比如孟元老的《东京梦华录》里就说得很清楚：“其卖药、卖卦，皆具冠带。至于乞丐者，亦有规格，稍以懈怠，众所不容。其士农工商诸行百户衣装，各有本色，不敢越外。谓如香铺裹香人，即顶帽披背；质库掌事，即着皂衫、角带，不顶帽之类。街市行人，便认得是何色目。”大家知道了吗，以貌取人、以衣衫取人，在宋朝还是行得通的。

以上三类人应该是我们碰到的主体了，如果说还有什么大规模的迁徙、移动，那就只有逃荒的难民了，而难民是用不着投宿正店、脚店的。给大家讲一个故事：熙宁七年（公元 1074 年）春，正是王安石变法的年份。这一年天下大旱，饥民流离，汴京城里一下子涌来一大批饥肠辘辘、面呈菜色的难民，神宗皇帝忧形于色，当朝嗟叹。王安石当然不以为意，说：“水旱常数，尧、汤所不免，此不足招圣虑。”但他显然低估了事情的严重性，他那几句话也不足以打消皇帝的忧虑。这个时候，有个管城门的小吏郑侠画了一幅《流民图》献给神宗皇帝，图画上都是流民扶老携幼的困苦之状，皇帝看了果然十分震惊，当即下旨罢免王安石，停止新法的颁行。这是中国历史上第一次有人用一幅画打倒了一位当朝宰相。所以，我们下次到街上行走，看到难民模样的也要注意避让，连宰相都要栽在他们手里，我们还是少惹是非的好。

怎么，你还有兴趣探讨这个《流民图》？看来你这位先生倒真是对历史肯钻研。所谓《流民图》的流民，其实就是逃荒的农民。郑侠不过是一个小官，他敢于又绘图又上疏，指名道姓胡说八道诬告宰相，很可能是受到了保守派大臣的唆使。整个事件策划得非常巧妙，攻讦者事先知道了神宗的犹豫心理，这至关重要。把逃荒的农民绘成《流民图》也富于巧思，图片宣传总是比文字宣传来得有力。我们现在讲读图时代，其实那个时候也一样，身处深宫广殿之中看惯了锦上添花的皇帝和太后们，猛地一下子看到从未见过的老百姓的颠沛流离之状，“少见多怪”就可能引起轰动效应。果然，这个精巧的设计奏效，两位太后流泪了，神宗的疑心也更大了，你王安石这个宰相还能当得下去吗？一场轰轰烈烈的王安石变法就被一幅小小的图画给搞掉了。

这个故事也说明，尽管大宋朝经济繁荣、天下熙攘、南来北往、热闹非凡，但真要是走江湖的人多了，朝廷还是担心的。范老师刚才说得对，中国的农业社会根本还在于安土重迁，而不是背井离乡。若像《水浒传》上描写的那样，个个都在路上，“说走咱就走，风风火火闯九州”，那就要闹出事来了。

总结一下，大宋朝不提倡促进旅游经济，人家经济已经够繁荣了，世界第一，用不着靠旅游来拉动内需，所以，我们也不要以为自己是游客，游客利益至上就自觉高人一等，大家还是和平共处、平等相待为上。好在大宋朝的道德水准和国民素质相当高，人家可是“存天理，灭人欲”讲理学的，跟宋朝人打交道，你不用担心坑蒙拐骗，不用担心假冒伪劣，不用担心缺斤少两，不用担心以次充好。可以这么说，我们现在来到的绝对是个“君子国”，宋朝人的诚信简直让你不敢相信。

清朝一个姓徐的老头辑录编纂了一本《宋人小说类编》，其中的第四卷《传奇》中就记载了一个故事。汴京樊楼旁边有一家茶肆，桌椅整齐，卫生清洁，所以生意很好。福建邵武有一个姓李的邀客在此饮茶，结果把数十两金子遗失在茶肆的桌子上。三四年后，李先生又来到这家茶肆，说起当年失金之事，茶肆主人当即将收藏好的那包金子从柜台里拿出来交还，一称，分毫不差。李先生为感谢店主，想分一半给他，被店主拒绝；想请店主樊楼饮酒致谢，店主也坚辞不肯。这么一则拾金不昧的故事，体现的是我们大宋人民的高风亮节，这样的故事要放在今天，说不定可以上《感动中国》节目了。

跟这么一群可爱的人打交道，你用不着顾忌，用不着担心，用不着害怕，用不着紧张。什么？你刚才兑银子的那个小贩一两官银只兑给你三十个铜板？那个小贩肯定不是宋朝人！

好了，好了，碰到个把无良商贩在所难免，怪只怪你自己太性急，没搞清外汇牌价就去盲目兑换，这个我等下要说，也是旅游须知，我们现在还是先把怎么跟宋朝人打交道讲清楚。

要打交道首先就有一个称谓、语言关。

小姐不要乱叫，养娘未必是娘

我们来自五湖四海，大家南腔北调，要如何交流呢？这个你倒不用替古人操心，现代有普通话，宋朝也有普通话，只不过今天的普通话以北京话为基础，宋朝的普通话当然是以开封话为基础了，后来南宋都城迁到了杭州，仍旧把开封话移植过去，所以现代的杭州话与周边的南方语系截然不同，倒有些接近河南话，语言学上称为“南宋官话”。刚才二八五号房间的客人用杭州话骂人家“六二”，我告诉你要小心啊，很多杭州方言都是从这里移植过去的，说不定人家听得懂！

语言的问题解决了，还有一个要注意的是称谓。人在江湖嘴巴要甜，你敬人一尺，人还你一丈，总是不错的。但是，语言是进化的，称谓当然也在变化，宋朝的称谓跟今天还真是大不一样。

举个简单的例子，今天你在大街上问路，看到一位漂亮的年轻美女，上前称人家一声小姐，人家就不高兴，因为“小姐”这个词在今天的词汇学意义上已经偏离原有词义，尽管它和与其相对应的“先生”一起在二十世纪三四十年代曾经是开化、文明、新生活的用语。说来也巧，宋朝时“小姐”也只是对乐户等地位低下女子的称呼，所以，你见了宋朝的年轻女子千万不能称“小姐”，要称“小娘子”，当然了，娘子前面一定要加“小”，因为“娘子”是人家丈夫对妻子的专属称呼，你不可以去占便宜。

“小姐”是对卖艺、卖唱的乐户女子的称谓，而专职的妓女则又有另外的称呼，叫“行首”，当然也有沿用前朝的称呼叫“录事”的。上一站的地陪陆游先生跟我讲过一个笑话：苏东坡的次子苏过于宋徽宗政和年间来到汴京，听到有人将一个妓女称为“录事”，他吓了一跳，以为是什么官职，后来翻书去查了查，原来那是唐代的叫法。

还有一个称呼叫“养娘”，可不是继娘、干娘的意思，而是富人家里的女仆。宋朝话本《碾玉观音》里的养娘秀秀就是韩世忠郡王府的一个女婢，你要是把她看成韩世忠养着的一个娘，那就大错特错了。

宋朝的女人一般自称奴、奴家，据清代的钱大昕考证，妇女的这种自谦称谓是从宋代开始的，而丈夫称妻子为“老婆”也是从宋代开始，当然了，北方还是习惯于将妻子称为“媳妇”“浑家”，文人则喜欢称“房下”；家里的女儿称“大姐”；儿媳妇称“新妇”；贵妇人要称“安人”。称“妈妈”的不一定是母亲，对年老妇人的尊称也可以叫“妈妈”，甚至妓院里的鸨母也称“妈妈”。有一点要特别注意，宋朝的女性一般以身份称呼，大多没个正名，像李清照、朱淑真这样有正名字号的，得有相当的社会地位才行。一般像《水浒传》里孙二娘、顾大嫂这类叫法在当时比较普遍，所以，碰到宋朝的女性不要去问人家名字，不是她不告诉你，也许人家真没有。

以上是对女性的称谓，那么对男人呢?

看过《说岳全传》的朋友都知道，岳飞的父亲被称为岳员外。“员外”这个称呼现在一般都解读为地主，其实北宋时开封富人都称员外。那么，开封有多少富人呢?《续资治通鉴长编》卷八五记载，开封城内“资产百万者至多，十万而上比比皆是”。所以，你到了汴京开封，逢人称他员外，就像今天称人老板，一般都不会错。“员外”这个词来源于朝廷六部尚书的附属长官“员外郎”，再往前推，它的原意是指“添差”，也就是超编官员、编外人员的意思。有钱人互相调侃，钱虽然有了官却没当上，权且算自己是个超编官员，于是就有了“员外”的称呼。

除“员外”之外还有一个“郎”字，这倒也是宋人称呼中较为常见的。《杨家将》中有杨家七郎，《水浒传》中有宋三郎、武二郎，还有一个挑担的武大郎。“郎”的称呼也来自朝廷的官衔，它是宋代中下级文武官员的寄禄官通称，除了员外郎外，还有承务郎、承信郎等，后来被挪用作了男子的通称，一般以排行序次来叫，但也不一定。从文学作品来看，二郎、三郎的称呼多出现在男女私情方面，譬如潘金莲暗恋着小叔武二郎，阎婆惜不爱宋三郎却喜张三郎。宋江家里只有一个弟弟宋清，并不是排行老三，叫他宋三郎显然不是以排行序次，恐怕二郎、三郎在宋朝更多的是一种亲密的称呼，而六郎则有好男儿的意味。我们都知道《杨家将》中的杨六郎杨延昭，按小说中的说法他是排行老六，其实考诸历史，是因为杨延昭在边关名声日隆，契丹人习惯于将了不起的男人称为“六郎”，所以就称其为“杨六郎”，这就跟有些地方至今仍习惯于将好男儿称为“五哥”是一样的道理。后世小说戏曲家以为“杨六郎”就是杨业第六个儿子，就此还编排出大郎、二郎、三郎、四郎乃至七郎的故事，其实都是不符合历史的。从杨业死后宋朝廷对杨家子嗣的封赏上来看，杨延昭应该是杨业较为年长的儿子，不是老大就是老二，因为在雍熙北伐之时，只有杨延玉、杨延昭两个儿子跟随父亲，谁是老大谁是老二，史书上没有明说，延玉与父亲杨业一同阵亡了，延昭受到朝廷的抚恤封赏。从封建社会的推恩惯例来说，延昭比其他兄弟要年长，这是肯定的，所以，从长幼排序上讲，他不可能是杨业的第六个儿子。

扯远了，扯远了！好在我们是深度游，研究一些宋朝的历史问题也是好的。现在回过来还是讲称谓。

宋朝人称儿子为“小大”，小大哥，就是父母对儿子的称呼，有时也用于称呼他人的儿子。

戏文里，丈夫称老婆“娘子”，老婆一般回称老公“官人”或者

"相公"，其实相公这个词在宋朝的时候可不是用来称呼自己老公的，而是作为高官的尊称，比如南宋的抗金名将岳飞就被人称为岳相公、岳老爷。见了一般当官的，你还可以称呼人家"大夫""保义"。说到"保义"，你一定会联想到山东呼保义宋江，"保义"是"保义郎"的简称，原称"右班殿直"，是武官的一种。你也别管人家文官还是武官，见了面称他们"大夫""保义"，就是一种尊称了。除非他的实际官职做得更大，那你不能把人家叫小了。宋时的风气是官僚之间互相过称官名，明明是诸司使却称司徒，就好像今天的副处长、副局长，我们在称呼时一般都将那个"副"字自动去掉一样。好话人人爱听，这也是古已有之。

"丈人"本是岳父的称谓，但是宋朝岳父多称"泰山"，"丈人"倒成了士大夫私交之间的互相称呼。宋朝士大夫往来书信多以"丈"互称。朱弁《曲洧旧闻》记载："近岁之俗，不问行辈年齿，泛相称必曰'丈'。不知起自何人，而举世从之。"如司马光被称为"司马十二丈"、苏东坡被称为"东坡二丈"，你如果不晓得这种习俗，看信的时候倒真是丈二和尚摸不着头脑了。

其他，如市井的巫师、医生、祝卜之类三教九流，都称"助教"；手艺工匠一般尊称"待诏"；村里教书的穷先生称"学究"，比如《水浒传》中智多星吴用就被称为"吴学究"；官员称自己的家奴为"院子"，主管的仆人叫"内知"或"宅老"，类似于今天的管家；官二代称"衙内"，中产阶级的子弟可以称"小官人"。另外，特别提醒一些喜欢发嗲的少妇，不要"老公""老公"地叫你的丈夫，在宋代那是称呼太监的。你总不想你丈夫去做太监吧？

称谓这么复杂，怎么搞得清楚？没关系，我带了几本宋朝的话本小说，《简帖和尚》《错斩崔宁》《碾玉观音》……多看一些宋朝的话本小说，这些称谓慢慢就搞清楚了。

对了，范老师让我特别说明一下，宋朝的男人取名喜欢用“老”“叟”“翁”“甫”“父”等字，如孟元老、杜莘老、徐清叟、王岩叟、陈敬叟、刘辰翁、王次翁等，这是宋朝人寄托长命百岁的寓意而取的名字，不是说他生下来就是一个老头，所以，千万不要望文生义。

一般的老百姓则喜欢以排行序次或者父母年龄相加之数来取名字，据洪迈的《夷坚志》记载，这种取名法在民间颇为流行，如徐十三官人、吴廿九、解七十五姐、蔡五十三姐。另外，宋人取小名时，往往喜欢粗野、鄙俗的字眼，特示卑贱，他们认为这样容易养大成人。所以，如果你碰到一个叫臭狗、死猫的人，千万别笑出声来。

宋朝的舆论环境比较宽松，老百姓茶余饭后喜欢议论些朝廷的事情、聊一些皇家的八卦。他们提及皇帝，不是像电视剧里那样称“皇上”或者“万岁”，而是叫“官家”或者“大家”。官家，顾名思义，皇帝是天底下最大的官了；大家，同样也顾名思义，赵钱孙李，百家姓中还有大得过赵姓皇帝的吗？其实，这样的称呼从汉代就开始了，汉朝称皇帝为“大家”，唐朝则称“天家”，宋人一般喜欢叫“官家”，据说这样的称呼来源于“五帝官天下，三王家天下”。宋朝老百姓私底下议论仁宗皇帝，说他“百事不会，只会做官家”；秦桧之流罗织岳飞“莫须有”的罪名时有一条就是，岳飞曾经说过“官家又不修德”这样矛头直指皇帝的大不敬之语。

不仅是私底下称呼，宫中的人当面也这么叫皇帝。宋仁宗有一天退朝回宫，口渴得厉害，便嚷嚷道：“渴甚，可速进熟水。”嫔妃们赶紧替他递上了开水（熟水），并说道：“大家何不外面取水而致久渴耶？”

宫里的称谓你不一定用得着，但是江湖上的称呼你一定要记牢，否则，那可就是江湖凶险了。总结来说，对别人要用尊称、敬称，称人家的字或号，加上大人、员外、官人之类的总不会错；对自己要用谦称、卑称，鄙人、不才、卑职、小人、小可、晚生、在下、不肖等，都可以，只要人家听了顺耳。

说罢称呼，现在来说大家最关心的汇率问题。大家知道，汇率是经常浮动的，物价也有个起伏，所以，宋朝的一两银子相当于多少贯钱，折算成今天的人民币又是多少元，这个问题还真不好回答。这么说吧，宋真宗咸平年间（公元 998 年—1003 年），1 两银子只能抵 800 文；到了宋真宗大中祥符八年（公元 1015 年），1 两银子可以折 1600 文铜钱；而到了南宋孝宗的时候，1 两银子又可以换 3 贯铜钱了。黄仁宇先生在他的《中国大历史》中基本以黄金的价格作为基准来换算。他基本是依据“1 两黄金 =10 两银子 =10 贯铜钱”这个假设，而以国际金价 400 美元 1 盎司来推算，1 两银子今天的价值就是 465 元。1 两 =1000 文，那么 1 文钱只相当于 4 角 6 分了，这样的估算恐怕又偏低了。我们说了，很难用人民币换算，从实际购买力来说，我更倾向于把 1

文钱看作 1 元钱。

这是汇率和换算的情况。刚才这位朋友到路边小贩那里兑换，1 两银子只换了 30 个铜板，那是大大吃亏了，应该可以换 1000 个铜板，也就是 1 贯钱！可是，宋朝的 1 贯钱其实不到 1000 文，太宗朝官方规定，770 文算 1000 钱。哎，反正汇率比较乱，好在我们也是短暂旅游，就像你到了国外，也不会太在意当天的外汇牌价一样。

哈哈，说到钱，大家来劲了。好几个团友问我，宋朝是历史上经济最发达、人民最富裕的一个朝代，那么，大宋朝究竟多有钱呢？让我们范老师来讲个故事。

大宋朝究竟多有钱？晒一晒皇帝的年薪

陈恕当三司使财政大臣的时候，宋真宗刚刚即位，命令他将全国的钱粮总数报上来。过了很长时间，陈部长一直没报告。皇帝急了，屡次催促他，可陈恕却一拖二延始终不报。最终，真宗皇帝忍不住了，命令宰相去责问："你这个财政大臣怎么当得这么糊涂？连个经济总量都搞不清！"

陈恕倒好，振振有词："天子正年轻，如果让他知道国库充实，恐怕会生奢侈之心。"

你看看，不肯露富，连皇帝都要瞒着！

好在他瞒不过我们，我们手头有《朝野杂记》等资料，足可以将赵宋的家底搞个一清二楚。宋朝刚刚统一中原时，全年的财政收入是一千六百万缗钱，这已经是唐朝的两倍了，所以宋太宗扬扬得意，以为捡了个大元宝，了不起得一塌糊涂；到了宋真宗天禧末年，这个数字已被翻新到二千六百五十余万缗；宋仁宗嘉祐年间，又增加至三千六百八十余万缗。之后，宋朝的经济更是驶上快速道，“月增岁广”，各项指数全面飘红，到了王安石变法的熙丰年间，全国经济总量冲过六千余万大关，到了南宋淳熙末年，这个数字又变成了六千五百三十余万缗。一缗是一贯钱，即一千文。

大宋朝的 GDP 占到当时全球的一半以上，有人甚至说占到 80% 以上。当然，那个时候没有联合国，也没有世界银行，所以要确切数字还是有些困难，但肯定富得冒油，大家就随便说吧。不过，纵向比较，有一个数字倒是错不了：宋朝鼎盛时期，一年的货币发行量（铸钱量）高达五百万贯，而明朝总共二百七十六年的历史，总铸钱量也只有一千万贯。

作为全球第一经济体的 CEO，宋朝的皇帝当然很牛了！那么这个 CEO 的年薪是多少呢?

虽说“普天之下，莫非王土；率土之滨，莫非王臣”，但那毕竟只是一句口号，皇帝自己也知道不能光靠口号吃饭，作为一份工作还得有薪水，做皇帝也是工作嘛。皇帝的工资叫“好用”，宋朝每个皇帝都有一千二百贯的“好用”，每月如此，相当于月薪。如果以一文兑现在的人民币一元，那么一千二百贯就是一百二十万！月薪一百二十万，年薪就是一千四百四十万，相当于二百四十万美元，而且不用缴税。

宋朝的开国皇帝赵匡胤很有意思，他拿到这份工资就悄悄地找个地方藏起来了。他把这个地方叫作“封桩”库，明白吗？封存起来不用的。

做皇帝还要藏私房钱吗？

你们误解他了！他有崇高理想和远大目标。他说，五代时的那个卖国贼石敬瑭把幽云十六州割给了辽国，让那里的老百姓受着异族的统治，我很同情他们，准备把这个封桩库的私房钱存到四五百万缗，然后就去跟辽国谈判。如果他们答应把失地还给我们，我们就用这笔钱去赎买回来，省得大家动刀兵破坏世界和平；如果他们不肯，那我就高悬赏格，收购辽国士兵的脑袋，二十匹绢买他一个人头，他们的精兵不过十万，只要用二百万匹绢就可以把他们的脑袋收购完了。

赵匡胤心里清楚，北方的长城险要都在辽国掌控之中，要跟他们战场上见分晓是不可能完成的任务，所以他想到了用经济手段来解决领土问题。咱有钱，咱用钱砸死你！你不要笑他土豪，一千年后美国人不也是花钱从俄国手中购买了阿拉斯加吗？这说明赵匡胤先生的理念还是蛮先进的。只不过他的算盘打得蛮精，可惜这笔生意最终没有做成。

赵匡胤后面的皇帝当然也没有再动脑筋去与辽国做这笔注定成不了的生意。至于他们的“好用”是怎么用的，书上没有记录，我们也不好瞎猜，不过，作为一项制度，大家倒是严格遵守这个一千二百贯的定额，没有一个皇帝年年替自己涨工资，倒是有个别皇帝风格蛮高，比如仁宗皇帝就主动放弃了年薪。《宋史》上记载："仁宗帝命罢左藏库月进钱一千二百缗。"

怎么样？高风亮节吧！

宋朝皇帝的年薪如此可观，不过皇帝总不是人人能做的，这份工作的稀缺性使得这个年薪没有可比性，所以，你们私底下恐怕还是更关心宋朝官员的薪水吧。哈哈，问问范老师就知道了。

宋朝实行高薪养廉制，从宋太祖到宋徽宗都不断为文武百官加工资，唯恐他们钞票不够用，所以在宋朝当官可真是有福分啊。不过，宋朝的职、官分离，贵为朝廷的一二品高官被派去当个四五品地方官的情况也是经常有的。所以，宋朝的官俸制度十分混乱，很多官员其实并无实职，照样可以领俸拿薪水，而有实职者则可以另外加钱。

宋朝官员的俸禄大致由三部分组成：一是正俸，也就是职务、职称工资，什么级别拿什么钱；二是津贴，除正俸外，还有服装、禄粟、茶酒厨料、薪炭、盐、随从衣粮、马匹刍粟、添支（增给）、职钱、公使钱等职务补贴，地方官则配有大量职田；三是朝廷恩赏，如皇帝郊祭之后赐给官员的郊赐等各种福利，大型郊赐每三年一次，时间固定，钱财丰厚，太宗至道年间，光郊赐就用了一千五百万缗。

大宋朝进士及第，取得做官的资格就有一笔赐钱，神宗熙宁六年，"进士科及第赐钱三千贯，诸科七百贯"。三千贯是什么概念？《水浒传》里杨志卖刀，那口祖传的宝刀被杨志开价三千贯，泼皮牛二就笑他漫天开价。可见三千贯是个不小的数目了。这么说吧，《金瓶梅》里西门庆死后家道没落，潘金莲被变卖，牙婆开价八十两银子，也就是八十贯，后来交到西门庆的大老婆吴月娘手里实际只有三十贯，而宋朝时买一大匹绫的价格只在六七贯之间，士大夫之间宴聚一次的费用通常在一贯左右，而一贯钱就可以够五口之家吃一个月的大米了。

宋朝的官员真是幸福得一塌糊涂！

根据《宋史》的职官志记载，一个宰相的本俸是月薪三百贯，大概也就是三十万元人民币，年薪就是三百六十万，还不包括各项补贴和福利；一个普通从八品的县令最低的月薪是十五贯，也就是一万五千元，年薪约二十万，考虑到宋朝一个县令不过管几千户人家，这样的薪酬标准着实不错。

我们以包拯为例来看看。包拯当时的职务是权知开封府事，相当于首都汴京的市长。赵家三郎在《庙堂往事》一书里替他算了一笔账：包拯的年收入是大米 2180 石、小麦 180 石、绫 10 匹、绢 34 匹、罗 2 匹、绵 100 两、木炭 15 秤（每秤 15 斤）、柴火 240 捆、干草 480 捆。这些实物折算成钱，包拯的年薪约为 21878 贯钱，几乎相当于今天的 1000 万人民币！

包拯当然是历史上有名的清官，他的收入也肯定只限于正常来源，而其他的衙门、官员则还有另外的"灰色收入"。比如汴京城里流行一句话，叫"三班吃香，群牧吃粪"，说的就是两个衙门的灰色收入，所谓三班是指三班院，群牧是指群牧司。

大宋朝制度，文官的铨选、差遣归吏部，而武官的铨选、差遣则归三班院。那些候补、待职差遣的武官都在三班院挂名。和平时期没有战事，武官多闲着，三班院统属的特派官员有八千多人，在外地工作，那些罢了职而留在三班院的也常常有好几百人。每年逢着皇帝生日，他们照例要凑钱来给和尚布施饭食和进香，共同为皇帝祝寿，这些凑起来的钱称为“香钱”。而事实上，香钱当然不会全部交到庙里去，主管三班院的判院官常常利用多下来的香钱为大家改善伙食，所以叫“三班吃香”；而枢密院下的另一个衙门即主管马匹的群牧司，每年卖马粪就可以收来很多钱，也用来被群牧司的官员瓜分。因此，当时京城中取笑他们说“群牧吃粪”。

当然了，“小金库”都属于不正之风，皇帝虽然心知肚明，但有时候也是要动真格管一管。进奏院是主管朝廷文书往来的秘书机构，相对来说，每天只跟文字打交道，属于清水衙门，他们的小金库也只能来自卖废纸那点儿收入。饶是这样，还弄出一场“进奏院风波”来！

公元 1044 年，当时的进奏院长官是北宋著名的诗人苏舜钦。这一年岁末，又到了各国家机关拜“部门神”的时候。宋朝的各行各业都有自己的保护神，比如饭店里供的是扛大刀的关公，药店里供的是尝百草的神农，就连妓院里都要供白眉神。各个衙门也都有各自的保护神，进奏院供的是传说中造字的仓颉，他们称之为“仓王”。进奏院的官员大多是一些新科及第的青年进士。年轻人喜欢呼朋引伴，苏舜钦也是为了活跃部门气氛，便利用拜神的机会搞了一次“团建”：将卖废纸所得的四十五贯钱组织大家痛痛快快地吃喝了一顿。结果，倒霉的事就来了，御史台的御史向皇帝弹劾了他们。因为是自己身边的部门，宋仁宗觉得更加不好包庇，于是就亲自过问，这些参加宴会的人员都受到严厉处罚。《宋史》上说："同时会者皆知名士，因缘得罪逐出四方者十余人。"你说冤不冤？

比进奏院的青年进士们更冤的是大宋朝的吏员们，也就是算不上官的一般公务员。都不大好意思说，一般公务员的待遇较之官员就有些冰火两重天了。

宋朝的官吏是严格分开的：官员由朝廷除授，"籍在仕版"，有组织备案，考核、升迁、管理、任命都由朝廷负责，薪酬标准也有明文规定，旱涝保收；而一般的公务员则只能称为吏，吏的身份就有些不堪了，他们或是出于招募，或是应于差役，也有家族传承顶职上岗的，这帮人作为各级官府及其下属部门的各类办事、管理人员，原本是没有俸禄的。也就是说，朝廷没有公务员工资的财政预算。这听起来有些不可思议，不过皇帝已经给官员发高薪了，吏作为官员的雇佣属员，他们的工资就得由官员来发，所以朝廷不再编制另外的预算。但是要官员从自己到手的薪酬里拿出钱来养吏，谁会愿意呢？更何况，大部分吏并不是现任主官聘用的，而是前任或者前任的前任留下来的，要自己拿出官俸喂养他们岂止肉疼，简直是心痛！所以，官员们对吏有没有俸禄这回事都睁一眼闭一眼装作不知道，反正又没有明文规定要当官的拿出自己的俸银养吏员。再说了，这份工作你若不干还有大把人抢着要干，用不着担心。

对于吏来说，没有俸禄就是没有正式工资，没有工资难道叫他们喝西北风？他们可没有仁宗皇帝的境界，也没法达到这个境界。那怎么办？于是只好靠克扣、受贿或者侵渔百姓为生。《宋史》上对这些恶吏、赃吏，尤其是狱吏、仓吏贪赃掊克乃至致死人命等恶行多有揭露。如果你觉得《宋史》看起来太吃力，那么我们就来看《水浒传》里怎么说。

林冲误闯白虎堂被关进开封府大牢，林冲的丈人张教头第一个想到的就是“买上告下，使用财帛”，后来被判刺配沧州道，临行前，在州桥下酒店里坐定，酒至数杯，张教头又“将出银两赍发他两个防送公人”。而这两个公人董超、薛霸却是吃了原告吃被告的祖宗，受了张教头的银两后，又受了高太尉府陆虞候的十两金子，一心还要害了林冲性命。想想恶吏有多厉害！

恶吏自然已经昧了良心，就是一般的好吏也做不到两袖清风。武松被张都监陷害，下入孟州大牢，这时知府已得了贿赂，一心要结果武松，多亏有个“忠直仗义，不肯要害平人”的叶孔目极力保全。但就是这样一个正直的小吏，施恩托人转送他一百两银子，他也照单全收，随后“出豁”了武松。叶孔目收了银两又怎样呢？水浒故事的讲述者不还是赋诗称颂他“西厅孔目心如水”吗？连武松在重过十字坡对张青、孙二娘讲述孟州这场牢狱之灾时，也还称赞叶孔目仗义疏财呢！

仗义倒是仗义，疏财恐怕未必。来东溪村投奔晁盖的刘唐被派出所所长雷横当作盲流捉住了，晁盖将刘唐认作外甥保了下来，随后又送雷所长十两银子，雷横略推了推就收了，揣入腰包。雷横和晁盖是朋友，捉刘唐又不是捉贼捉赃抓的现行，而只是觉得一条大汉在庙里睡着蹊跷，顶多是有些嫌疑，便将他捆了还吊了小半夜。晁盖既已认作外甥，放人就是了，难道捉错了人还要收人家谢礼？哎，晁盖是晓得的，都是做小吏，生存不易呀！

仗义疏财的前提是得有钱呀，这钱从哪里来呢？梁山泊最仗义疏财的两位要算宋江和柴进。柴大官人天潢贵胄，金枝玉叶，庄园里多养几个闲汉谅也无妨；而山东及时雨宋公明哥哥，他的钱就有些来路不明了。按说，宋江家里不过是郓城县一个小地主，他本人也只是身为小吏，田里所得、合法收入想来有限，但是接济江湖好汉却是流水一般，花钱眼睛不眨一下，莫非他接济好汉的钱真是从天上掉下来的？正常收入和开销相差如此之大，在今天也是要问“巨额财产来源不明罪”。其实，来源还是有的，各种外快宋江都没有落下，梁山好汉刘唐送来的一包金子若不是叫阎婆惜拿赃拿住了，也没有后来的杀惜官司。好笑的是，宋公明哥哥后来自己落入狱中，碰到典狱长戴宗先生，一开始不知道他是宋江，照样骂骂咧咧来讨常例银。

不仅是雷横、戴宗之类的吏员，像武松这样顶天立地的好汉在公门时也有收受礼金的行为。书中讲，武松住进张都监府后，“但是人有些公事来央浼他的，武松都对都监相公说了，无有不依。外人俱送些金银、财帛、缎匹等件。武松买个柳藤箱子，把这送的东西都锁在里面，不在话下”。他可没有去上交纪委！在《水浒传》的作者看来，这些也都是“不在话下”的。

吏员们“不在话下”的问题终于被朝廷拿来当成了话题。到了王安石变法时，认识到这个问题的严重性。熙宁三年（公元1070年）八月，因为发现仓吏侵克军粮严重，宋神宗在王安石的建议下决定搞廉政建设，创立“重禄法”，本着“增禄不厚，不可责其廉谨”的指导思想，首先给仓吏以厚禄，全体仓吏的岁额总计为一万八千九百贯，这笔经费将从政府财政中开支，从此仓吏也有了正式的俸禄；与此同时，又立法对贪赃受贿者施以重罚，规定贪赃不满一百贯的流放一年，一千贯流放二千里外，满一万贯的发配最为险恶的沙门岛。

这项规定又逐步推广到各类吏员，到了熙宁六年（公元1073年）正月，政府向一般公务员支出的吏禄已经达到十七万一千五百余贯。从此，大宋朝全国的公务员也都拿到了薪水。王安石不禁感叹，现在好了，我们可以高枕无忧了。

真的可以高枕无忧了吗？《水浒传》里的故事可都是发生在王安石变法之后。所以，反腐工作得常抓不懈，古今一样的道理。

好了，关心过别人的钱袋子，我们还是来关心一下自己的钱袋子吧。刚才说了一元钱换一文钱，各位朋友可都带了几万块钱，这里又不能用信用卡，换成铜钱带着还怎么旅游？不是说宋朝就已经有了纸币吗？大家不要急，听我慢慢说。

腰缠十万贯，骑鹤下扬州？拜托，行李超重了！

大家嫌铜钱太重，其实，宋朝人用的钱很多还不是铜钱，而是铁钱！哈哈，怎么样，更重了吧！

宋朝崇尚和平，因此也崇尚佛教，寺庙多了，佛像就得增添。宋朝的佛像大多是用铜来铸造的。这就出现了一个问题，我们前面说过，宋朝鼎盛的时候一年的铸钱量是整个明朝的一半，铜钱铜钱，铸钱也是要用铜的，佛像造多了就造成国家无铜铸钱。两者一权衡，政府想了想还是精神层面更要紧，再苦再累不能亏待了菩萨，所以就大量改用铸铁钱。川蜀一带首先改铸铁钱流通，当时四川地区的十贯大铁钱净重为一百二十斤，十贯小铁钱的净重也达到六十五斤，富商大贾如果腰缠万贯，即使车载马运恐怕也难以行动。

有句话语叫"腰缠十万贯，骑鹤下扬州"，人生最土豪最神气的莫过于此，但这十万贯钱如果净重一百二十万斤，不要说仙鹤，恐怕连飞机都飞不动了。

怎么办呢？面对这种流通不便的情况，四川的十六家富商坐在一起商讨金融改革办法，决定联合发行世界上最早的纸币——"交子"。

用一色的纸张，印上城垣、树木、房屋、人物以及各种复杂的图案，加押印信，各户都设置红黑二色相间的暗记，以贯为单位，面值不限，通常的交子都是万贯百贯的大面额钞票。生意往来，大家可以直接使用交子付账，也可以用交子兑换变现，只是兑换现钱时每贯要扣除三十文的利息。最早的交子有点儿像十六家之间的私人借款字据，也有点儿像今天的有价证券。但由于这小小的纸张被赋予了货币资本的特性，很快就推广开来。

四川这十六家富商有魄力、有胆量，历朝历代发行货币可都是朝廷的特权，私铸铜钱那可是掉脑袋的事儿！他们居然就敢拿张印刷纸来代替大把大把的铜钱。这说明了什么？一则是财大气粗，有钱就有话语权！二则也说明宋朝经济环境宽松。要是放在汉武帝时代，早就满门抄斩，十六家一家不剩了。所以，好创意和创新也得有宽松的环境，这一点儿都不假。

四川一带头，其他地方的大佬们也群起效法，于是陕西交子、淮南交子、湖北交子……纷纷出笼，让人眼花缭乱。

当然了，宋朝政府面对民间涌现出来的许多纸钞票不能不闻不问。宋仁宗天圣元年（公元1023年），为加强国家对金融事业的管理，皇帝下诏不准民间擅自经营交子，改由政府统一发行，对票面也做了规定：统一价值一千文，即一贯钱，每次发行有一定的限额，并且有流通期限，规定每两年为一界，每界发行额为一百三十五万六千三百四十贯。交子的票面上也盖了官印，兑付时要将字号登记入簿，按字号销账，以防伪造。为此，政府还专门设立了官办的交子务作为管理机构，专门负责交子的印刷、发行和回笼。

若是依此状况顺利发展下去，不要说现代钞票，恐怕连银行信用卡都要提早问世了。但怪就怪大宋朝的经济学家们没有现代货币准备金的概念，天圣元年，官办四川交子务设立并发行首界官交子时，倒是准备了三十六万贯铁钱以备兑取，但后来越印越开心，越印越顺手，都忘了还有准备金这档子事。今天的人都知道，政府滥印货币的结果就是通货膨胀，宋朝人不晓得什么叫通货膨胀。当时正值西北战场对西夏用兵，战乱频起，军费开支浩大，财政收入一时入不敷出，脑子一发热，就开始用超额发行交子来弥补财政缺口，于是引起了中国历史上的第一次大规模通货膨胀，货币急剧贬值。宋哲宗的时候，一交纸币已经贬值到二百五十文，也即面值的 25%，到了宋徽宗时，交子改名叫“钱引”，一引还是相当于一交。但这“钱引”也引不来真的钱呀，一引的钞票只值一百文钱，仅为面值的 10%。

到了南宋，交子的信用在老百姓心目中彻底破产，于是政府又改头换面宣布发行“会子”，这就好比国民党后期用金圆券代替法币一样，其实是换汤不换药。而且会子的发行量也是越来越大，乾道五年（公元 1169 年）初发行时，以一千万贯为界额，但到第十五界时差不多达到了两亿三千万贯。如此巨大的发行量，再加上无现钱可兑换，真是难为了宋朝的老百姓。

想起电影《乌鸦与麻雀》里赵丹轧金子的情景，一阵心酸。

宋朝的这一场通货膨胀对后世影响深远，但后世诸朝的经济学家们也都没有体会到货币准备金的要义所在，反而是对纸币敬而远之，于是现代金融业没能在中国诞生。

其实，大宋朝虽然经济总量世界第一，但“钱荒”也闹了不少次，究其原因，专家考证结论不一，有的说是“铜币外泄”，都流到辽、金、西夏去了；有的说是因为商品经济发展导致货币供应不足；有的说是因为民间大量私销铜币，因为铜铸货币长期币值高于币价，经过多道手工工序加工制作而成的铜币，一经销毁反而可以获利五倍以上，所以这种币制本身就包含了一种自我消亡的因素；也有的专家说是因为物价失控。总而言之，大宋朝虽然钱很多，但市场上却还是闹钱荒。

宋人的一则笔记蛮有意思。某一年，京城忽然缺现钱，街市上人心惶惶。有位官员找来一位理发师替他梳理头发，埋单付账的时候将五钱折半当作二钱用，赏给了理发师。

这是怎么了？太阳从西边出来了，大人今天怎么这么大方？

大人在朝理发师笑，是不怀好意的那种皮笑肉不笑。理发师被他笑得越来越不自在，捏着五文大钱一直在发抖。大人向他勾勾手，附耳过来！这种钱在几天之内，朝廷就会下旨不再使用，你要及早用了它。

我的天哪！理发师这回可是第一次得到内部消息，赶紧上朋友圈，在群里分享，一传十，十传百，不出三日，内部消息传遍京城：老版钞票，过期作废，大家赶紧赶紧，消费要趁早！

于是，京城的现钱一下子都出来了。

朝廷要拉动内需，老百姓太会存钱也不是好事，内部消息的好处就是反其道而行之。

好了，关于世界上最早的纸币“交子”都跟大家讲清爽了，你们自己掂量着，究竟是换铜钱、银子还是换会子、交子，导游的建议是，力气够大背得动的还是尽量换铜钱、银子，反正也没有其他行李，安全问题还是有保障的，这里离梁山远着呢；力气不够那就只好换会子、交子，汇率上吃亏一点儿，但毕竟带着方便嘛。

时候不早了，今天的会就开到这里，明天一早我们还要穿越到临安去看皇帝放鸽子呢。

第四章

皇宫上空的鸽群：大宋朝的早晨

“清晨听到公鸡叫，推开窗户迎接晨曦到，花香鸟语春光好，今天又是一个艳阳照。”先给大家放一首歌，各位团友，起床了！起床了！

听到正店外面有人敲铁牌子的声音了吗？

这里是东京。一千年前的大宋朝首都——东京开封汴梁。

当公鸡报晓、晨曦还在城市的面庞上闪动时，巷陌里传来熟悉的铁牌子的敲打声。新的一天开始了，宋朝人的一天就是被这块小小的铁牌敲醒的。

打开听书 APP，坐在床上先听一段文字：

> 且说这石秀每日收拾了店时，自在坊里歇宿，常有这件事挂心，每日委决不下，却又不曾见这和尚往来。每日五更睡觉，不时跳将起来，料度这件事。只听得报晓头陀直来巷里敲木鱼，高声叫佛。石秀是个乖觉的人，早瞧了八分，冷地里思量道：“这条巷是条死巷，如何有这头陀连日来这里敲木鱼叫佛？事有可疑。”当是十一月中旬之日，五更时分，石秀正睡不着，只听得木鱼敲响，头陀直敲入巷里来，到后门口高声叫道：“普度众

生，救苦救难，诸佛菩萨！”

这是《水浒传》第四十四回“杨雄醉骂潘巧云，石秀智杀裴如海”的故事。故事本身很精彩，和尚、少妇、通奸、情杀，不过，这不是我们所要关注的，我们要关注的是故事中向我们透露的一个信息：原来宋朝的时候就有准点报时，只不过那时的准点报时不是由中央电视台发布，而是寺院里的行者、头陀承担着职业报晓的任务。

行者、头陀当然是一座城市最先醒来的人——寺院里只有清规戒律，没有夜生活会所，他们理应是最先醒来的。那个时候大家也没有手机闹钟，又需要有个统一口径。他们既然醒得那么早，闲着也是闲着，就去当当报时员吧。

陆游先生写了一首诗，报道了他们在清晨第一线的工作：“五更不用元戎报，片铁铮铮自过门。”报晓用的器具不是后世的更梆，而是一片片的铁牌子。这种铁牌子在现代一些落后山区的小学校里还被用来当作上课、放学的铃声，倒也蛮有古风。

起床，一日之计在于晨

晨曦微露，巷陌里传来铁牌子的敲打声。

来自寺院的行者、头陀一手执铁牌子，一手用器具敲打着，沿门高喊“普度众生，救苦救难，诸佛菩萨”之类的佛教用语，同时，以他们平日练就的念佛的嗓音，大声向坊里人家报告现在的时辰，顺带着还会报告当天的气象：天气晴朗或者天气阴晦……

佛门弟子要晨起诵课戒睡懒觉，报晓的本意也是教人省睡，起来勿失时机念佛，当然也有唤醒痴迷的象征。渐渐地，以普度众生为己任的僧侣们觉得这样的报晓不能关起门来光在寺院里进行，但受戒的僧人晨起即要诵经，不可能出来行吟报晓，于是“临时工”行列的非正规僧人行者、头陀便担负起这个任务。

行者、头陀打开寺门，将这样的佛事功课做到大千世界来，既是宣扬佛法，也可得到相应的报偿：善男信女将斋饭、斋钱施舍给他们。这样的做法倒颇合佛陀时代初始佛教托钵行脚的古法。受人酬报，当然也就有了责任，那就得每日恪守时间，准确无误。日子一久，行者、头陀便成了职业的报晓者兼天气预报员。

在“普度众生，救苦救难，诸佛菩萨”的佛号声中，普通人的宋朝城市生活的一天就开始了。

各位团友，请抓紧了，请抓紧！一日之计在于晨，今天我们的行程十分紧张，要在北宋的汴梁和南宋的临安之间往来穿越。

昨天跟大家说过，宋朝是中国历史上首个真正诞生了城市、真正有了市民社会的朝代。众所周知，城市的诞生必然伴随着市场经济的繁荣，正所谓无利不起早，早起的鸟儿有食吃。随着经济的发展，市民早起投入市场洪流的意识也在不断增强。用不着等到五更报晓，在临安的候潮门外，才到四更天，就有“无数经纪行贩，挑着盐担，坐在门下等开门。也有唱曲儿的，也有说闲话的，也有做小买卖的”。四更天，也就是现在的凌晨一点到三点，古人倒也蛮敬业！这一点，我们在《清明上河图》长卷的起首部分也可以得到印证：清晨的郊野道路，树木夹峙，两个人，一前一后，赶着五头毛驴向京城汴梁走来，毛驴上驮载着进京去卖的煤炭……当然，城门要在五更才打开，这是大宋太祖皇帝定下的规矩。也就是说，五更报晓之前，一切都是准备工作。

汴梁和临安，作为大宋朝前后期的京都，早晨最忙碌的还数那些吃皇粮、每天要准时点卯的各级官吏。每天的官员早朝，是这两个城市的独特风景。

五更一到，京城的官员们便要开始上朝。当然，宋朝时上朝并不是每天都进行的，否则皇帝与大臣都吃不消，所以，皇帝一般定下规矩，每月四天或两天接见群臣。每逢上朝日，报晓的行者、头陀都会加上一句："今日四参！"或者"今日两参！"以唤醒朝臣官员的沉沉酣梦，提醒他们不要错过上班时间。要知道，迟到不仅要扣俸禄，还可能丢乌纱帽。

官员坐轿上早朝，早晚高峰有"错行"

今天我们来得正是时候，赶上朝会的日子，让我们一起去看看宋朝官员赶着去上朝的情形。

北宋时期，官员上朝一般都骑马，朱熹的《朱子语类》中记载："南渡以前，士大夫皆不堪用轿，如王荆公（王安石）、伊川（程颐）皆云不以人代畜，朝士皆乘马。"大家听听，不坐轿子，体现的是一种人文关怀。

南宋张端义的《贵耳集》也佐证了这一说法："自渡江以前，

无今之轿，只是乘马。所以有修帽护尘之服。”上朝的官道虽然每天有人洒水清扫，但这么多官员骑马经过，扬起的尘土应该还是不轻，所以官员们在官袍外面还要穿件类似今天雨披的“护尘之服”，以保持上朝觐见时的官家仪容。看看，一切都想得蛮周到吧。

到了南宋，贪图安逸的官员们便开始坐轿子，人文关怀也顾不着了。当然，不坐轿子哪来轿夫的生计？从这个意义上理解，那又是一种人文关怀，就看你怎么说了。世界上的事情大凡如此。

轿子的称谓也是到了宋朝才开始有的，因“状如桥中空离地”而取名（《癸巳类稿·释名》）。唐朝的时候称为“步辇”，如唐朝阎立本的著名画作《步辇图》就描绘了唐太宗坐在步辇上接见吐蕃王松赞干布使节的情景。史书上对轿子的最早记载是在《默记》卷上：“艺祖（赵匡胤）初自陈桥推戴入城，周恭帝即衣白襕，乘轿子，出居天清寺。”原来，历史上第一个坐轿子的人就是被赵匡胤赶下台的后周末代皇帝！与步辇不同的是，轿子是四面围合封闭起来的，这是不是因为周恭帝是退位的皇帝，为照顾面子用轿帘把自己围起来不让人看见的缘故？反正后来的轿子都用四面轿帘围起，这倒也免得再穿“雨披”了。

事实上，南宋的官员们得以改善交通待遇坐上轿子，还真跟雨有关。根据张端义的《贵耳集》记载：“思陵（宋高宗赵构）在维扬（扬州），一时扰乱中遇雨，传旨百官许乘肩舆，因循至此。”一场大雨，改变了官员们的出行方式。不过，骑马也好，乘轿也好，宋朝没有公款消费这一说，全部由官员自己承担自掏腰包，所以宋朝也就省去了公车改革的麻烦。

好了，现在我们已经穿越来到宋时的临安（杭州）。来看一看南宋京城临安府的清晨景象：嘉会门内，隔着一个大广场便是宫墙环绕的皇城。每逢重大庆典和朝会的日子，广场上树立的一根十五米高的大旗杆上就会升起一面硕大无朋的绣黄龙旗。从各地入京的人们一踏上笔直的御道，就可以望见这面南宋的龙旗在天空中迎风招展。怎么样，爱国心油然而起了吧？这里的官员上朝也特别有意思，甚至还有一套“错峰限行”的交通措施。

听！朝天门（鼓楼）城楼的四更鼓声已经敲响，一片清脆而有节奏的铁牌和木鱼声即从四面八方骤然响起，撕破拂晓前的寂静，揭开了南宋京城一天的序幕。

不一会儿，在夜雾尚未完全退尽的街头，出现了一队队红纱灯笼。上朝的官员乘着轿子，在侍卫家佣的簇拥下，匆匆奔向凤凰山皇城。

因官品高低的不同，轿子的大小不同，轿夫多少也有不同，有二人抬的小轿，也有四抬、八抬的大轿。宋朝的时候，一位叫李昉的翰林学士还专门上奏，要求禁止工商、庶人坐四人以上的轿子，以维护官员特权的等级森严。所以，我们只要一看轿子的大小，就可以知道轿内坐着的人官级的大小。不像我们今天，什么人都可以坐奔驰、宝马。

轿子坐着平稳舒适，但也有缺点，那就是体积庞大、行动缓慢，所以逢到官员一齐上朝的时候，难免引起交通拥堵。那个时候没有“限号限行”的规定，但有尊长卑下的规矩：凭着红纱灯笼上的字样，远远见到长官的大轿来了，小官们的小轿就顺势往旁边的巷里避让。杭州的中山路在南宋时是官员上朝的天街，这条路旁边巷子特多，几乎每隔十来步就有一条小巷，这样的道路设计就是为了尊卑避让，也可以说是南宋交警部门的“避高峰”措施。

三百六十行？真的还不止

这个时候，火星迸溅处，有人在打石升炊，城内大大小小的吃食店和茶坊开始升起飘散着诱人香味的白色气团。那塞满城内河道的船队也蠕动起来，一早要出城的船只，忙着挤出行列。为官署、店铺、民宅清扫垃圾的“环卫工人”开始了他们含辛茹苦的工作。城外大路上，出现了稀稀拉拉的人影，挑柴的、卖米的、售花的、贩菜的……向高耸在残月下黑黝黝的城楼移动着。三百六十行，生旦净末丑，狮子老虎狗，该干吗干吗去。有人做过一个调查，根据大宋朝行业协会的年报，大宋朝行业分工绝对细化，其数量甚至超出了三百六十行，达到四百多种。

这个时候，卖洗面汤的铺子也开门营业了。卖洗面汤是宋朝市井街头的一个特色，就是提供洗脸水和漱口水。一些市井的小民早晨起床后就直接出了家门，来到这些摊位前洗脸、漱口，整个城市就好像一个集体宿舍。

这个时候，吃食铺的点心、粥饭也已经出锅出笼，连酒店也点着灯烛来沽卖早点，热热乎乎地吃上一碗，每份不过二十文，一天的日子就这么开始了。六部桥一带是政府机关办公地点，专供中央政府官员品尝的丁香馄饨精美异常，是京城一大名吃，连皇宫里的宫女也借选购早点和菜肴之际溜出来吃上一碗呢！从和宁门到朝天门是天街的南端，紧挨着皇宫，这里的东西当然贵了，刚上市的时鲜茄子，一对要卖十几贯钱。

这个时候，肉行、米行、鱼行、果子行、酒楼、茶坊、药店、钱庄一个个挑出幌子开了店门……然后，瓦子勾栏里就响起了锣鼓，提醒各路票友：早场的杂剧已经开演，不要错过今天的情节，杂剧上演的可是连续剧哦！我们不急，我们不急，下次专程去看！今天我们要去看皇帝放鸽子。

这个时候，披着曙光的白塔站在龙山（即今天的玉皇山）渡口，迎来了第一批摆渡过钱塘江登岸的人们。这些大多是游客，一上岸就争购“地经”，这也许是全世界最早的实用导游地图了，借助于当时杭州精良的印刷技术，竟把临安城内所有的官署、店舍、名胜、街巷、桥路刻印得纤毫不差，连路上供人歇脚的凉亭都无一遗漏。那些对朝廷偏安江南、丢弃中原满腹愤慨的“持不同政见者”对此感叹不已，写诗讽刺：“白塔桥边买地经，长亭短驿最分明；如何只说临安道，不计中原有几程？”唉，当皇帝也难啊！

临安城内，此刻已是车水马龙，熙熙攘攘，繁忙的早市达到了高潮。代替木鱼、铁牌声为城市主旋律序曲的，是一部由叫卖声、车轮声、马蹄声、茶坊伙计招揽顾客的吆喝声、敲打茶盏的叮咚声交织而成的“行在之晨”交响曲。

当心，当心！听到吆喝声，那是“肥头”来了。“肥头”可不是肥头大耳的意思，肥头是专门收集粪便的，是宋朝的环卫工人。宋朝的街巷小民之家，一般多无坑厕，只用马桶，小便则撒在“虎子”（夜壶）里。每日早晚两次自有出粪的“肥头”来收走，叫作“倾脚头”。这些“倾脚头”各有地段，各有主顾，不得侵夺。或有侵夺，粪主必与之争，甚至闹到官府去诉讼。所以，宋朝没有公共厕所，但城市的卫生清洁还是做得很好，有所谓“花光满路”之誉。

对了，你有没发现在每一街巷口处开始围聚起一群群形形色色的人，他们看起来游手好闲，其实是在找工作呢！他们中有木竹匠人、杂作挑夫、砖瓦泥工……宋朝的人才市场在这个时候也热闹起来，或者叫人力市场更贴切些。这些人力一个个伸颈伫立，像只鹅，盼着来人呼唤，因为他们还不知道自己要去干吗。宋朝的时候，相当一部分城市人口并没有固定的工作，靠打短工为生（宋人称为“请唤”），所以，这样的早市就是他们一天的营生。“男的不洗脸，女的不搽粉，大家各自奔前程……”《渔光曲》里是这么唱的。

养几只鸽子，皇帝也就这点儿爱好了

五更鼓声敲开了各大城门。冉冉升起的红日，照亮了“行在”。南宋统治者讳言北宋亡国，首都仍称“汴京”，临安杭州只是皇帝出行的所在，所以称“行在”，意思也就是行都。有些自欺欺人吧？但好歹表示不忘收复失地，所以，还得给它点个赞——这时候，大群的鸽子足系金铃，带着万点金光和一片铿锵之声，从凤凰山皇城中飞出，掠空而去，如白云蔽日一般。

快抬头看，那一片白色的祥云在皇宫上空徘徊！壮观吧？看过梵高的《麦田上的乌鸦》吗？我们这里有没有画家朋友？回去可以画一幅《皇宫上空的鸽群》！现在的游客喜欢跑到威尼斯广场去看鸽子，一千多年前，威尼斯人可都跑到我们杭州来看鸽子！

对了，忘了介绍我们这一站的观光陪同人员——宋高宗赵构赵先生。不过，现在他已经退位当了太上皇，否则也没空来当我们的地陪。

宋高宗的业余爱好是养鸽子，那时候没有信鸽协会，如果有，他是当仁不让的会长。等到他退位当了太上皇，更是以养鸽为退休生活的主要内容，那些名贵的鸽子都是由他亲自豢养，早晚收放鸽群也都亲力亲为，想想也是蛮辛苦的。于是，晨鸽掠空就成了绍兴、隆兴年间临安府的一大景致。有人写诗讽刺：

鹁鸽腾飞绕帝都，暮收朝放费工夫。
何如养个南来雁，能传沙漠二帝书！

这是说高宗皇帝有这份闲心，却偏偏忘了被金国囚禁在白水黑土的父母妻兄，跟“山外青山楼外楼，西湖歌舞几时休。暖风熏得游人醉，直把杭州作汴州”是一个道理。据说，赵构先生倒是蛮有度量，看了那首鸽子诗后并没有吹胡子瞪眼，更没有利用职权打击报复，而是将那个写诗的人收编到“麾下”，赏了他一个官职，把他也当鸽子养起来了。

办法不错吧？不肯为五斗米折腰的毕竟是少数。

说起来，这南宋的皇宫坐落在杭州东南的凤凰山上，而这里本来就是一个大鸟窝子。

建炎四年（公元 1130 年），临安曾被金兵占领，宋高宗逃到了海上；到了绍兴二年（公元 1133 年），赵构重新回到临安，这里已是杂树蔽天，野草没膝，殿屋倒塌，狐兔出没。数以千万计的野鸟盘旋上空，发出震天的叫声，掠空而下，黑压压的就像一大片乌云。

有人建议，将皇宫移建到杭州西北一个叫留下的地方，也就是我们在电影《非诚勿扰》里看到的“西溪且留下”，但赵构先生却下决心在这里重建帝业。他先命人将野鸟赶跑，内侍太监们花了九牛二虎之力，甚至还调来了武装部队，日夜用弹弓弹射，这才将盘踞其上的野鸟驱逐出境，赶到了杭州东北的临平一带。大鸟窝腾出来就成了大内。说起来，南宋初期也是蛮艰苦的，大殿盖顶盖到一半，居然瓦片供应中断，只好派兵去向城里的百姓“借瓦”。

我们今天去北京的故宫参观，看到的宫殿鳞次栉比，一个个殿上都悬挂着匾额，什么养心殿、勤政殿，每个殿都有各自用途。与之相比，南宋的皇帝就节约多了，只有一座金銮殿，朝廷所有的重大活动都在这里举行，根据每次活动的不同性质，更换悬挂在大殿正上方的匾额，如遇重大庆典，就叫大庆殿；在宫内祭祀天地祖宗，就叫明堂殿；宣布任命、诏书，接见外国使节，就改叫文德殿；皇帝祝寿，就叫紫宸殿；选拔、接见状元，那就叫集英殿……所以，每天早上在大臣们上朝之前，太监们就辛苦开了，根据当日不同朝会的内容，抬着不同的匾额挂上去，还绝不能挂错！这是宋朝太监的一项额外工作。看，看，有两个小太监抬着一块匾过来了，上面写的什么？“讲武殿”，哦，那是要召见武将，讨论军事呢！莫不是北方又有什么风吹草动？不去管他，不去管他，宋高宗都当太上皇了，我们穿越过来当一趟游客，也管不了许多。不管怎么样，一天开始了，大家好心情哦！

第五章

参观皇家寺院：出家做和尚居然要花钱

上车睡觉，下车看庙！

看完了皇帝亲自给我们奉上的放白鸽表演，咱们接着溜达。现在，我们已经来到了佛门净地——东京汴梁大相国寺。

说起大相国寺，各位团友立马想到了《水浒传》，想到了鲁智深。很好，很好，今天我们请到的地陪就是花和尚鲁智深！

> 智深看见东京热闹，市井喧哗，来到城中，赔个小心，问人道："大相国寺在何处？"街坊人答道："前面州桥便是。"智深提了禅杖便走。早来到寺前。入得山门看时，端的好一座大刹。但见：古山门高耸，梵宇清幽。当头敕额字分明，两下金刚形势猛。五间大殿，龙鳞瓦砌碧成行；四壁僧房，龟背磨砖花嵌缝。钟楼森立，经阁巍峨。幡竿高峻接青云，宝塔依稀侵碧汉。木鱼横挂，云板高悬。佛前灯烛荧煌，炉内香烟缭绕。经幢不断，观音殿接祖师堂。宝盖相连，水陆会通罗汉院。时时护法诸天降，岁岁降魔尊者来。

开封大相国寺是我国著名的寺院之一。据说这里曾经是战国四公子之一——魏国信陵君的故宅，后来建了寺庙，开始时叫建国寺，唐睿宗李旦为了纪念他由相王即位当皇帝，遂钦赐建国寺更名为“相国寺”，并亲笔书写了“大相国寺”匾额。作为开封城里最大的寺院，到了宋朝，它理所当然成了“为国开堂”的皇家寺院，寺门题额都是宋太宗御笔亲书。宋朝的皇帝常来这里游幸祈祷，甚至许多非宗教性的活动也常借座于它。宋仁宗时，朝廷在上元节夜里赐中书枢密院的高级官员御筵，就设在大相国寺的罗汉院；文人雅士也很喜欢到寺中设宴款待客人，而最让大相国寺出名的则是它的庙会集市。

我们今天为什么请鲁智深来当地陪呢？因为鲁智深大闹五台山后就来到这里管菜园子，三教九流都厮混得熟，大家的安全有保障。

到大相国寺去摆地摊

庙会的历史可以说很久远了，上古时宗庙社郊制度就是庙会的雏形。我们现在挂在嘴里的“社会”一词，其实就起源于宗庙社郊的祭祀集会，这么说来，庙会其实也就是一个小社会了。庙会发展到宋朝已经大成，老百姓自发借庙会举行酬神、娱神、求神活动，其间还有一些大型的文娱活动和商贸活动，三教九流云集于此，可见，庙会就是最大的展览会，是宋朝的广交会，赶庙会就是宋朝人民的节日。

大相国寺的庙会每月举行五次，分别是初一、初三、初八、

十五、十六。大殿前临时搭建了乐棚，上演各种歌舞、百戏、杂耍、傀儡戏，吃、游、玩、乐、购，在这里一条龙，统统解决。我们今天来得正好，正赶上大相国寺的庙会时间，那就好好地去赶一趟集吧！

有团友说，这人山人海的从何处游起？赶庙会也得有个攻略指南。放心，北宋孟元老的《东京梦华录》就有大相国寺的庙会浏览宝典。

根据孟元老的推荐线路，逛大相国寺庙会首先要进大三门，这里卖的都是飞禽走兽、猫狗宠物之类，“奇珍异兽，无所不有”；第二、三门卖一些生活实用品，蒲扇枕席、屏帏、弓箭、时蔬水果；进了这三道门，临近佛殿就是黄金摊位了，出售的都是大宋朝的老字号名牌产品：孟家道院的王道人蜜饯、赵文秀的笔砚、潘谷的墨，等等。在殿后资圣门前，则是卖古董、图书，还有一些外地为官的人带回当地的土产、香药也在这里出售。那个时候，交通物流没有今天这么发达，一般各地的土特产只能在当地买到，像香药宝货这些异域进口商品，更是平常人难得一见，而大相寺的庙会因为有了宦游官员的加入，带回的各地土产云集于此，等于是“海淘”狂欢，当然是相当有吸引力。

值得一提的是，民间的贸易既然如此红火，连佛门中人也按捺不住，投身其中。各家寺院的和尚、尼姑们也把他们手工制作的绣品、领抹、花朵、珠翠、帽子等拿到集市上来卖。你看，这两个小尼姑——不是叫你看人！看她们手中叫卖的刺绣，正宗的湘绣，哎呀妈呀，绣的还是鸳鸯蝴蝶！

从孟元老的记载上看，这个庙会的规模非常大，而且也很有宋朝的时代特色。比如禽兽宠物市场的兴隆，就与宋人饲养宠物的时尚有关，我们将在下回专程带大家去逛宠物市场；而尼姑产品涌入市场，则与宋朝僧尼人数过多有关；至于在殿后隐藏在书籍古玩中的散任官员的土物香药，其实大多是黑市走私货或赃物，因为当时外贸是国家垄断的，香药宝货不准私相贸易，所以当时人又称相国寺的庙会为“破赃所”。不过，政府对此也睁一眼，闭一眼，不去破坏民间的繁荣景象。这也是大宋朝的宽容之处。

庙会一般都在各地著名的寺庙附近举办，但即使没有庙，也挡不住老百姓办庙会的热情。《水浒传》第八十二回的回目是“梁山泊分金大买市，宋公明全伙受招安”，讲的就是梁山好汉接受招安后，结束山寨“买市十日”的事。他们写了一张告示，分贴到附近州郡村坊：“向因聚众山林，多扰四方百姓。今日幸蒙天子宽仁厚德，特降诏敕，赦免本罪，招安归降，朝暮朝觐，无以酬谢，就本身买市十日。倘蒙不外，赍价前来，一一报答，并无虚谬。特此告知，远近居民，勿疑辞避，惠然光临，不胜万幸。”所谓的买市，就是利用山寨开庙会、欢迎各方交易的意思。

那十日买市的情形是怎样的呢？“宰下牛羊，酝造酒醴，但到山寨里买市的人，尽以酒食管待，犒劳从人，至期，四方居民，担囊负笈，雾集云屯，俱至山寨。宋江传令，以一举十，俱各欢喜，拜谢下山。一连十日，每日如此。”

连水泊梁山上都办庙会了，宋朝的庙会够热闹吧！我们不可能再去梁山逛庙会，因为梁山上的强盗都已经解甲归田上岗再就业了，还是跟着鲁智深师父好好逛逛大相国寺庙会吧！

嗨，这几位团友围着我们智深师父谈得热火朝天，在说啥话题呢？啊？想要出家！有什么看不开的事情？哦，不对，是为什么这么看得开！哼哼，鲁智深师父告诉你，在宋朝要想当和尚，还真不是那么容易！

鲁智深：当一个和尚要多少钱？

延安府小种经略相公手下的一名营长叫鲁达，在酒楼与朋友喝酒时遇到“赶趁”唱小曲的金老父女，因为同情弱者抱打不平，三拳打死了号称“镇关西”的当地恶霸郑屠夫，被官府以故意杀人罪张榜通缉，亡命天涯。没想到，世界真是太小，逃亡之中又遇到了金老父女。此时，金女已经嫁给了赵员外为妾，赵员外感恩图报，力劝鲁达剃度出家，以逃避官府缉捕。

假设鲁达听了赵员外的话直奔五台山，那么，他遇到的情况可能是这样的：

“和尚，快给洒家剃头发，洒家要出家做和尚！”

“施主要想皈依佛门，善哉！善哉！敢问施主可有度牒？老衲好安排给施主剃度。”

“度牒？度牒是什么？洒家没听说过。”

“度牒就是做和尚的执照！没有执照，你怎么做和尚？”

“什么？做和尚也要执照？”

幸亏赵员外早已替鲁达准备好了做和尚的执照——度牒。这份五台山文殊院的五花度牒是赵员外早前就购买的，此时正好派上用场。于是，鲁营长摇身一变就成了花和尚鲁智深。

做和尚还要执照？这份执照好像还蛮值钱，而身为俗家的赵员外自己又不想出家当和尚，为什么要早早地买下和尚执照？哈哈，这就是宋朝。

做和尚要度牒的做法起源于唐朝。佛教在印度原本没有僧籍、寺籍和度牒制度，传入中国后，由于僧尼出家可以免除赋税和徭役，僧尼的人数多了势必减少纳税人的数目，从而影响国家财政收入。所以，政府要想办法控制僧尼人数。对了，我们那几位团友想要当和尚，莫不是也想偷逃税吧？开个玩笑，我们接着说。

从南北朝开始，国家开始对僧尼进行登记入册的规范化管理，进入唐朝后，官府正式向入册僧尼颁发资格证书即度牒。由于这份度牒有免税的特权，这里面就掺杂了经济的成分，不少人来钻这个空子。眼看着“黄牛”泛滥，市面上度牒炒作成风，官府决定干脆将度牒商品化，作为开辟国家财政收入的新来源。这一做法延续到宋朝，且越演越烈，度牒被越炒越热。

唐肃宗的时候，一张度牒要价百缗，一缗是一贯钱，也就是一千文，按照当时的市价，一文钱可以买一个烧饼，我们用“烧饼计算法则”来换算，今天的一个烧饼大概价值人民币一元，那就是说，当时度牒的价格相当于人民币十万元一张！而这还是唐朝的物价水准，到了宋朝，又不知水涨船高了几个烧饼！当一个和尚要这么多钱，出家倒也真出不起。

唐朝的度牒用绫素钿轴，取材精良，制作考究，像佳士得、苏富比拍卖的绢本古画。北宋的度牒有些偷工减料，是用纸做的。这么贵的东西，政府还要节约成本，老百姓当然也不买账，于是就有人开始造假，一时间假度牒泛滥。当时又没有验钞机之类的工具，全凭一双肉眼对着阳光照一照，以辨真假，政府被搞得十分狼狈。当然了，赵员外送给鲁达的那张度牒不会是假的，一则赵员外身价千万，犯不着作奸犯科弄假度牒惹祸上身；二则像五台山文殊院这样大的寺院，里面的当家和尚早已炼成火眼金睛，一看二摸，真的假不了，假的真不了。这种尴尬的局面到了南宋得到改观，南宋政府吸取教训，觉得这个制作成本省不得，于是改用绢制，质地和官诰（相当于现代官员的委任状、任命书）相似。由于制作工艺复杂，假度牒现象才得以遏制。

度牒上详细记述了僧尼的原籍、俗名、年龄、所隶属的寺院、师父名字、师承关系以及官府有关职掌宗教事务人员（相当于现在的民族宗教局官员）的信息。僧尼死后或者中途还俗，度牒必须上缴。哦，对了，宋朝还有规定：犯了罪的人如果剃度出家皈依佛门，则视作重新做人，既往不咎。所以鲁达打死了镇关西后化身鲁智深，就可以酒照喝、肉照吃，用不着担心公安局上门。

正因为有这许多好处，宋朝的度僧限制也蛮严格，规定在拥有一百个僧众的地区方可剃度一人，这可比今天考大学、考公务员的录取比例还要低。做和尚比做公务员还要难，这就是宋朝。

没有度牒的人如果想要出家，那就得先到寺院里去当“行者”，相当于现在机关里的临时工，担负寺院里的各项杂役，如种地、舂米，还有前文所述的报晓等工作。武松没有赵员外这样的朋友相帮，所以只好当行者，比鲁智深差一个等级。

行者不剃头发，发型为垂发，京剧中行者武松的扮相就是其中的典型。行者也可以从师受沙弥戒，但必须等到朝廷规定度僧的时日到来，经过官府甄别并且通过试经等考试，成绩合格者方得到许可，给予度牒并指定僧籍隶属于某寺院，这才算取得正式的僧人资格，才能剃度为僧。想想看，做一个和尚有多么难，像我们熟知的孙行者、武行者，都只不过是个候补和尚而已。这就是没有度牒的苦!

度牒紧俏，社会上就出现了争购度牒的风潮。那些有权有势的世俗地主争购空名度牒，既是表达一种佛教信仰，也是为了寄名僧籍，可以逃避国家的赋税徭役，像赵员外那样。这说明在宋代豪绅之家购买空名度牒已不只是一种佛教信仰，也是炫耀财富的表现，而那些豪门官吏参与争购空名度牒则更主要是为了炒买炒卖，低进高出，从中渔利。从某种意义上说，度牒倒有些像今天的股票了。

股票被炒得太疯狂，证监委就要出手干涉；同样，度牒被炒得太热闹，宋朝政府也感到不安。北宋末年，宋徽宗就不得不下诏书，禁止这种贱买贵卖、非法牟取暴利的投机行为，规定凡是不按官方牌价私相买卖度牒者，一经发现，钱钞一律没收充公，由国家作为罚没款处置，已经剃度的和尚也一概勒令还俗。

可是，这道圣旨终于还是敌不过市场经济的大潮，何况颁布这道圣旨的皇帝都被辽人捉去当俘虏了，因此度牒炒作之风到了南宋死灰复燃，越演越烈。到后来，不少俗家地主都手握度牒，倒是真正的出家人买不到官价的度牒，只得千方百计购买黑市度牒。在川蜀地区，一张度牒的官价是一千贯（注意，比唐朝涨了十倍，已经相当于人民币一百万了），而民间黑市的价格涨到了一千六百贯，比官价高出 60%。有的人想出家却买不到度牒，竟然干出了杀人劫牒的勾当。

益州知州张咏审问一个可疑的僧人，发现此人的度牒信息与口供多有出入。

“这张度牒是你本人的？”

“是的，大人，千真万确。”

“你的师父叫什么名字？”

“叫悟空。”

“悟空从前在哪家寺庙出家？”

“从前是跟唐僧一起去西天取经的。”

“呔！谁让你乱说《西游记》！”

张咏惊堂木一拍，大喝一声，于是当庭下判词：“勘杀人罪。”

衙门胥吏们都想不通，认为知州判案也太玄乎了。但后来查实，张咏的判断准确无误，此人获度牒不能，乃佯装与一个拥有度牒的僧人结伴同行，途中杀僧而劫取度牒、僧衣，自行披剃为僧，冒名顶替。为了当一个和尚，居然要去杀人！

官府既然已经管不住了，那就干脆放开吧。

史书上记载，宋高宗赵构就曾下令财政支付二百道度牒给岳飞。这二百道度牒是作为岳飞军队的军饷和修筑防御工事的开支——二百道度牒，官方牌价就是两亿，给你政策，怎么用你自己看着办吧！

第六章

走访一户人家：西门庆哪来的泼天富贵

宋徽宗年间，山东清河县有一个财主，复姓西门，单名一个庆字，人称西门大官人。

其实，《金瓶梅》一开始的时候，西门庆只不过是一个继承了父亲生药铺的药店老板，算不得十分富贵。但是西门庆后来自己估算，他累积下来的可流动资产就有十万两银子之多（不考虑通货膨胀因素和实际购买力，单以现在一两白银折算三百元人民币，也有三千万之巨）。从政和四年（公元 114 年）到政和七年（公元 1117 年）在短短的三四年间，西门庆积下这么多资产，速度可谓惊人。在小说《金瓶梅》里，作者兰陵笑笑生用了不少篇幅，翔实地记载了西门庆是如何在大宋朝的经济社会环境中快速崛起的，这份记载也可看作是宋朝商业运作、经济发展的重要一手讯息。

我们这次一起来看大宋朝的活色生香，不能只关心自己吃喝玩乐，也得去解剖一些经济学样本，以便更好地了解大宋朝，所以，我们今天就去一趟清河县，走访一下西门大官人的家。当然了，这一站的地陪就是西门庆本人。

西门庆的事业版图：多元化经营

根据媒婆文嫂替西门庆拉皮条向林太太形容西门庆的介绍来看，西门庆的事业版图是这样的：

> 县门前西门大老爹，如今见在提刑院做掌刑千户，家中放官吏债，开四五处铺面：缎子铺、生药铺、丝绢铺、绒线铺，外边江湖又走标船，扬州兴贩盐引，东平府上纳香蜡，伙计主管约有数十。（《金瓶梅》第六十九回）

其实，文嫂还漏说了很重要的一项，西门庆还在清河县里开着当铺和钱庄，从事着金融借贷的生意。“东平府上纳香蜡”倒是提到了一句：西门庆贷款给包揽朝廷香蜡生意的李三、黄四，利息是“每月五分行利”，即每个月 5% 的利息，年利率 60%。可见放高利贷是西门庆的一个重要收入来源。宋朝政府对于民间贸易较少干涉，像这样的民间借贷，只要一个愿打一个愿挨，政府一概不加禁止。

像生药铺、缎子铺等店铺的批零生意，则是西门庆家族的传统经营范围。批发指的就是所谓“江湖走标船”的部分，西门庆派人到原产地低价收购各种布料、药材，然后在清河县高价出售。以西门庆和乔大户合开的缎子铺为例，一开始开店的资本其实只有一千两银子，然后兵分两路：伙计韩道国往杭州采购，另一路则由家仆来保去湖州采购。按照今天的情况来说，这两路其实可以并作一路，杭州与湖州不过百余里的距离，但在当时的交通条件下，都要分别靠水路从南京走运河运回来，所以还得兵分两路。韩道国运回了十大车货物，价值一万两银子，来保则更加卖力，运回了二十大车货物，价值两万两银子。这一趟生意下来，一千两的成本立刻翻了三十倍成了三万两。这是西门庆做生意的精明之处，也是大宋朝商业之所以繁荣的一个缩影。

有人纳闷，西门庆的生意需要大笔的本钱，一个小小的药店老板，这庞大资本从何而来呢?

《金瓶梅》记载的不仅是西门庆商海搏杀的成功历史，更是一部猎艳情史，这两者居然有着密不可分的关系，我们只要回头仔细读读西门庆几次婚姻得来的嫁妆，就不难发现这些资本的来源。

先来看第三房孟玉楼的嫁妆：

> 南京拔步床也有两张。四季衣服，妆儿袍儿，插不下手去，也有四五只箱子。珠儿箍儿，胡珠环子，金宝石面，金镯银钏不消说，手里现银子也有上千两。好三梭布也有三二百筒。

三二百筒三梭布少说也值几千两银子，加上现金、首饰、珠宝，难怪西门庆一看到孟玉楼立刻决定在娶潘金莲之前娶了她，相比之下，当然潘金莲纯粹是只有色没有财，武大郎卖炊饼能给她留下多少家当?

比起孟玉楼来，第六房李瓶儿的陪嫁产则更是惊人：这妇人原是被大名府梁中书收用过的，梁山好汉攻破大名府，杀了梁中书一家，李瓶儿偷带了一百颗西洋大珠、二两重一对鸦青宝石逃了出来；后来嫁给了花子虚，却跟花子虚的伯父——老太监花公公有些说不清、道不明，花老太监死后留给她的财富更是不可计数。花子虚兄弟为了这笔遗产大打官司，李瓶儿托西门庆从中打点"关说"，一下子就大方地拿出六十锭大元宝，足足三千两银子（相当于九十万元人民币）。到了后来，更是把装私房钱的箱子都从墙头马上偷运到了西门庆家。这一场婚姻，西门庆可谓是人财两得。也不知道他交了什么狗屎运，满脸桃花开，连《金瓶梅》的作者都语带艳羡地向看官交代：

> 西门庆自从娶李瓶儿过门，又兼得了两三场横财，家道营盛，外庄内宅，焕然一新。

正是这连续的几笔横财成了西门庆产业升级的关键资本，有了这些资本，西门庆就跳出了小商人的经营模式，开始精确地出手投资、从事垄断专卖行业，快速获利。

不过，有一个细节倒也值得我们玩味：西门庆除了自家居住的住宅外，从不投资房地产。西门庆隔壁是花子虚的宅院，花太监死后花家兄弟打官司，官府判决花家的几处房产都拿来拍卖，李瓶儿央求西门庆买下隔壁的宅院，可西门庆就是不肯。除了自家的宅院外，西门庆只有狮子街一处房子，那还是当年李瓶儿卖掉了位于西门庆隔壁的花子虚宅院后，花二百五十两银子买下的，在嫁入西门府后，这栋房子自然成了西门庆的财产。

今天的富翁至少有半数以上是靠房地产发迹的，大宋朝的富翁西门大官人为什么却对房地产不屑一顾呢？原来宋朝的时候，除了朝廷的达官贵人由政府提供府第，像南宋的大将张俊官封清河郡王，政府拆迁清河坊一带居民替他造了一座郡王府，拆迁的补偿款是十贯钱一间房，也就是一万块一间房，而且这一万块还得分成两份：房主得五贯，原先的租户也得五贯安置费，你想想，这房产还有什么投资价值？所以，宋朝的人租房住的比买房的多。《金瓶梅》里写到西门庆的长官夏提刑升官后准备迁回京城去住，他在清河县购置的房宅最后是以一千五百两银子（四十五万元人民币）的原价卖给了新来的副千户。宋朝人口不多，没那么多刚性需求，房地产的增值空间也很有限，在这样的情况下，精明的商人西门庆当然不会拿热钱去投资这样的产业。这点跟今天倒是天差地别了。

西门庆虽然不做房地产投资，但他的另一个生财之道是承揽政府特许的公卖业务。宋朝官方垄断的特许经营项目主要有盐、酒、茶、铁的专卖，西门庆从事的主要是贩盐业务。受过西门庆热情招待、得了不少好处的蔡状元在钦点了两淮巡盐御史后，答应西门庆比别人早一个月支领出三万引（一引为四百斤）的食盐。贩盐本来就是一个获利颇丰的专卖事业，这三万引盐依时价少说值二三万两银子，更何况比别人早一个月支领出来。也就是说在别的盐商还无盐可卖的时候，就给西门庆开了一个大发其财的方便之门。

下面请西门大官人给大家讲讲宋朝的专营买卖制度，来吧，来吧，反正这也不是什么商业秘密了——

买酒买盐，请到全国统一赵记商号

怎么？你就会说这么一句话？做生意的人总是那么门槛精，算了，算了，西门大官人不肯透露生财之道，还是我来讲吧！

正如我们刚才说的，大宋朝的盐、酒、茶、铁都是由官府专卖，想要去贩私盐？那可是要杀头的！相当于现代的贩毒。

看过《隋唐英雄传》的朋友都知道程咬金是贩私盐的。贩私盐的罪名跟今天的贩毒一样重，抓住可都是要掉脑袋的，所以私盐贩子也最容易铤而走险，与政府公开对立。如果说私盐贩子程咬金的一把开山斧开创了大唐皇朝，那么，大唐皇朝最终也是亡在了私盐贩子手里，唐末农民大起义的首领王仙芝、黄巢，一直到后来的吴越王钱镠都是私盐贩子出身。一群私盐贩子大闹天宫，把原本强盛的唐朝玩完了，历史就是这么一个循环，你不服都不行。

唐朝私盐贩子扎堆，那么宋朝的情况又如何呢？

宋朝向来推崇“一本仁厚”的富民政策，宋太祖甚至有个美好的理想，让子子孙孙“不加农田之赋”。但无奈政府要用钱的地方太多，后世的皇帝们也越来越会用钱，弄得财政总是入不敷出，都快变成民富国穷了。后任皇帝只好让太祖皇帝的美好理想破灭，

“一切向钱看”的财政大臣们不仅开卖官鬻爵、铸钱造币、倒卖有价证券之财源，还在禁榷专卖上大做文章。按照皇家的理论：普天之下，莫非王土；率土之滨，莫非王臣。山海天地之藏，市场货物之聚，当然也不应让商贾独擅其利，而应收归国有专卖，以助国家经费。让利于民和与民争利，反正都有一套理论，都说得通，就看统治者想怎么说了。

从经济学角度看，盐被视作完全无价格弹性的商品，也就是说，不管怎么贵，你总得吃也总得买，生活必需品嘛。所以，历朝历代都对盐实行专卖，以保证国家的垄断地位。宋朝跟唐朝一样，对食盐实行专卖，称为“榷盐”。宋朝对盐的统一收价为每斤五至七文，而售价却高达三十至六十文一斤，利润翻了十几倍。有一年，秦凤路西安州的盐价竟然高达两贯钱一斤，弄得仁宗皇帝都坐不住了，下诏要求平抑物价，让利于民，“朕终不使河北百姓常食贵盐”。当时北方邻国西夏的盐价是十五文一斤，辽国的盐价是十一文一斤，但大宋朝的盐价就是居高不下。

宋朝的榷盐制度包括对食盐生产、运输和销售实行全面垄断。西北的池盐、四川的井盐由官府直接经营，东南的海盐也实行民制官收。制盐地区有官兵巡逻，戒备森严，一斤一两都不许遗漏私留。生产出来的食盐则由官府派兵役夫运输到销售地区，统一的大车插上“武装押运，请勿靠近”的小旗。政府对各种食盐的销售也实行定向划片，划定地界专卖，不准侵越，浙江的盐越界到了江苏就是私盐。至于胆敢私自加工生产或者异地走私的，宋太祖时就曾规定：“私炼盐者，三斤，死；擅货官盐入禁法地分者，十斤，死。”

榷盐是皇朝财政收入的重要来源，所以，宋朝规定，捕获私盐的官员可以缩短年资升官。一次查获一千二百斤私盐，可以提前一年升官；一次查获一万斤，立马可以升一级。相反，如果地方盐课亏欠，就像经济指标完不成一样，主要官员是要受到追究的，严重的还可能会进监狱。由于这种规定，地方官员对征税稽私都不敢掉以轻心，有的人甚至另立土政策，用苛法严刑来对付治下的老百姓。苏东坡在浙江当官时对这种现象实在看不下去，便上书揭露，指出“两浙之民以犯盐得罪者，岁至万七千人”。

从苏东坡的上书可以知道，宋朝的私盐贩子猖獗。因为有利可图，一般老百姓又不可能像西门庆那样搞到食盐专卖的资质，只能提着脑袋去走私，倒也是蛮拼的。《水浒传》里的梁山好汉成分复杂，其中也有几个私盐贩子，比如水军的童威、童猛兄弟。《水浒传》将这两兄弟安排在江西九江一带贩运私盐，倒有一定历史背景。北宋时，江西正是私盐问题比较突出的一个地区。因为江西基本不产盐，主要靠东南沿海生产的海盐供应。《宋史·食货志》说：“江、湖运盐既杂恶，官估复高，故百姓利食私盐，而并海民以鱼盐为业，用工省而得利厚。由是不逞无赖盗贩者众，捕之急则起为盗贼，江、淮间虽衣冠士人，狃于厚利，或以贩盐为事。”不过，宋朝总算没有像唐朝一样发生大规模的私盐贩子起义，也算是幸运了。

与盐一样列入专卖的还有酒。

《水浒传》里写宋江浔阳楼题反诗一节这样写道：“（宋江）正

行到一座酒楼前过，仰面看时，旁边竖着一根望竿，悬挂着一个青布酒旆子，上写道：‘浔阳江正库’。雕檐外一面牌额，上有苏东坡大书‘浔阳楼’三字。”

这浔阳楼为什么要悬挂一面“浔阳江正库”的酒旗呢？这就牵涉到宋朝的酒类专卖制度。与盐类专卖叫“榷盐”一样，酒类专卖就叫“榷酤”。如果说盐类专卖是唐朝实行得最严格，那么酒类专卖则是宋朝最规范。宋朝的榷酤主要有三种形式：官酿官卖、榷曲和募民掌榷，通过这种办法“寓征于价”，你每喝一口酒都是在向政府缴税，酒量越大就说明你越爱国，大宋皇帝越喜欢你。

官酿官卖主要在各州城镇实行。为此，政府还在各地设立酒监，相当于酒专卖局的局长。那个吟诵“纤云弄巧，飞星传恨”的词人秦观，就在浙江丽水当过酒监。这官儿好啊！当年阮籍就很向往，不过，秦观是爱情至上主义者，与阮籍的“壶中乾坤大”有本质区别，在丽水这个地方，山高美人远，秦大人很郁闷。

凡实行官卖之处，都有特设的酒厂，造酒供应市场。杭州有一个著名的景点叫“曲院风荷”。什么叫曲院？就是官办的造酒厂。古代称酿酒为造曲，曲院自然就是酒厂了，所以，曲院风荷就是南宋时大型国营酿酒厂的所在地。这样算起来，它应该是中国最早的工业历史遗存。

宋朝的这个官酿官卖倒也不纯粹是计划经济，也有些市场经济的成分，比如官酿酒的原料就不是国家拨给的，而是另行向市场购买。官酿的酒通过正库即官营的酒库批发给私商分销零售，有的地方则是委托大的官办国营酒楼批发兼零售。浔阳楼可能就是这样的官酒楼，我们在宋朝夜生活一节中提到的樊楼也是。酒招上标明“正库”字样，一则是表明货源来路清楚，质量保证，绝非假冒；另一方面也是告诉商贩，这里可以来批销官酒。

官酒卖出越多，政府收入越大，据资料显示，自仁宗朝开始，全国酒利的毛收入常年保持在一千二百万缗以上，去除成本，净利润也在六百万缗以上。所以，大宋朝皇帝要发动全体臣工，想方设法推销官酒。临安府一年一度开煮新酒时，甚至连妓女都被拉来造势。官办的酒库雇来许多有名的颜值爆表的官妓，各捧花斗鼓儿，托着诸色果子蜜饯，亲自持杯频频劝酒，“喝完了这杯再说吧，今宵离别后，何日君再来”。这支由官妓组成的美酒专卖宣传队，引得成千上万的市民密密排列街头观看，更有那些浮浪子弟把持不住，纷纷持钱走出，诱之饮酒，十钱总要花去二三钱。这样鼓惑民心的表演，一时形成了“万人海”的场面，算是宋朝最热闹的路演盛况，也可看作是大宋朝的网红直播带货。据说这一招的发明人还是王安石，所以，今天的网红直播如果要想找一个祖师爷、供奉一个保护神，可以请王安石。

官酒实行官卖，那么，武松在景阳岗前吃的“三碗不过冈”是不是官酒呢？恐怕不是了。山野农村总有官家势力不到的地方，再说酿酒又不比制盐那么复杂，酒家自己也说：“俺家的酒，虽是村酒，却比老酒的滋味。但凡客人来我店中吃了三碗的，便醉了，过不得前面的山冈去。因此唤作‘三碗不过冈’。”

政府也知道要垄断全部的酒业生产有困难，所以就决定控制造酒的原料——酒曲，在半成品销售过程中实行专卖控制。

北宋时，榷曲主要在四京实行，也就是东京开封府、南京应天府、西京河南府、北京大名府。凡四京的酒户都必须用官家酿造的酒曲，违反者重罚。官酿酒曲每斤卖到一百五十文，后来又涨价到了两百五十文，而一斗麦可做六斤四两酒曲。这样的利润是相当可观的，用官曲的酒户等于是向政府缴了一笔额外的酒税。有的酒户负担不起，只好拖欠，宋英宗时曾下诏蠲免京师酒户所欠的酒钱十六万贯，也算是皇恩浩荡，而宋神宗就没有那么大方了，他的政策是对欠户加倍重罚，凡告发别人用私曲者，政府给予奖赏。

至于募民掌榷，说到底就是公开招标，承包经营。承包者一般都可以赚到大钱，但也有倒霉的，投标开价过高，再遇上灾荒之类经济不景气的时节，酒的销量受影响，那么这个承包商就要赔得倾家荡产了，只怪自己运气不够。

官酒制度到了南宋受到一定的破坏，说起来，坏规矩的正是南宋的肇始者高宗皇帝赵构。赵构禅让给宋孝宗后当了太上皇，闲着没事，就在他退居二线的德寿宫里捣鼓着酿制新酒。酿了自己喝倒也罢了，他还贴上“德寿宫私酿”的标签四散送给老部下们。孝宗拿他也没办法，人家将江山都让了给你，酿几桶私酒你还好意思计较吗？这一下，规矩就坏了，上行下效，先是高宗的吴皇后（现在要叫吴太后了）娘家也开始自创品牌酿私酒，名字还蛮好听，叫“蓝桥月风”。再是张俊、韩世忠等一班高宗朝的元老们也开始酿私酒，椰子酒、荔枝酒、梨酒、蜜酒都出来了，品牌五花八门：蔷薇露、蓬莱春、爱山堂、玉练槌……长春法酒。

当然了，达官贵人可以私酿家酒，而民间的官酒专卖还是执行得很严格，这叫“只许州官放火，不许百姓点灯”，谁也不敢跟赵家天子叫板。

茶叶引发的血案

除了盐、酒，宋朝人民消费最旺盛的还有茶叶。宋太祖的时候，茶叶是不列入专卖的，后来一切向钱看了，茶叶自然也被看中。宋朝历史上最大规模的一次农民起义——王小波、李顺起义，据说就是茶农造反。

淳化年间，政府在四川设置“博买务”。所谓“博买务”，就是一家官倒公司，垄断各种主要商品的贸易，布帛、茶叶等都被官府控制。王小波的家乡永康军青城县是著名的茶叶产区，茶农以采茶、制茶为生，茶商以运茶、贩茶为业。“博买务”一来，强行收购茶叶，垄断茶叶买卖，把大家的饭碗都敲掉了。王小波自称“我土锅村民也”，看来就是土锅炒茶的茶农，他的拍档李顺大概是个茶贩，两位都失业了，又领不到救济金，就开始大闹天宫，“吾疾贫富不均，今为汝等均之”这样的口号，在今天听来，还是蛮蛊惑人心的。

这么一闹，茶叶的专卖算是闹掉了，不过后来又反反复复，一会儿实行专卖、一会儿又废除专卖，反正没有像盐、酒那么执行得严格，也是，总得留给老百姓一碗饭吃。

官府垄断专卖的商品常常是质量低下的代名词，宋朝也是如此。官办公司酿的酒薄劣如水，又酸又涩，卖不出去，政府便强令老百姓婚丧必用，按户分配；消费者买到的官盐，质量差不说还缺斤少两，所以尽管缉私严厉，到后来私盐还是占据了大片市场。仁宗天圣八年（公元 1030 年），榷盐因无法维持而改为通商，才实行一年，所交税额反而比官营七年的总数还多出十五万缗。

欧阳修分析，要最大限度地取得国家利益，就不能禁榷太专。必须与商贾共同经营，流通才不会阻滞。若想把十分之利都收归公家，只会亏得越多；不如与商贾共同致富，十分之利大家五五分账。说得真好！

好了，今天这趟走访大家都有些累了，不仅没看到潘金莲，甚至还上了堂经济学的课，回去都好写宋朝经济研究的学术论文了，明天我们让大家轻松点儿，带大家去喝喝酒，品品茶，感受一下宋朝的休闲时光。

第七章

大碗喝酒，小盅分茶：大宋朝的快意人生

说了大宋朝的盐、酒、茶、铁专卖，不请大家喝点儿酒、品个茶，有些说不过去，今天我们就去喝酒品茶，尽享一下大宋朝的快意人生——反正钱都打在团费里，不属于自费项目，大家放心。

喝酒品茶，其实也不是纯粹的喝酒品茶，咱们是穿越时空的文化之旅，所以得讲些大宋朝的酒文化、茶文化，看看宋朝人民怎样喝酒、品茶，宋朝的酒文化、茶文化有哪些渊源，顺便还可以结交几个宋朝的酒友、茶友。

大宋朝，从一杯酒开始

建隆二年（公元 961 年）七月，也就是陈桥兵变建立宋朝的第二年，宋太祖赵匡胤在宫里摆下丰盛的酒宴，请来石守信、王审琦等一班原先同在禁军司令部、后来起兵拥戴他做皇帝的老兄弟。因为是老兄弟，大家一起喝酒喝惯了，一点儿不拘束，很快就酒酣耳热，“原形毕露”。

太祖屏退左右侍从，深深地叹了一口气。老兄弟们纳闷了，你当了皇帝还叹什么气？赵匡胤对他们说：“我要是没有你们的帮助，就没有今天，你们的功劳大大的！但是我做了皇帝，倒还不如当初做节度使时快活，说老实话，我现在是长年累月不能安枕而睡，天天失眠啊！”老兄弟们以为赵匡胤身体不好，连忙表现出对领导健康问题的关心。太祖接着说：“这有什么不明白的呢，皇帝这个位子，谁不想坐坐呀！”这句话来得太突然，把一班老兄弟吓得酒都醒了，石守信等人诚惶诚恐，连忙拜伏在地，再三申明自己绝不敢有非分之想。太祖大度地挥了挥手，说：“我哪里是不放心你们呀！但是，我做大哥很多年了，底下小弟们的心思还是晓得的，有朝一日你们手下的将士贪图富贵，一旦将黄袍加在你们身上，你想不干恐怕都不行了。”老兄弟们此时已经冷汗一身，知道受了猜忌，弄不好就有杀身之祸了，于是一边流泪一边叩首，祈求老大指条生路。

赵匡胤看在眼里乐在心里，表面却不露声色，话题一转开始谈人生、谈理想：“人生一世，草木一秋，所以祈求富贵者，不过多积攒些金银，自个儿好好享乐，也让子孙后代不再贫穷。你们为朝廷贡献了大半辈子，也该好好歇歇了，何不多置些田地、多买些歌舞伎，每天在家饮酒作乐，我们还可以结成儿女亲家，大家共享富贵不好吗？”各位老兄弟一听，都感激老大为大家想得周全。

于是，第二天，石守信等禁军宿将纷纷递交辞职报告，强烈要求解除兵权。这个故事就叫“杯酒释兵权”。

没有这一杯酒，大宋朝就没有三百年的江山。

一个国家的命运与酒结下了这么深厚的渊源，宋朝人民如何能不热爱这杯中之物呢？

酒，它的左半边是水，右半边是酉，酉是“成就”的意思：一方面，酒是合水而成；另一方面，酒也可以成就人性的善恶，酒喝到一定程度就显示出人的本性了。据说当年，一个叫仪狄的人发明了酿酒，把他酿的酒献给了大禹，夏禹喝得摇头晃脑醺然陶醉，强睁醉眼下了一句评语：“这真是个好东西呀！后世一定会有人因它而亡国！”

文人手上没有国家大权，不用怕喝酒亡国，他们尽管用诗文赞美这个“好东西”，而饮酒的风气在文人的提倡下也越来越兴盛。三国的刘伶爱喝酒，拎壶酒出门随身还带个把锄头扛在肩上的仆人，准备喝死了叫仆人随即埋他；晋朝的陶渊明爱喝酒，当了彭泽县令后命皂隶把公家的田地全部种上黍，以便酿酒；唐朝的文人圈里有“饮中八仙”，其中酒量最好的恐怕还是李太白，“李白斗酒诗百篇”，他好像已经成为一个符号，古今中外的文人没有一个喝得过他，他自己也写诗标榜“喝酒有理”：

天若不爱酒，酒星不在天；
地若不爱酒，地应无酒泉。
天地既爱酒，爱酒不愧天。
……

那么宋朝呢？宋朝的文人中谁的酒量最大？很多人一定会想到苏东坡，想想也是，能跟李太白媲美的除了苏东坡还能有谁？但事实上，苏东坡的酒量是不大的，喝个两三杯就醉了，他自己也承认“天下之不能饮，无在予下者”。尽管苏东坡的诗文中也经常写到酒，但那只是一种道具，一种调剂，一种助兴。宋朝文人中真正喜欢喝酒、酒量又好的是辛弃疾。

辛弃疾有一首“西江月”词，题作《遣兴》，把自己酒后的醉态、憨态刻画得栩栩如生：

醉里且贪欢笑，要愁那得工夫。近来始觉古人书，信着全无是处。

昨夜松边醉倒，问松我醉何如。只疑松动要来扶，以手推松曰去！

这位哥哥郁闷，他要借酒浇愁啊！

辛弃疾酒后吐真言，宋朝到底有多少种酒？

好了，隆重推出我们这一站的地陪——辛弃疾辛稼轩先生！

辛弃疾先生是山东济南府历城人，他出生的时候那里已经沦为金人的统治区。他的祖父虽然做着金国的小官，却时刻不忘故国，梦想着恢复归正。英俊少年辛弃疾常随祖父登高望远，指点山河——哪里是古战场、哪里可成为用兵之屏障。后来，金主完颜亮贸然南侵被金国贵族发动政变杀死，金国政局出现动荡，二十一岁的辛弃疾毅然拉起了两千人的队伍参加了耿京的抗金义军。

曾经两次被济南府推荐参加金国科举考试的他，虽未考中，但在义军行旅中像他这样饱读诗书、文采过人又颇具谋略的人才，依然是鹤立鸡群、出类拔萃。耿京当即委派他做掌书记（相当于今天的秘书长），并且委派他去往临安向南宋政府投诚效忠。

在南宋京城临安，辛弃疾受到了宋高宗的亲切接见。当他兴冲冲地带着南宋政府的委任状、嘉奖令回到义军大营时，耿京却被叛徒张安国杀害了。张安国企图带着队伍去投降金国。这可是两条路线你死我活的斗争啊！好个辛弃疾，只带了五十骁骑便追上张安国，手刃叛徒，将这支队伍带回了南宋。

可是回归南宋后，这位山东爷们儿却英雄无用武之地了。辛弃疾一生坚决主张抗击金兵，收复失地，曾进奏《美芹十论》，分析敌我形势，提出强兵复国的具体规划；又上书《九议》，进一步阐发《美芹十论》的思想，可惜都未得到采纳和施行。朝廷中主和派占上风，他的主战请求每次都石沉大海，而他的官职最大也只做到从四品的龙图阁待制。他只能"想当年，金戈铁马，气吞万里如虎"，只能"把吴钩看了，栏杆拍遍"，只能"醉里挑灯看剑"——唉，人生有多少忧愁都要靠酒来打发！

辛弃疾在淮上带兵的时候，有一次他的老朋友陈亮来看他，两人照例摆开酒阵。这一回，辛弃疾喝得特别兴奋，话匣子打开滔滔不绝，而且都是指点江山、批评时政的话：南宋定都临安是一大失策，只要把牛头山掐住，天下勤王之师一个都别想进来！还有那钱塘江大堤，有朝一日如果决堤，京师百姓无论贵贱，都要沦为鱼虾……真不知赵官家是什么智商，什么脑袋！他只顾自己说得痛快，陈亮虽说也是个抗金狂人，但这番话还是让他听得心惊胆战。

晚上，两人住在一个房里，辛弃疾已经鼾声如雷，陈亮却久久难以入睡：这位老兄平时话语不多，今天喝高了却胡言乱语说那么多，他酒醒之后会不会后悔？会不会将我杀了灭口？陈亮越想越害怕，干脆悄悄地起身，乘着夜色偷了辛弃疾的一匹马逃掉了。

故事打住，那么，辛弃疾他们喝的是什么酒呢？问问地陪辛先生，他笑笑不答。以辛稼轩的酒量当然是“三盅全会”。我查了一下文献，在唐代文献中提到的酒名，仅有数十种而已，而在宋代文献中提到的各种酒名却在两百多种。一般来说，宋朝人喝的酒主要还是黄酒、药酒、白酒和果酒四大种类。

黄酒是以大米、黄米等五谷为原料，经过蒸煮、糖化与发酵、压滤等多道工序酿制而成，色泽呈黄色，宋人称为黄酒。当然，如果里面加了红花、紫草之类的染色物质，或者是用红曲来酿造，那么这个酒就会呈红色，宋人称之为红酒，其实它仍然是黄酒的一种。这种红酒在江南闽浙一带特别流行，文人雅士似乎特别钟情，饮后多有诗文称赞，如南宋诗人曾几就有一首《家酿红酒美甚戏作》，称赞红酒“曲生奇丽乃如许”。

黄酒的等级按它的清浊程度来划分，酒的清浊当然跟发酵时间、储藏时间都有关。发酵时间越长，口感越醇厚；储藏时间越久，酒经沉淀后也就越清澈。

米酒属于浊酒，它在宋代南方民间最为流行，因为酿造方法简单，许多城乡家庭多自酿自饮；而糟酒则是利用收回的酒糟加米再酿制而成，当然更是浊酒，一般是下里巴人的饮品。不过，文人有时候也喜欢原生态，所谓“浊酒一杯家万里”，所谓“潦倒新停浊酒杯”。古人酿出来的酒，往往会含有酒糟和渣滓，所以看起来才会这么浑浊，只有经过长时间的沉淀，或者是加入石炭，才能取得清澈的酒液，这种酒称为清酒。清酒是皇室和富贵人家的饮品，它的价钱可不便宜，李白说“金樽清酒斗十千”，一斗要一万钱，那还是三百年前唐朝的物价！不过，辛弃疾虽然郁郁不得志，但作为起义归正人员，朝廷还是优待有加，这点薪水喝个清酒应该不成问题。

宋代人还特别喜欢喝果酒，北方有葡萄酒、梨酒、枣酒，南方有荔枝酒、椰子酒、黄柑酒、梅酒等。

用葡萄酿酒在《史记·大宛传》里就有记载，宋朝的葡萄酒十分珍贵，大诗人陆游的诗里也写着呢：“槁竹干薪隔岁求，正虞雪夜客相投。如倾潋潋蒲萄酒，似拥重重貂鼠裘。一睡策勋殊可喜，千金论价恐难酬。他时铁马榆关外，忆此犹当笑不休。”（《寒夜与客烧干柴取暖戏作》）

诗里将喝葡萄酒与穿貂鼠裘相提并论，可见它的名贵与价格应该不让今天的法国“拉菲”——陆游先生，你已经喝过宋朝的“拉菲”，也可以心满意足了。但先生不满足，因为他跟辛弃疾一样郁闷着呢！他说自己喝酒并非贪杯，而是借酒逃避、借酒消愁：“平生嗜酒不为味，聊欲醉中遗万事。酒醒客散独凄然，枕上屡挥忧国泪。……”（《送范舍人还朝》）

陆游先生对葡萄酒念念不忘，苏轼先生却对黄柑酒记忆犹新。黄柑酒是用柑橘酿制而成，而且是宋朝独创，其他朝代根本没有。

这种酒色泽鲜艳、芳香四溢，在北宋宫廷中也很受欢迎，还专门为此举办过黄柑宴，苏学士就被应邀参加侍宴，他在后来一首失调名的词中写道："拚沉醉，金荷须满。怕年年此际，催归禁籞，侍黄柑宴。"老先生酒量不好，侍宴有些吃力，所以有此一怕。

与黄柑酒一样，椰子酒也是宋朝南方的特产，宋朝名臣李纲专门写过一篇《椰子酒赋》，说这种酒不用酒曲，而是用椰子浆自然发酵酿造而成。荔枝酒、梨酒也是宋代的首创，其酿造工艺与葡萄酒相似，北宋诗人黄庭坚贬官到四川宜宾，曾称赞当地的"荔枝绿"是一种美酒，可与"三危露"（葡萄酒）相比，故特作《荔枝绿颂》以做纪念。

第三类酒是药酒，现代人也在泡各种各样的药酒，强身健体、滋阴壮阳，而喝药酒的风气就是从宋朝开始大行的。药酒的做法相对来说麻烦一点儿，要先准备好发酵酒为原液，然后将动物、植物和某些萃取成分加入其中，通过浸泡、复蒸等方法加工而成。宋朝有几种药酒较为著名：一种是羊羔酒。这种酒本是北宋宫廷秘制的名酒，后来方子被小太监泄了密流传到民间，根据《东京梦华录》记载，汴京的羊羔酒要卖到八十一文一角，一角酒也就二三两吧，可不便宜！南宋时，宋孝宗为了向退居二线的太上皇宋高宗表孝心，特地送了一批羊羔酒。杭州临安原先有家天目山药厂，古法生产羊羔酒，可惜后来不做了，殊为可惜！

宫廷美酒还有一种叫苏合香酒，宋真宗时的太尉王文正"气羸多病"，真宗赐他苏合香酒一瓶，让他空腹饮用。王文正喝了一段时间，大觉安健，上殿来谢恩，宋真宗一高兴，就把酒方子都告诉他了："每一斗酒以苏合香丸一两同煮，能调五藏却腹中诸疾，每冒寒夙兴，则饮一杯。"方子虽然有了，但苏合香丸是南洋进口产品，毕竟不大可得，所以民间也没法推广。

还有一种叫醍醐酒。醍醐是从牛奶中提取出来的精华，其法来自印度，"醍醐灌顶"就是佛教用语，此酒用醍醐和黄酒酿制而成，能补虚添髓、滋阴润燥，最适合火气大的人喝。

南宋时的宰相贾似道府中酿有一种养生药酒，叫长春法酒，贾似道曾经将刚刚酿好的长春法酒及配方进献给理宗皇帝，此酒是以中药配制而成：当归、川芎、半夏、五味子、熟地黄、甘草、白术、人参、石斛、丁香等十多味中药用纱布包好浸于酒内，春天七日、夏天三日、秋天五日、冬天十日即可饮用。每天早晨一杯，中午一杯，连饮几天，就有"壮筋骨、滋血脉、除湿实脾"等功效。宋理宗喝了他的酒，身体倒是蛮好，可国家却不对了，大厦将倾，一塌糊涂。

第四类就是白酒，这种酒度数比较高，但在宋代并不多见，因为它需要将发酵好的酒再经过加热蒸馏，而蒸馏技术要到元朝才被推广开来。所以你看《水浒传》，那些好汉大碗喝酒，一定不是蒸馏白酒，否则灼心烧肝的，他们又不是北极熊。

不管你喝什么酒，有一点要特别注意：宋朝实行"榷酒"制度，酒是由官家专卖，酒类专卖是国家税收的重要一笔，来看一组数据：宋真宗景德年间，商酒盐茶四项税收总额为一千二百三十三万贯，其中酒税占了四百二十八万贯；到宋仁宗庆历年间，仅酒税一项就得一千七百一十万贯。四十年间，酒税收入增长了四倍。所以，除了像米酒这类不用酒曲的自酿酒外，你若是想私自酿酒，那可是犯法的，准叫你“喝不了，兜着走”！而像前面所说的樊楼这样标名“正店”的大酒楼，一般都是取得了专卖许可证，可以酿制风味独特的美酒，并且是批零皆售。天圣五年（公元 1027 年）八月，朝廷下诏东京的三千家脚店酒户，每日去樊楼取酒沽卖。一天要供应三千家小酒店沽取批发，可见樊楼的酒产量有多大。樊楼作为最具盛名的大酒楼，它的酿酒质量也很高，它们常备的自酿酒名为“眉寿”“和旨”，而其他酒楼，比如忻乐楼有“仙醪”、会仙楼有“玉胥”、遇仙楼有“玉液”……名字都很好听，口味一定也不错。

好了，今天我们来到这里，大家各取所需，爱喝什么喝什么，回去之后就只能在宋人的诗文中品尝了。

喝完了酒，我们再去喝茶，清清口。

品茶，宋朝走在流行前沿

清朝人林梅溪认为《水浒传》善写酒而不善写茶：“酒壮英雄豪气，茶抒闲人清性。‘大雪满天地，胡为仗剑游。欲说胸中事，同上酒家楼。’若为‘同上小茶馆’，则失去英雄豪情矣，故《水浒传》多酒气而少茶趣。”

确实，从林冲、鲁智深出场，仗的就是这一份酒气，“大碗喝酒”成就了一部《水浒传》。那么《金瓶梅》呢？《金瓶梅》当然是从西门庆勾引潘金莲开始，而这一桥段的关键点是西门庆到王婆那里喝茶定下的计。王婆“浓浓地点两盏姜茶，将来放在桌子上”。姜性热，又有点儿辣，暗示着西门庆要趁热打铁、要心狠手辣。所以说，一部《金瓶梅》是从茶盏里开始的。

《金瓶梅》里也确实多次写到茶。第十二回，西门庆在妓院里梳拢李桂姐，和应伯爵等一班帮闲在妓院中大吃大喝、又玩又宿，妓院老鸨就用盐茶招待这班大把花银子的贵客：“只有少顷，鲜红漆丹盘，拿了七种茶来，雪绽般茶盏，杏叶茶匙儿，盐笋、芝麻、木樨泡茶，馨香可掬，每人面前一盏。”帮闲的应伯爵即席唱了一个曲儿，单道这茶的好处：

> 【朝天子】这细茶的嫩芽，生长在春风下。不揪不采叶儿楂，但煮着颜色大。绝品清奇，难描难画。口里儿常时呷，醉了时想他，醒来时爱他。原来一篓儿千金价。

“篓”字的谐音是“搂”，应伯爵是说西门庆替李桂姐“点大蜡烛”要花费重金呢！

第三十五回，西门庆在家里招待顶头上司夏提刑，也是：“两个叙礼毕，分宾主坐下。不一时，书童儿云南玛瑙雕漆方盘，拿了两盏茶来，银镶竹丝茶盅，金杏叶茶匙，木樨青豆泡茶吃了……”

第五十四回，李瓶儿产后虚弱，害起病来，西门庆连夜请来任太医给爱妾治病。任太医来到府上，西门庆也是以茶待客，太医“吃了一盅熏豆子撒的茶。……又换一盅咸樱桃的茶……”

说了这么多茶事，有没有发现小说里喝的茶都不是现代我们喝的纯粹的茶，而是加入了盐、姜、葱、香菜、木樨、青豆、花瓣、樱桃之类的作料，是一种加味茶。

喝茶，中国人从周朝就开始了，《尔雅》这本古老的字典里就有“荼苦”的记载。《尔雅》的注解说：“早采者为荼，晚采者为茗。”可见当时的人就已经喝茶了，只不过那时不叫茶，而叫荼。

今人喝茶大多把茶叶放在茶壶、茶杯里用开水冲泡着喝，但古人喝茶却没有这么简单，不但泡法不同，要用煎、煮等方法，还要在茶叶里加作料。唐朝时，加味的“盐茶”大行其道；到了宋朝，还是如此，御用茶一般都要加龙脑香，以增添其香味。或许是当时的人还喝不惯茶的苦味吧。苏东坡在《物类相感志》里说：“芽茶得盐，不苦而甜。”连苏东坡都这么喝，可见，宋朝人一般还是习惯喝加味茶。

宋朝的茶叶以团茶、饼茶这样的紧压茶为主，我们今天喝的那种散茶宋朝也有，不过，那时的散茶可不是什么好茶，主要是一些蒸而不碎、碎而不拍的蒸青和碎末茶。

进贡给皇室饮用的茶都是饼茶，事先要把茶叶碾碎捣烂成膏，加上龙脑香末后，用木模子压制成圆饼形，称为“团茶”。唐朝时碎茶大多用杵臼来捣，而宋代则普遍改为用碾子碾，宋代的茶碾在许多地方的博物馆里还可以看到；唐代的制茶工艺较为粗糙，而宋代的拍制工艺很重视“饰面”，木模子上记得有不同的图案、形状。像进贡给皇家的茶叶，制作时在木模子上刻了龙凤的花纹，所以，这种茶又叫“龙团”“凤饼”。一饼一般有四至六片，每饼重二两，八饼合为一斤（宋制十六两为一斤）。

宋朝时这种加了龙脑香以供御用的团茶，使用的茶叶完全产于福建建安附近的凤凰山麓，称为“建安贡茶”。北宋初，建安茶的产量还不是很多，到元符年间，建安茶产量已达一万八千斤，至宋徽宗宣和年间更增至四万七千斤。但即使这样，价格仍不便宜，当时一斤建安团茶的价钱高达二两金子，今天的极品冻顶乌龙也不过如此。所以，当时人有“黄金易得，茶饼难求”之叹。

每年采撷新茶的时候，都要举行开焙仪式，监官与役工一齐向京师方向郑重遥拜：“保证完成任务。”像北宋的名臣丁谓、蔡襄都做过福建转运使，监造贡茶。第一批新茶称为“头纲”，如龙团胜雪、瑞云祥龙、万寿龙芽等，一般都在惊蛰前采制，十日内完工，以快马于暮春运抵京城。所以欧阳修在诗里说：“建安三千五百里，京师三月试新茶。”

当然，除了建安产的贡茶外，各地也都有名茶涌现。据《宋史·食货志》记载，宋代的各地名茶有双井茶、日铸茶、蒙顶茶、顾渚紫笋茶、阳羡茶、洞庭山茶、六安茶、径山茶、天台茶、鸠坑茶等上百种之多。

黄庭坚是江西人，所以他就力推江西出产的双井茶，把家乡的茶叶送给苏轼等人，还写诗《双井茶送子瞻》曰：

人间风日不到处，天上玉堂森宝书。
想见东坡旧居士，挥毫百斛泻明珠。
我家江南摘云腴，落硙霏霏雪不如。

为公唤起黄州梦，独载扁舟向五湖。

陆游是绍兴人，他就赞美家乡的日铸茶，《安国院试茶》诗曰：

我是江南桑苎家，汲泉闻品故园茶。

只应碧缶苍鹰爪，可压红囊白雪茶。

诗评中自注："日铸，则越茶矣，不团不饼，而曰炒青。"

陆游一生有茶诗三百多首，是历代诗人中写茶最多的一位。他还做过三年茶官，这就是他于宋孝宗淳熙五年到七年（公元1178年—1180年）相继任提举福建常平茶监公事和提举江南西路常平茶盐公事。他在茶诗中反复表示要继承陆羽，做一位茶神。因陆羽姓陆，他据此引为自豪，说自己要发挥这个家风。因为陆羽曾隐居东苕溪著《茶经》，自称桑苎翁，于是陆游也以"桑苎翁"自诩。说起来，宋时绍兴产的日铸茶已经"不团不饼"，有点儿类似今天的散茶了，至于"炒青"这个名字，还是陆游率先发明的呢！

饮茶之风，在宋代十分盛行，文人学士品茶玩味，妙趣横生。饮茶是一种艺术，人们希望在幽静舒适的环境里，融赏花、吟诗、听琴与品茶于一体，造成一种和谐之美。如苏东坡《汲江煎茶》诗便写出了他月夜临江品茶的妙趣。范仲淹喜欢临溪泉而煮茶，他在青州当官时曾在兴隆寺南洋溪畔建了一个茶亭，常与友人来此品茶。泉古林茂，山清水秀，配以赋诗鸣琴，时人遂将此泉称为“范公泉”。

喝茶品茗既然上升到艺术的高度，那讲究就多了。宋朝人品茶多从观色、选水、闻香、品味和茶器等几个方面来衡量。

观色主要是观察茶叶的色泽和老嫩。蔡襄在《茶录·论茶》中强调“茶色贵白”，可见宋朝人喜欢白颜色的茶，所以他们的茶器“宜黑盏”，福建建安产贡茶，还产一种黑瓷，“纹如兔毫”，古朴雅致，瓷缘较厚，所以保温性能也较好。茶叶贵白，但要做到纯白还真不容易，蒸茶时火候不足，或压榨时去汁未尽，茶色就会偏于灰白；采摘不及时，茶色又偏黄白；烘焙茶饼过头了，茶色就偏红。所以，像“龙团胜雪”这样的茶叶只能是御用的贡茶。

选水当然以“清轻甘洁为美”，宋人认为茶水以泉水为上，井水次之，江河水又次之。而泉水中，尤以惠山泉为第一。宋人甚至不远千里地将惠山泉水运到汴京，再用“细沙淋过”，去其杂味，灌装起来跟依云矿泉水一样可作为馈赠亲友的佳品。欧阳修花了十多年工夫编辑《集古录》一书，并为书作了一篇序文，老先生一定是对这篇序文十分满意，所以又请大书法家蔡襄用笔写下刻在石头上。作为酬谢，欧阳修送给蔡襄的便是一瓶惠山泉水。

还有一个故事，说的是王安石晚年退居江宁，患痰火之疾，多次服药难以根除，太医建议用长江瞿塘中峡的水煎阳羡茶饮用，有助于疗疾。正好苏东坡要去三峡，王安石便托苏东坡带几瓶瞿塘中峡的水回来。结果，苏东坡路过三峡，却被风光迷住，直到下峡时才想起王安石托水之事。三峡水流湍急，想要回溯上去显然已经不可能，只好在下峡汲水一瓮，想着回去糊弄交差。但王安石一试，就说："这不是瞿塘中峡的水，而是下峡之水。"苏东坡强辩道："三峡相连，一般样水。"但是王安石却自有道理："上峡水性太急，下峡太缓，惟中峡缓急相半。"因地段不同，水质也有差别，所以"上峡味浓，下峡味淡，中峡浓淡相间"。王安石这套验水本领叫苏东坡没话说了。

有了好茶、好水，就可以闻香、品味，讲究精致生活的宋朝人不会忘记配上好茶具。我们今天喝茶多用杯子，而宋朝人喝茶如喝酒，喜欢用那种浅浅的碗。除了建安窑生产的黑瓷外，浙江龙泉哥窑生产的青瓷以及河北邢窑的白瓷也颇受欢迎，时人称为"南青北白"。我们今天熟悉的宜兴紫砂茶具也是在宋朝逐渐兴起和推广的，梅尧臣《和杜相公谢蔡君谟寄茶》诗中有"小石泠泉留早味，紫泥新品泛春华"之句，欧阳修《和梅公仪尝建茶》诗中也有"嘉兴紫瓯吟且酌，羡君潇洒有余清"之句。至于"嘉兴"与"宜兴"之别，恐怕是那个时候地方建制的不同吧。据说，苏东坡还亲自设计了一种茶壶，即至今流传的"东坡壶"式样。

建安茶在入贡之前，首先要集中品评，排出几个等级，然后选出最优的作为贡茶，蔡襄《茶录》里称为"试茶"。这种试茶品茶的风气后来又演变为斗茶，宋人称为"茗战"。

斗茶，宋朝人可是开山鼻祖

唐人饮茶是釜中煮茶，煮好了分别倒入客人茶盏中，技术较为简单。宋代改为"点茶"，就是先用专门的茶碾将茶饼碾碎，放置碗中，每人一碗一份，先冲少量沸水，调匀成茶膏，再一边注沸水，一边用“茶筅”打击、搅拌，使其均匀混合成乳状茶液，供人啜饮。在打击、搅拌的过程中，茶碗表面会出现极小的白色泡沫，形成各式各样的汤花，宛如白花布满碗面，茶叶与开水混融为一体。斗茶的标准不仅在于品鉴茶的色香味，更重要的是看汤花。汤花以色泽鲜白为上，茶水以混融时间久聚不散为上。汤花一旦散隐，盏面就现出水痕，早出者为败，迟出者为胜。

宋代斗茶源于制茶的评级，不久就在文人士大夫中流行开来，旋即走向民间市井，全国上下斗茶成风。南宋画家刘松年有《茗园赌市图》便是描绘市井斗茶的情形，图中有老人、妇女、儿童，也有挑夫、贩夫，斗茶各携茶具，一边品尝一边夸耀自己的茶好。范仲淹也有一首《斗茶歌》，更是将斗茶说得清清楚楚：

> 年年春自东南来，建溪先暖冰微开。
> 溪边奇茗冠天下，武夷仙人从古栽。
> 新雷昨夜发何处，家家嬉笑穿云去。
> 露芽错落一番荣，缀玉含珠散嘉树。
> 终朝采掇未盈襜，唯求精粹不敢贪。
> 研膏焙乳有雅制，方中圭兮圆中蟾。
> 北苑将期献天子，林下雄豪先斗美。
> 鼎磨云外首山铜，瓶携江上中泠水。
> 黄金碾畔绿尘飞，碧玉瓯中翠涛起。
> 斗茶味兮轻醍醐，斗茶香兮薄兰芷。

其间品第胡能欺，十目视而十手指。

胜若登仙不可攀，输同降将无穷耻。

吁嗟天产石上英，论功不愧阶前蓂。

众人之浊我可清，千日之醉我可醒。

屈原试与招魂魄，刘伶却得闻雷霆。

卢仝敢不歌，陆羽须作经。

森然万象中，焉知无茶星。

商山丈人休茹芝，首阳先生休采薇。

长安酒价减百万，成都药市无光辉。

不如仙山一啜好，泠然便欲乘风飞。

君莫羡花间女郎只斗草，赢得珠玑满斗归。

除了斗茶，宋人还有一种饮茶时的游戏，称为“茶百戏”，也叫“分茶”。前面已经说过，由于宋人改良了冲茶的方法，在打击、搅拌之后茶汤的纹脉变幻成不同物象，茶面会出现各种奇特的花纹，或像鸡鸭，或像狮虎，或像小虫，或像花朵，纤细如画，变化无穷。须臾，茶汤呈现出的画像随即消散，令人叹为观止！能表演这种绝技的，一般茶仆当然做不到，要茶饮行业经过专门训练的高级茶艺人员才行，这些人就被称为“茶博士”。更令人叫绝的是，据宋人陶谷《清异录》记载，有个叫福全的和尚，练得一手茶百戏好手艺，他能在一杯茶上点幻出一句诗。如果同时点四杯茶，就成了绝句一首，登门求观者络绎不绝。这种有趣的分茶表演为喝茶品茗营造了高雅的艺术氛围，迎合了文人士大夫的品位追求，在南宋都城临安尤为盛行。陆游《临安春雨初霁》一诗写于杭州，诗中就有两句："矮低斜行闲作草，晴窗细乳戏分茶。"

茶和酒一样，在懂生活、会生活的宋朝人那里透出了诗意，透出了人情味。据《梦粱录》记载，南宋临安的婚俗中，把茶饼作为定亲财礼中的重要礼品之一，男方要送给女方，而女家答应了婚约后，要以"原茶饼果物"回送。不仅是婚俗上要送茶，宋朝人还有邻里之间、亲朋好友之间互送茶水表示问候的习俗，宋朝的茶肆茶店一般都兼营外卖，每逢初一、十五，或是遇上婚丧节庆的大事，茶肆就会按照顾主的要求，提着茶瓶去指定的地点送茶水，或道一句对方辛苦了，或是传递个口信，就像今天你去花店订一束花请人送给家人朋友一样。

宋朝人就这么如诗般惬意地生活着。

第八章

舌尖上的大宋：将味蕾的快意进行到底

茶酒的人生不能代表吃货的全部人生，刚才就有团友提议，既然说到了酒文化、茶文化，何不一并说说食文化？

一本《梦粱录》，上面记载的南宋临安各大饭店菜单上开列的菜肴就有三百三十五种！这个菜单还不包括熊掌、象鼻之类的高档菜肴，可见八百年前的杭州已经处在烹饪业的巅峰。

自古民以食为天，大宋舌尖上绝对有文章！

据烹饪界人士讲，两宋时期是我国饮食文化发展史上承前启后的重要时期。这话等于没讲，两宋本来就是处在两千多年中华文明史的中间，它不承前启后谁来承前启后？所以，大宋舌尖文化，咱们也不能笼统地说，还是来讲几个故事，跟着场景将味蕾的快意进行到底。

对了，介绍一下今天的地陪——大名鼎鼎、鼎鼎大名的苏轼苏东坡苏大学士！

羊肉真没有，猪肉、菜羹，这个可以有

元丰二年（公元 1079 年）十二月，苏东坡从御史台监狱（乌台）里捡了条命逃出来，被贬到黄州担任团练副使。黄州是长

江边上的一个小镇，苏东坡的宿舍就在长江边上，“风涛烟雨，晓夕百变”，他记录的是大自然的阴晴变化，更多的恐怕是自己内心扑腾的真实写照。

说来搞笑，名满天下的大才子被抓进御史台监狱关了四个月只是因为他写的几句诗，被抓住把柄大兴文字狱要他交代以前写的诗的由来和词句中典故的出处，搞得苏老师生不如死，到了黄州后一度也神经紧张，闭门不出，连笔砚都不敢碰。

因为是被贬谪，苏东坡的生活十分拮据，他给自己规定，日用不得超出一百五十钱，每个月初就把四千五百钱的工资分成三十份，挂在屋梁上，每天用叉子叉下一份来用，然后就把叉子收起来藏好，免得违反规定超额消费。当天用不完的，则用一个大竹筒装起来，以备宾客来时请客之用。一个大文豪，搞得如此斤斤计较会当家，也算是苏东坡跟这世界开的一个玩笑。

节约归节约，一张嘴巴总还是省不了的。好在当时黄州的猪肉非常便宜，富人不屑于吃，穷人又不懂得烹饪，苏东坡因此几乎天天吃肉。

苏东坡有《猪肉颂》一篇，就是在贬谪黄州时的戏作，颂曰：

> 净洗铛，少著水，柴头罨烟焰不起。待他自熟莫催他，火候足时他自美。黄州好猪肉，价贱如泥土。贵者不肯吃，贫者不解煮，早晨起来打两碗，饱得自家君莫管。

翻译出来是说：把锅子洗得干干净净，放少许水，燃上柴木、杂草，抑制火势，用不冒火苗的虚火来煨炖。等待它自己慢慢地熟，不要催，火候足了，它自然会滋味极美。黄州有这样好的猪肉，价钱贱得像泥土一样。富贵人家不肯吃，贫困人家又不会煮。我早上起来打上两碗，自己吃饱了您莫要理会。

苏东坡吃饱了，后世的人也有的吃了，一道名菜“东坡肉”就这么诞生了。

猪肉是汉民族食用的主要肉食，吃猪肉的历史起码可推至夏朝。中国历史上第一个最暴虐的君主夏桀做酒池肉林就是将各种肉共煮于鼎中，其中马、牛、羊、鸡、犬、豕定为六畜。

苏东坡一生最爱吃猪肉，《竹坡诗话》还记下一则趣闻，说是因为苏东坡喜欢吃烧猪，佛印和尚住在金山寺时，“每烧猪以待其来”。这个金山寺的和尚不像法海那样严格，居然还可以替人家烧猪肉吃！有一天，苏东坡兴冲冲赶来吃猪肉，不料却被别人偷吃掉了，他也不懊恼，戏作小诗：“远公沽酒饮陶潜，佛印烧猪待子瞻。采得百花成蜜后，不知辛苦为谁甜。”他的人生态度总是那么喜乐达观。宋元丰六年（公元 1083 年），小妾朝云替他生了一个儿子，他居然给儿子起名叫“豚儿”，当然不是要吃掉儿子，实在是爱到了极点。“黄州东坡肉”说穿了其实就是极一般的红煨肉。浙江杭州与江西、四川、云南等地也都有东坡肉传世，因沾上名人效应，大家争个发源地争得面红耳赤，恨不得将苏东坡从地下拖出来作证，倒是开封的东坡肉，不用酱油，肉切块后再加上鲜笋，加盐入大碗上笼清蒸，蒸成酥烂。据说开封人原先不吃鲜笋，苏东坡有诗传至开封，“无竹令人俗，无肉令人瘦。不俗加不瘦，竹笋加猪肉”，于是开封人发明了这道笋蒸东坡肉，只此一家没有分店，绝对的专利产品。

苏东坡的《猪肉颂》里也向我们透露了一点儿信息：黄州的富人都不屑于吃猪肉。

为什么不屑于吃猪肉呢？当然不是因为猪肉胆固醇高、脂肪高，为了减肥节食，宋朝人虽讲究吃食但还没有到这样科学的地步。确切的原因是，宋朝人以羊肉为上品，猪肉还上不了大雅之堂。宋朝的宫廷里就有一道明文规定：“饮食不贵异味，御厨止用羊肉。”所以，羊肉是宋代宫廷食材用量上的绝对至尊，想在宋朝的皇宫里弄出一块猪肉来，恐怕比登天还难！

据说当年宋太祖宴请纳土归宋的吴越国主钱弘俶，东道主待客心诚，想叫御厨做几道南方菜肴招待贵宾，可御厨却像小品里的“小沈阳”一样：“这个没有，那个没有，这个真没有！”因为宫里除了羊肉，再没有其他肉料。饶是这样，宋太祖也没有改变规矩，像赵本山那样允许猪肉“可以有”。于是，两宋的皇宫里一直就只吃羊肉。这样倒也好，后来徽宗、钦宗被金兵捉了去，至少不会口味不适。前提是，金人得优待俘虏，给他们肉吃。

北宋时，以陕西冯翊县出产的羊肉最为著名，时称“膏嫩第一”。宋真宗的时候，“御厨岁费羊数万口”，都是从陕西进的货；到了宋仁宗、宋英宗的时候，朝廷甚至要从国外进口羊肉，“河北榷场买契丹羊数万”；到了宋神宗时，御厨的账本更是吓煞人，一年竟能吃掉“羊肉四十三万四千四百六十三斤四两”。

皇宫以食羊为尚，羊肉在民间也就受到追捧，羊肉的价钱自然水涨船高，一般贫寒士庶只有在逢年过节或宴请重要宾客的时候才能买点儿羊肉打打牙祭。有一个叫韩宗儒的寒士，生活拮据可嘴巴却特别馋，喜欢吃羊肉却又买不起，于是想了一个办法。他跟苏东坡认识，但又不大好意思直接向苏东坡要字画，于是就经常给苏东坡写信：

"东坡先生好：我这里天气很好，你那边怎么样？"

"东坡先生如晤，你知不知道王安石的王怎么写呀？"

"东坡先生，你妈贵姓呀？"

总之，他就这样骗了许多封苏东坡的亲笔回信，然后拿去换羊肉吃。苏东坡的一封信也只能换十几斤羊肉。后来，这件事被黄庭坚知道了，于是就拿来取笑苏东坡，称他的书信是"换羊书"。

韩宗儒先生可以拿着苏东坡的信去换羊肉吃，苏东坡本人在黄州却只能吃猪肉，世界真讽刺。

苏东坡在黄州吃猪肉也吃出了名堂，但这道东坡肉非但没有替他赚到知识产权，还险些又成了反对派的攻击武器：

"皇上，您看看！这苏轼有多讨厌！民愤有多大！老百姓都恨不得吃他的肉了！"

"有这种事情？朕一向爱民如子，你个苏轼竟敢欺负朕的子民？要调查！要彻查！"

彻查的结果还好是虚惊一场。黄州人民热爱团练副使，用不着朝廷担心。

苏东坡在黄州没有多少军国大事要处理，训练民兵也不是他的强项，于是他就刻苦钻研烹饪技艺。除了东坡肉外，他还发明了东坡羹，同样也有《菜羹赋》传世为证：

东坡先生卜居南山之下，服食器用，称家之有无。水陆之味，贫不能致，煮蔓菁、芦菔、苦荠而食之。其法不用醯酱，而有自然之味。盖易具而可常享，乃为之赋，辞曰：

嗟余生之褊迫，如脱兔其何因。殷诗肠之转雷，聊御饿而食陈。无刍豢以适口，荷邻蔬之见分。汲幽泉以揉濯，抟露叶与琼根。爨铏锜以膏油，泫融液而流津。

汤蒙蒙如松风，投糁豆而谐匀。覆陶瓯之穹崇，谢搅触之烦勤。屏醯酱之厚味，却椒桂之芳辛。水初耗而釜泣，火增壮而力均。滃嘈杂而麋溃，信净美而甘分。登盘盂而荐之，具匕箸而晨飧。助生肥于玉池，与吾鼎其齐珍。鄙易牙之效技，超傅说而策勋。沮彭尸之爽惑，调灶鬼之嫌嗔。嗟丘嫂其自隘，陋乐羊而匪人。先生心平而气和，故虽老而体胖。计余食之几何，固无患于长贫。忘口腹之为累，以不杀而成仁。窃比予于谁欤？葛天氏之遗民。

这段话翻译过来，大致意思就是，东坡先生穷困潦倒住在南山脚下，山珍海味无法享用，就煮蔓菁、荠菜来吃，煮的方法是不用醋和酱油，而是利用它的自然美味。点火上灶放入膏油，锅内热气腾腾香津沸腾，也不要胡椒、桂皮之类的调料，用武火把锅烧开，烧沸一会儿就用均匀的文火煨。菜蔬随着开水而翻腾，就煮成了酥烂的浓汤。这些溪畔泽边的野菜，能与诸侯当年的王鼎媲美。

这当然是苏东坡的苦中作乐，但从他的《菜羹赋》中可以看出，两宋时期，菜羹仍是平常人家的主要菜食。羹分荤素两种，有钱人家用肉作羹，而苏东坡当时经济拮据，就用菜作羹，所用的原料是大头菜、萝卜、荠菜，加上豆粉。由于苏东坡十分强调烹调技术，对水、火、油都十分讲究，尤其是掌握火候，怎样才能煮烂，何时加豆粉为宜等，都很有经验。所以他能将最普通的素菜加豆粉制成最美味的“东坡羹”。

苏东坡自称“老饕”，是个美食达人，他的名头又够大，那个时候还没有姓名权的保护，所以很多菜肴都被冠上了东坡的名字。这样倒也好，小老百姓哪怕从来不读苏东坡的诗文，至少在餐桌上也久闻苏东坡大名。

皇帝来你家吃饭，清河郡王接驾上了哪几道菜?

宋高宗赵构吃腻了自家食堂——皇宫御膳房的饭菜，有一天很想到别人家里去蹭饭。于是宣布起驾，到清河郡王张俊家里去!

清河郡王的王府在清河坊，今天你到杭州游玩，河坊街的仿宋一条街就是他家。别看张俊现在跪在岳飞的墓前一脸苦相，那个时候，他老人家其实还是岳飞的老长官，在皇帝面前也大大得宠，他的府第就是宋高宗让临安府拆迁了两百多户人家盖起来的。

宋高宗去蹭饭当然不是一个人去，还带了宰相秦桧等文武官员共百余人。这个蹭饭队伍也真庞大，其中还包括宋高宗的宫廷女厨师刘娘子。

宋朝就有了女厨师？这不稀奇。宋朝人家的女孩子一般都会两项技艺：乐器和厨艺。我们从宋人话本中可以看到，在宋代的城市里，媒婆给人撮合婚事，首先就是讲女子会很多乐器。南宋京城临安的小户人家甚至还重女轻男，倘若生下女孩则爱护如掌上明珠，待女儿长大，就教她乐器、教她唱曲，这叫作“教成一身本事”，好待价而沽。除此之外，庖厨技艺也是宋朝市民择偶的一个基本标准，在宋代城市中以女子命名的品牌食品和食店比比皆是。在中国博物馆所藏的河南偃师出土的画像砖上，还有厨娘掌勺的清晰图案。所以，宋朝的女人都是“上得厅堂，下得厨房”，娶回家去绝对幸福！

赵构身边的刘娘子就更加不得了了。据说这位刘娘子在赵构还没有当皇帝之前就在他的藩王府做菜了，赵构想吃什么菜，她就在案板上切配好，烹制后进献，赵构每次都十分满意。按照宋朝宫廷的规定，主管皇帝御食的官员叫尚食，只能由男人担任，而且是五品官。刘娘子身为女流，不能担任此官，然而皇宫里的人还是多称她“尚食刘娘子”。这位刘娘子算是我国第一位著名的宫廷女厨师了。把这样一位女御厨带上，交流厨艺、互相学习的气氛可就十分浓厚了。

张俊不敢怠慢，岂止是不敢怠慢，简直是视为无上荣光。他招待宋高宗一行的筵席也确实十分隆重，堪称南宋餐饮之代表。

南宋人周密不知道怎么搞到了张俊招待皇帝的菜单，在他的《武林旧事》第九卷里详细介绍了这份菜单。

据周密介绍，张俊招待高宗时先上果盘，后上菜肴。果盘依次是：水果八盘、干果十二盘、缕金香药十种、雕花蜜煎十二味、砌香咸酸十二味、干肉十盘。吃完后退席稍歇，再入座后又进时鲜水果八种。

吃完果点之后开始上菜。依序是十五盏下酒菜、八盘插食、十盘劝酒蜜饯、十味劝酒小菜、十盏对食、六色晚食。下酒菜、插食、劝酒菜大概相当于今天的冷盘小炒，对食是正菜，晚食是吃饭时的下饭菜。

十五盏下酒菜，每盏都是双拼，也就等于三十道菜，第一盏有花炊鹌子、荔枝白腰子；第二盏是奶房签、三脆羹；第三盏是羊舌签、萌芽肚……然后是鳝鱼炒鲎、螃蟹酿枨、鲫鱼假蛤蜊、水母脍等。怎么样？看看都看得哈喇子直流吧？我在这儿就不一一细表了，反正你也看不懂，有兴趣自己去找周密的《武林旧事》看。

这琳琅满目的菜肴，有些已不详其内容，当然就更不明其做法了，也就只好失传了。不过，从这份菜单上我们可以看出几个有趣的动向。

一是正餐之前先吃水果。从前我们习惯于餐后水果，现在有新的营养学理论认为，餐前水果更科学。读了这份菜单才知道，南宋时期人们已经这么科学了。

二是冷盘菜增多。现在我们去餐馆点菜，总是先点冷盘再点热菜，这个习惯就始自宋朝，宋朝以前可没有这么讲究。唐以前的冷盘多为腊脯食物，也就是我们今天吃的酱鸭、腌鱼干之类，这当然是古已有之。《礼记》上说周天子就已经把脯腊干肉作为筵席的珍品，并且设有“腊人”一官，专管腌腊之事。那时候上菜是粗放模式，冷热不分，一起上来，也不管你肠胃吃不吃得消。到了宋朝，人们开始讲究起来，先上冷盘佐酒，再上热菜主食，而冷盘除了传统的腊脯之外，更增加了冷冻菜、生食鱼脍等品种，像张俊宴请高宗时所上的冻石首、冻蛤蝤、冻三色炙以及鲈鱼脍、蚶子脍、淡菜脍都是当时著名的冷盘菜。

三是从这些菜名可见，在南宋的筵席上已经出现了大量的海鲜河鲜，这是上古所未有的现象，前文说过宋太祖请客也只有羊肉，哪有宋高宗这般口福。这当然跟临安地处南方，南宋偏安江南一隅的地理环境有关，吃海鲜的流行恐怕是从南宋开始的。

这一趟，宋高宗吃得十分落胃。他还想在清河郡王府多尝几道美食，可是天一过午，张俊就请宦官催促高宗回宫。

张俊长了几个脑袋竟敢对皇帝下逐客令？他是不是家底清空再也拿不出像样的东西来招待皇帝了？其实都不是。另有隐情，另有隐情。

宦官催了几次，高宗这才略感扫兴地回宫去了。张俊恭送皇帝一行时，看到宰相秦大人捻须而笑。

第二天，有人问张俊：“皇帝到你家来，这是多大的荣耀，别人家请都请不到；你倒好，陛下不言离去，你为什么一再催促圣驾返回大内？”张俊答道：“我怎么不想款待皇上呀？可皇上到秦相爷府都是过午就走，我能不考虑这一点吗？”原来，他是怕秦桧不高兴呢！

看看，吃一顿饭有这么多讲究，中国的餐桌文化绝对不仅仅限于餐桌。

蔡京家的厨娘会做什么菜？

南宋初年，临安府一户富人通过牙行也就是中介公司想找一个厨娘。

宋朝的中介服务十分发达，各类买卖都有“牙人”（经纪人），比如外地的大米运到京城，由牙人或行头首先接洽，定下米价，然后联系米行收购，再批发给米店，米店再零售给市民。南宋时一位家住杭州九里松的老翁就是专门贩卖泥鳅的大业主，垄断了从余杭门进临安城的泥鳅市场。“凡自余杭门入者，悉经其手，乃敢售”（洪迈《夷坚志》）——这当然是闲话，我们今天只说“吃货”，不说“牙人”。

话说牙行替富人找来一个厨娘。这位厨娘从东京汴梁逃难过来，自称曾经在蔡太师蔡京家里当过厨。太师府的厨师，厨艺一定很不错；而能够雇到太师府的厨娘，脸上也很有光彩。富人很高兴，工资待遇一律从优，就等着人家露一手给自己做几个拿手好菜，尤其是传说中太师府的特供点心“蟹黄包子”了。

可等啊等，那位厨娘却一直没有亮功夫。等到主人再三盘问，却发现她其实啥也不会！

你说她是个骗子吗？倒也不是，她还真是从蔡太师府的厨房里出来的，只不过，她是厨房里专业切葱的，别的啥也不会。

让你笑掉大牙了。可这不是什么笑话，是千真万确的事情，北宋末年的权臣蔡京蔡太师，当年的铺张与挥霍就是这般程度。蔡京喜欢吃鹌鹑羹和蟹黄包子，每做一道鹌鹑羹要杀三百只鹌鹑；请人吃一次饭，仅蟹黄包子一项的花费就要一千三百贯，大约相当于五十户普通人家一年的收入。对于这般奢侈的生活，他还有一套“丰、亨、豫、大”的理论，这是从《易经》里搬出来的几个词，其核心的思想是，在太平时节，皇帝和大臣都要有盛世天子、太平宰相的气派，要敢于花钱，敢于享乐，不要拘泥于世俗的礼仪。这番理论，对宋徽宗来说实在是太善解人意了！徽宗皇帝也正是这样乖乖地被蔡京引导着走上了一条醉生梦死的不归路。

可这蔡京是福建莆田人，而蟹黄包子却是淮扬名点，他怎么会爱上蟹黄包子呢?

我来跟你们说说包子的故事。

包子在我们南方不管里面有没有馅，统一称作馒头，但唯独“蟹黄包子”不被称为蟹黄馒头。在北方就讲究一点儿，有馅的称包子，没馅的叫馒头。顾名思义，包子包子，总得包点儿什么吧。其实，包子这个称呼倒是后来才有的，最早的时候就叫馒头，都是带肉馅的，而且个儿很大。据说诸葛亮当年平蛮到泸水，七擒七纵孟获，看到当地蛮人用血淋淋的人头祭神，心有不忍，就用面粉包裹肉馅，代替人头祭祀，于是就有了馒头或者包子。到了后来，古人笼统把面食都称作饼，于是馒头就被叫成了“蒸饼”，有人考证，武大郎卖的“炊饼”其实也不是什么饼，就是馒头。

宋朝人喜欢吃馒头，馒头是他们的主要主食。宋仁宗过生日，赏赐给群臣的不是面条而是包子；而在宋朝的中央国立大学太学里，馒头更是太学生们经常食用的东西。今天的河南开封最出名的小吃叫“灌汤包”，烫面做皮，肥肉做馅，半透明，造型美观，有些像“皮包水”的扬州汤包，只是个头比扬州汤包小。灌汤包的来历，据说就是宋朝名吃“太学馒头”。

当年王安石变法，整顿太学，宋神宗去视察，想看看太学生的饮食，到学生食堂里一瞧，新蒸包子刚出笼，他拿起一个尝尝，嗯，味道真不错，于是满意地说：“以此养士，可以无愧矣！”能让太学生们吃上这样的包子，说明咱的工作做得很好嘛！用这样的馒头喂养我们的国家栋梁，可以无愧于心了！此话经媒体、朋友圈传播迅速传遍京师，太学馒头一时火爆京城，天之骄子的太学生们以能吃到这种馒头为荣，外面的人也都托关系央求带出一只两只来解馋讨彩头，汴京城内到处上演一只馒头的故事。

蔡京在京城汴梁做官，当然也尝过京城的太学馒头，至于淮扬的蟹黄包子，他是在杭州吃到的。

有一阵子，蔡京在官场上过得很不顺，被夺去官职，混了个“提举洞霄宫使”，就是到道观里去领一份养老津贴这样的虚职，居住在杭州。杭州菜受淮扬菜的影响很大，杭州又靠近江苏，杭州人吃蟹的热情一点儿都不让江苏人，所以，蟹黄包子在杭州也颇流行。蔡京吃过蟹黄包子后也立刻爱上了它。后来，宋徽宗派大太监童贯来杭州访求、采购名家书画，蔡京很快跟童贯勾搭在一起，据说是把王羲之的真迹送给人家当了礼物，从此便时来运转，一直当到一人之下，万人之上的太师。所以，他是吃着蟹黄包子发迹的，当然就更加爱蟹黄包子了。

至于说他请一次客，仅蟹黄包子一项的花费就要一千三百贯，这也好理解。你想，做一份蟹黄包子，还得养一位专业切葱的厨娘，能不贵吗？过犹不及，凡是过头了总不好，无论是吃东西，还是治国理政，都是这个道理。

好了，说过达官贵人的奢侈筵席，我们也来看看宋朝小老百姓的日常饮食。

武大郎的炊饼和老百姓的日常饮食

宋徽宗宣和年间，山东清河县发生了一桩为后人津津乐道且对后世影响深远的桃色杀人案件。凶手是一位名叫潘金莲的美艳少妇，幕后指使者是她的情夫、当地首富西门大官人，被害人则是潘金莲的法定丈夫武大郎。

武大郎的职业是卖炊饼的个体经营者。这位兄台虽说其貌不扬，但是名气却蛮大，因为有个打虎的兄弟叫武松，还有一个杀夫的老婆叫潘金莲。连带着武大郎的名气，他卖的炊饼也广为人知。

一般人以为炊饼顾名思义是一张饼，但是看《水浒传》上的描写，武大郎的炊饼并不是油里煎的而是靠蒸笼蒸的，宋人撰写的《倦游杂录》上有解释："余谓凡以面为食具者，皆谓之饼。故火烧而食之者呼烧饼，火瀹而食者呼汤饼，笼蒸而食者呼蒸饼，而馒头谓之笼饼，宜矣。”原来，宋朝人把面粉做的食品统称为饼，主要有三种饼：面条叫汤饼，胡饼就是今天的烧饼，而炊饼原先叫蒸饼，后来为了避宋仁宗赵祯的名讳，就改叫炊饼，其实就是我们现在的馒头。

除了饭和粥，面食的“饼”是宋朝市民日常的重要食品。

面食家族里最重要的成员就是面条，在宋朝称为汤饼。你如果跑到上海想去吃碗阳春面，得跟伙计说“上一碗阳春汤饼”，否则人家不理你，鸡跟鸭说互相听不懂。不过，在宋人的小说笔记中多有汤饼的记载，你不要误以为是现在的面饼。汤饼在宋以前都是一片一片的，有点儿类似于我们今天的刀削面，一直到了宋朝才变成了细长的面条，所以当时人们也有将汤饼改口叫作“面条”的，这个称呼一直沿用到了今天。

武大郎卖的炊饼也就是今天的馒头、包子，也是宋朝人的正膳主食。前面说过的皇帝品尝的太学馒头，到了宋室南迁后，仍然在杭州风头十足，连岳飞的孙子岳珂吃后都赞不绝口，特地写了一首馒头诗把它夸得天上有，地下无的样子。

武大郎的炊饼当然得不到皇帝大臣的夸赞，但它却是宋朝一般百姓的日常主食。北宋汴京的制饼业十分发达，有许多专业的饼店，规模小的像武大郎那样个体经营、挑担零售，规模大的则有饼匠上百人，《东京梦华录》记载了武成王庙前的海州张家以及皇建院前的郑家饼店，每家都有五十余炉：“每案用三五人捍剂卓花入炉。自五更卓案之声，远近相闻。”烧饼油条馒头店，开得生机勃勃。

大的饼店相当于开了食品公司，有品牌效应，坐地买卖，顾客会慕名上门，而像武大郎那样的小本生意则要靠沿街吆喝了。《水浒传》里没有记载武大郎是如何吆喝的，但在东京汴梁，凡是卖熟食的都有一套奇怪诡异的吆喝术。譬如卖烧鸡的，他不直接吆喝“烧鸡，烧鸡，新出炉的烧鸡”，而是说一些莫名其妙的话来吸引顾客，据说这样食品才卖得快。卖炊饼当然也一样。曾经有一个卖“环饼”的小贩，他不叫卖“环饼，环饼！”，而是一个劲儿地长叹：“吃亏的便是我呀！吃亏的便是我呀！”结果，险些弄出政治问题来——当时正值昭兹皇后被废黜，在瑶华宫居住，而这位小贩每次到瑶华宫前叫卖，搁下挑担依旧叹息着说这句话，这还得了！有人替废黜的皇后叫屈，这不是对皇帝不满嘛！开封府的衙役立即将他锁进了局子里。府尹大老爷当作是重大政治事件审讯，结果才知道他是为了早点儿卖出环饼而故意使用这样奇特的语言，并无其他的影射含义。再追究成分，三代贫农，根红苗正，不存在阶级敌人散布谣言的动机，所以打了一百棍放了出来。有了这么一次惨痛的教训，此后，这位小贩挑担卖环饼时就改了口，但他仍不说“环饼、环饼，新出炉的环饼”，而是说“待我放下歇一歇吧”。他的遭遇、他的变化、他的与众不同而又有些诙谐的叫卖语言，一时成了人们的谈资，去买他饼的人倒是多了不少。

宋朝的大街小巷里有许多“沽浆卖饼之家”的快餐店，卖蒸芋的、卖粥的、卖胡饼的、卖猪羊血羹的，还有把泥鳅、黄鳝养在瓮器中，旋杀旋烹的鱼饭快餐。这些本小利微的食店，满足了经商外出、匆忙行走之人的需求。《水浒传》第五十三回：李逵在蓟州赶路，见路旁有一面店，“里面都坐满了，没有一个空处”，李逵入座，要了六碗“壮面”，店家忙不过来，未及时上菜，李逵便焦躁地骂起来。这一幕场景正是宋代饮食小店的真实写照。

宋朝人喜欢面食，拿当时的话说就是喜欢吃饼。《宋史·太祖本纪》里就记载了这样的故事：赵匡胤在未登皇位前是周世宗柴荣的部将，显德三年（公元956年）领军与世宗相会于寿春（今安徽寿县），君臣二人都是面食爱好者，于是相约在饼店中吃美食。但不知为什么，这个饼店老板有些拎不清爽，做的饼又薄又小，惹得周世宗生了气，龙颜大怒居然要杀店主。还是赵匡胤“固谏得释”，让这位饼店老板保住了脑袋。

北宋末年，由于金兵南侵，汴京的饼价暴涨，一枚饼从七文钱抬高到二十文，引起市民的极大不满。抗金名将宗泽担任开封府尹，他亲自带领军队中的“兵厨”进行试制，核定每饼成本仅六文钱，于是立即布告饼店经营者，每枚饼限价八文，敢擅自提价者，罪当处斩，这样才算平息了一次影响国计民生的通货膨胀。

到了南宋，随着生活逐渐安定，老百姓对吃的追求又更上一层楼。据《梦粱录》记载，南宋杭州的饼类品种多达数十种，著名的有菊花饼、月饼、开炉饼、肉油饼、甘露饼、韭饼、炊饼、烧饼、枣箍荷叶饼、油酥饼、糖酥饼、薄脆饼、玉延饼、辣菜饼、芙蓉饼、鱼虾饼、通神饼、神仙饼等，其中又以咸味饼居多。

芝麻饼据说是汉代时从西域传入中原的，所以开始时又叫“胡饼”。据说东汉灵帝最喜欢吃这种芝麻胡饼，于是就在京师洛阳一带流传开来，到了唐宋时成为民间普遍流行的面食点心。当年抗金民族英雄岳飞兵驻黄桥，粮草一时接济不上，附近的老百姓纷纷送来芝麻圆饼慰劳岳家军，解决了一时之难。于是这种饼又被称为黄桥烧饼，至今流传，成为地方名点。

至于其他的各种饼，包括武大郎的炊饼，书上虽然有各种做法的记载，但到底已经不见于今日，吃货们也只好望饼兴叹了。实在“好古敏求”的，我这里提供两本书名，《吴氏中馈录》和《山家清供》，你可以找来看看，不妨对照着古人的制饼秘籍，自己画饼充饥。

饼之所以成为宋朝人喜爱的主食是因为它便于携带、不易馊坏，保质期也长。宋朝的官员士庶外出所带的干粮没有方便面，只有各类饼食。王安石罢相后退居金陵钟山下，每次外出，都是骑着毛驴带着面饼，沿途自食，不劳人家公费接待。

说起来，武大郎的炊饼与当朝的皇帝宋徽宗还有些干系。《鸡肋集》记载了这么一则轶事：楚州有位卖鱼的鱼贩子，姓孙，人称孙卖鱼，据说颇能预测祸福。宣和年间，宋徽宗召他进宫，住在宝箓宫道院。一日，他怀揣一枚炊饼坐于小殿中。徽宗驾至，遍历各殿烧香，最后才来到孙卖鱼所在的小殿。时间一久，徽宗感到肚饥。孙卖鱼立即从怀中取出一枚炊饼献上说：这个可以当点心。对于这样突如其来进献的食品，皇帝当然不敢随便进用，否则老早被人毒杀了。这是皇帝与常人不一样的地方，也是当皇帝的可怜之处。宋徽宗当下心中惊异，未去接饼。孙卖鱼此时却意味深长地说了一句：“后来此亦难得食也。”宋徽宗当时肯定不会去多想，但到了次年被金兵俘虏北去，确实连一个炊饼也难以吃到了。

不知道昔日金枝玉叶的宋徽宗思忆炊饼的滋味时，会不会想起那位孙卖鱼？

宋徽宗的第九个儿子赵构后来当了皇帝，是为南宋高宗。这位皇帝保留着河南人的传统，也爱面食。不过，他对炊饼已经不大感兴趣，而是喜欢吃馄饨。今天的南方人普遍喜欢吃馄饨，上海人则把馄饨叫作云吞。

馄饨据说也是胡人的发明，出于“虏中浑氏、屯氏之手”，故名“浑屯”，后因声音相近而讹传为馄饨。事实上，唐代以前就已有馄饨，只不过品种较为单一，吃的人也不多。到了南宋，由于皇上的爱好，馄饨品种迅速发展，制作也越来越精良，主要有百味馄饨、二十四节气馄饨、丁香馄饨、椿根馄饨等十余种。南宋杭州六部桥前有一家饮食店，供应的丁香馄饨“精细尤著”。因为六部桥是当时政府各部门六部衙门的所在地，中央官署六部官员都去捧场，这种馄饨在和面时加入了丁香汁汤，据说可以治口臭、令人身香，因此在进入皇宫上朝面圣之前，先吃一碗丁香馄饨，既可以填腹，又能解口臭，一举两得。

宋高宗赵构经常以馄饨当点心，宋人笔记上记载，有一次御厨不小心，给高宗送去的馄饨中馅肉有点儿夹生，高宗十分动怒，将制作御厨下了大理寺狱中治罪。此事在宫中传开，大家吓出一身冷汗，也替那位倒霉的御厨抱不平。有一次，高宗要宫中优伶表演助兴，宫中优人就以此为题编了一出滑稽戏：两个优人扮成甲乙两个士人，在路中相遇，相互问对方的同生年份，一个说是甲子（与饺子谐音）年出生的，一个说是丙子（与饼子谐音）年出生的。听了对方的回答，两人同时指着对方说：“皆合下大理寺也。”也就是说，都应该被捉到大理寺去！宋高宗听了丈二和尚摸不着头脑，问其原因，两位优伶回答：“饺子、饼子皆生，与馄饨不熟同罪！”看着两个优人的滑稽表演和一副认真的样子，宋高宗哈哈大笑，也意识到自己处罚太重，于是就下令将关进大理寺牢狱中的御厨释放了。

今天的南方人爱吃馄饨，推手居然是宋高宗，现在你晓得了吧！

一位皇帝的怀旧情结与宋嫂鱼羹的前世今生

说到宋高宗，就再来说一则与他相关的舌尖故事。

话说这位高宗皇帝偏安南方并不快乐，那种回不得故国家园的沉痛心情他也是有的，所以心里总是闷闷的。人非草木，孰能无情？奈何无力回天，于是养鸽子、游西湖，都是为了解闷。

有一天，宋高宗的龙舟在波光粼粼的西湖上闲荡。那时候的禁卫还不像后来那么森严，皇帝游湖，小民也同样可以泛舟湖上，大家两不相犯，君民同乐。有一个叫宋五嫂的女厨子也驾了一叶扁舟照常来湖上向游客兜售她烹制的鱼羹。

这位宋五嫂本是东京汴梁的民间女厨，曾在汴梁城里经营菜馆，以擅长制作鱼羹而闻名汴京，因为嫁给宋家一位排行老五的人，所以人称宋五嫂。金兵南侵，宋五嫂也算颇有民族气节，不愿在异族铁蹄下生活，跟着南迁队伍来到了临安。为了维持生计，她在西湖苏堤旁驾一叶小舟穿梭湖上叫卖鱼羹。

这一天是淳熙六年（公元 1179 年）三月十五日，高宗皇帝已经退位当了太上皇，闲来无事命人买了鱼鳖在湖中放生。来至钱塘门外，船泊苏堤下，已经时近中午。在高宗身边服侍的老太监听见有人以汴京口音在叫卖鱼羹，不免多瞧了几眼，认出此人竟是当年在东京汴梁经营鱼羹菜馆的宋五嫂。也算是他乡遇故知，老太监不禁悲从中来，偷偷拭泪。宋高宗正好看到，便问老太监何事落泪。老太监实情相告，高宗倒也想起了当年在汴京时曾经品尝过名噪一时的鱼羹，于是便命侍从去买来吃。

宋五嫂也不认得皇家的龙舟，只看到豪华舟艇上下来的人来买鱼羹，估计是皇亲国戚之类要人，于是就用心烹制了鱼羹，亲自送到龙舟上。快人快语的宋五嫂并不认得太上皇帝，见了宋高宗毫不畏惧，还充满自豪地说：“奴家本是东京汴梁人氏，是随着圣驾来到这里的。”

太上皇赵构闻听此言，与那位老太监一样，心中油然升起他乡遇故知的情怀，不胜唏嘘。他一面享用鱼羹，一面与宋五嫂聊起家乡风物人情，两人相谈甚欢。老年高宗品尝了这道颇具北宋东京风味的鱼羹后，所有的前尘往事都涌上心头，感慨万千，同时也对这位银丝苍老的宋五嫂产生了爱屋及乌的同情，特别赏赐纹银百两给宋五嫂，资助她重新开店经营。

宋高宗品尝宋嫂鱼羹的事不胫而走，很快传遍杭州的大街小巷，人们争相前来品尝，宋五嫂便在钱塘门外正式设店营业，而她制作的鱼羹也声名鹊起。有人赋诗道：

一碗鱼羹值几何？旧京遗志动天颜。
时人倍价来争市，半买君恩半买鲜。

宋五嫂就地取材，以西湖鳜鱼代替黄河鲤鱼入羹的变通之法，以及南料北烹的特点，再加上宋高宗的名人效应，使得这道宋嫂鱼羹一举成为杭州名菜，流传至今。你今天若是去杭州旅游，千万不可错过一饱口福的机会！

杭州餐馆有一个特点，就是羹汤类菜肴特别多，除了这道宋嫂鱼羹，还有西湖莼菜羹、四季开胃羹、八卦莲子羹等，这也算是南宋遗风。从《梦粱录》所列的二百四十三种菜中，羹类达二十四种，约占十分之一。宋朝人，特别是南宋人爱吃羹汤，连皇帝“上寿节”（生日做寿）的宴席上都有肚羹、缕肉羹、索粉羹等上桌，怪不得今天的杭州人摆席设宴仍然离不开羹汤，这也算是一种传承吧，美食的诱惑不分年代。

南宋火锅涮的是兔肉

火锅的起源恐怕还是从游牧马背民族里来的。从近世来看，吃火锅的风气就很有点儿北风南渐。今天的火锅城里，涮羊肉已经成了最流行的吃法。但是，在南宋临安城里，火锅涮的不是羊肉而居然是兔肉！

不涮羊肉当然跟南宋时羊肉的价格太贵有关，宋朝皇室来自北方，遵循古风向来以吃羊肉为尚，但南渡杭州后，南方不像北方那样牛羊遍地，物以稀为贵，羊肉供不应求，价格当然居高不下。一般人吃不起涮羊肉当然也在情理之中，而用涮兔肉代替涮羊肉更与一位南宋的名士有关。

这位名士姓林名洪，字可山，是福建泉州人氏。他博览群书，学识渊博却性情恬淡，无意功名，对于美食倒是颇有研究，著有《山家清供》《山家清事》等著作，是研究宋代饮食烹饪的重要资料。

宋孝宗淳熙年间的一个冬天，林洪去武夷山拜访著名的隐士至止师。快到仙掌峰时，天降大雪。峰回路转处，一只野兔在岩间奔突，受滑滚下山来正好被林洪捕获。兔肉细嫩味美，《诗经》中就有“有兔斯首，炮之燔之”的诗句，林洪当然不会放过，就拎着这天赐美味来到至止师的居处，要同主人一起美餐一顿。至止师隐居山中，兔子也是常吃的，他的烹饪方法就是在桌上放一个火炉，架上汤锅，用酒、酱、椒、桂等作调料，把兔肉切成薄片，待锅中汤沸，自己用筷子夹着肉片涮，再按各人口味蘸上不同的调味汁来吃。林洪按照至止师的说法烹食了这只兔子，觉得这种吃法简便易行，不仅可以满足各人不同口味，而且好友们共围一炉，谈笑风生，气氛也特别温馨。

若干年后，林洪来到京城临安，便把这种吃法带到了士大夫中间，一时间，涮兔肉便成为南宋火锅的主流。林洪还把涮兔肉的烹制方法记在《山家清供》里，并将涮兔肉取了一个雅致的名字，叫“拨霞供”。

今天的杭州火锅店里是再也不涮兔肉了，但“拔霞供”不知怎么又传回到了北宋故地的河南，今天的河南豫菜中还有这道“拔霞供”的名菜，仍旧是以兔肉涮锅。

吃兔肉其实跟吃羊肉一样，也是游牧狩猎民族的特长，像林洪那般守株待兔等候天赐美味是吃不到几只兔子的，不信的话，你再到武夷山去试试看。

拼死吃河豚，始自宋朝人

“不食河豚，焉知鱼味，食了河豚百无味。”河豚带有肉刺的鱼皮胶质浓厚，食之粘口，而汤之醇厚更是远胜于参翅。

唐朝人还不知道怎么吃河豚，估计是吃死了几个也没有人再敢去拼命了，吃河豚的风气一直要到宋朝才开始大盛。“竹外桃花三两枝，春江水暖鸭先知。蒌蒿满地芦芽短，正是河豚欲上时。”从苏东坡的诗里似乎可以读出，河豚还没上来，他老人家已经在记挂着了。

宋朝人对美食的追求已经到了孜孜以求的地步，他们简直就是把吃当作科研来对待，各种食材、食谱在宋朝都得到了大力开发。

河豚上市的季节很短，三四月间上市，四五月间就不能吃了。吃河豚最佳时间是在清明之前，因为河豚在四五月间产卵，卵巢与肝脏皆含剧毒，这个时候的河豚也最毒，所以过了清明就不能贪吃。河豚体内的毒，学名叫河豚酸，无色、无味，毒性却是氰化钾的十三倍。河豚酸不仅毒性剧烈，而且久煮也不会分解，所以烧河豚一定要去头、去内脏、去血，去得干净，还要由专业厨师掌勺。

从生物学上讲，河豚属于哺乳类之鲸类，并非鱼类，河豚的祖先是生活在陆地上的一种哺乳动物，后来由于水陆变化，才以水为家，前肢变成鳍，后肢退化消失形成鱼身，古人就一直把它误作为鱼，就像我们今天也总是把鲸叫作鲸鱼一样。河豚的体形圆长肥满，头部扁扁的，身体向尾部逐渐细小，像个纺锤。河豚的名字从字面解释就是河里的猪，不光体形像，黑黑的颜色、肉味的鲜美也都像猪。河豚其实有很多种类，大的真可以像一只小猪，但一般食用的都是小的虎豚和条纹河豚。

河豚多半栖息在江中多沙的地方，江海交界即是淡水与海水交汇之处，分布尤多。河豚遇到敌人，会把空气吸入胃中，使腹部膨大如球，然后仰天浮着，使水生敌类无法入嘴。但是这种“爱生气”的个性恰恰成了人类捕捉它的弱点，人们用网在水面浮捞，就可以轻易捉住它。而且河豚还喜欢斗气，触碰到鱼网就不肯走了，要跟鱼网斗个高低，所以，每每被鱼钩钩住。但是鱼钩钩住的多半是母河豚，母河豚味道不够鲜美，要在海面上撒网捕到的才多半是公河豚。估计古人也搞不清河豚的雌雄，因为公河豚的腹部多嫩肉，味道胜过乳酪，这个部位其实是雄性河豚的精囊所在，也即河豚鱼白，却被称之为“西施乳”。文人雅士性好饕餮，又有这么一个香艳情色的名字，怎么能不动心呢?

中国人吃河豚的记载最早见于晋代，但自晋至唐，大家还没有掌握一个安全的法子，所以吃河豚终究没有普及开来。但到了宋朝，吃河豚一时风气大盛，原因是河豚碰到了天敌，毒性被破解了。

这个天敌倒不是苏东坡，而是另外一个诗人梅圣俞。

梅圣俞以讲究吃海鲜而闻名，他家里经常聚集着一些习气相投的吃货。诗人门下自然是“往来无白丁”，这些吃货们可都是有文化的！于是，河豚就倒霉了。一时间，梅圣俞家几乎成了河豚研究中心。这么研究来研究去，河豚终于被他们研究死了。梅先生很得意，还写了一首《河豚诗》：“春洲生荻芽，春岸飞杨花。河豚于此时，贵不数鱼虾。”仅破题两句便道尽河豚的好处。所以说，苏东坡先生的口福，是建立在梅圣俞先生舍生忘死的研究基础上的。

苏东坡谪居常州，当地盛产河豚。河豚盛产于三四月间，上市的季节很短，一到四五月，河豚产卵时就不能吃了。所以，春天一到，东坡先生就在记挂着吃河豚了。当地有一个士大夫，烹制河豚有独到之处，听说苏学士有这样的偏好，便以此为诱饵招呼苏东坡来家吃河豚。苏东坡果然二话不说拔脚就来。这户人家的女人和孩子听说大名鼎鼎的苏东坡来了，都跑到屏风后面，希望能听到苏东坡怎样品题佳肴。没想到，苏东坡他老人家埋头大嚼，来不及说一句赞美之词，等吃光了、吃饱了，这才放下筷子，摸着肚皮，抬头对主人说：“据其味，真是消得一死！”招待他的乡绅和屏风后面的家人听了，个个都乐了。这也是“拼死吃河豚”俗谚的来历。

古人说，人吃河豚中毒后，先是舌头发麻，然后也会像易生气的河豚一样腹中胀痛，从胀痛到绞痛，最终活活胀死。所以，杀河豚必须洗净血迹，而且一定要用江水洗。杀前准备洁净的江水数缸，漂洗和入锅都要用江水，烹饪的时候也是以酒代水，不得用自来水添加。

好了，我们团员中可有想吃河豚的？这可是自费项目哦，记得河豚端上来时，要让厨师当着你的面先吃一碗，这是规矩，这样你也可以放心。

据说苏东坡后来吃河豚也吃出经验来了，他说煮河豚用荆芥，煮三四次，换水则无毒。当然，这可不可靠，他概不负责，我更加概不负责。

河豚有毒，并非人人都会烹制，但宋朝老百姓又都想吃，于是美食家就研究出了行之有效的烹制河豚方法。而且，为了解决口腹之欲，他们甚至还创造出“假河豚”的吃法，类似今天你到寺庙里吃素斋，也能吃到“素牛肉”“素里几”“素黄鳝”。

杨次翁在丹阳的时候就用这样的“假河豚”招待过大书法家米芾。当杨次翁将他的“河豚”端上来时，米芾一开始还疑虑不敢吃，你老兄会不会做呀？不要误了卿卿性命！杨次翁却笑着对米先生表示，这是用别的鱼做的假河豚！米芾一尝，居然跟真河豚一般鲜美，假可乱真！于是放心大快朵颐。

假河豚怎么做？《山家清供》一书里有记载，你若有兴趣，自己找来试试。试不好也毒不杀你，放心。如果是在宋朝，你还可以请专职厨师上门来替你做。

宋朝的商业服务相当周全，专业分工也十分周密，你家里要办酒席请客，自己不会动手，又没有私仆家厨，不要紧，有四司六局可以帮忙，专门负责代办酒席。

什么叫四司？说的是账设司、茶酒司、厨司、台盘司。账设司负责替你家布置宴席环境，屏风、书画、圆桌、台面都可以租赁；茶酒司又叫宾客司，派人替你上茶斟酒，代办发送请柬、安排座次；厨司，负责掌勺调和；台盘司的人则负责送菜、换盘，洗刷碗碟。你想想，雇上这四个司的人帮忙，你还有什么事情搞不定？

那么六局呢？指的是果子局、蜜煎局、菜蔬局、油烛局、香药局、排办局。从采购果品菜蔬到灯光照明、焚香布置、桌凳排放拭抹，他们统统替你代办了，比今天的三替公司还要靠得牢！

所以，无论你要做真河豚宴还是假河豚宴，只要有钱，找四司六局就没错！南宋人耐得翁在《都城纪胜》一书中对这种服务也大加赞赏："凡四司六局人，只就惯熟，便省宾主一半力，故常谚曰：烧香点茶、挂画插花，四般闲事，不许戾家（不宜累家的意思）。"

好了，有这样专业的三替公司，请客吃饭当然省心。时候不早了，大家赶紧去打打牙祭吧！

第九章

娱乐不分限制，大宋朝好玩吗？

东京汴梁，金色秋阳中，一群又一群的市民密密麻麻地排列在宽阔洁净的御街两侧，个个都踮起脚跟翘首引颈。他们是夹道欢迎凯旋的将士，还是争相观望出巡的贵人？都不是。市民们等待的是一队队为皇上祝寿表演的女伎从宫中出来——四百余个青春美貌的少女。

出来了！出来了！参加完祝寿表演的女伎们排着整齐的队伍从宫中鱼贯而出。一个个都是十七八岁的年龄，尖尖的瓜子脸，弯弯的柳叶眉，细细的卧蚕眼，薄薄的樱桃小口。她们有的骑着高头大马，有的坐在高高的彩车上，有的簇拥在两旁缓缓步行，那可以只手把握的纤细小蛮腰轻轻摇摆，移动着细碎的步子。她们都头戴花冠，穿着红黄生色销金锦绣的衣裳，娉娉婷婷，顾盼生辉。

市民队伍中发出一阵欢呼。人们看着她们美丽的仪容，分享着审美的愉悦。也许明天，她们的发髻、服饰就将成为东京的时尚流行。许多风流少年，从市民行列中跃出，如追逐花蜜的蜂儿紧随在美女队伍的后面，欣喜若狂，争相向女伎们送鲜花、献果酒……

盛大的时装模特彩车出游、狂热的追星场面被目击这一场景的孟元老记录在他的《东京梦华录》里。

四百多位青春美少女都是来自东京汴梁各处瓦舍勾栏的女伎。伎与妓虽然只是偏旁不同，在宋代的典籍中，这两个字也是通用的，但事实上以伎艺诱招顾客的女伎和以调笑卖淫为生的妓女还是有所差别的，所谓女伎，拿今天的话说就是落籍乐户的文艺工作者，她们当中也有人卖艺不卖身。这四百多位女伎平时就分散在各处的瓦舍勾栏里为东京市民做各类文艺表演。瓦舍就相当于今天的夜总会、演艺娱乐中心，无论是个人演唱会、戏剧表演，还是魔术杂耍、相声小品，都集中在这里演出。

为什么叫瓦舍呢？据说它是“来时瓦合，去时瓦解”的形象说法，说通俗点儿就是来去自由的意思，这里没有阶级限制，也不分高低贵贱，只要你有钱、有闲，就可以来随便走走、随便坐坐。其实，瓦舍还不局限于娱乐中心，它里面还内设酒楼茶馆，各种走卖的小贩，剃头、剪纸的手艺人，看相、算卦三教九流的江湖人也都集中在这里，所以，瓦舍当然是宋朝城市里最热闹的去处。

我知道，从我们初来乍到那一刻起，好些团友就记挂着传说中的勾栏瓦舍，有几个重口味的还直问我青楼里的故事。也难怪，人家大宋朝娱乐无极限。好了，再次提醒，以下属于自费项目，娱乐不分限制，各位自行斟酌。

勾栏瓦舍：娱乐至死，玩的就是心跳！

瓦舍又叫瓦肆、瓦子，瓦舍的演出单元叫勾栏，顾名思义，勾栏就是以围栏围起来做一个舞台的意思，用今天时髦的说法就是小剧场。每一个瓦子都有大大小小、十几到几十处不等的勾栏，演出着各种不同的曲艺项目，像东京城里最大的瓦子街南桑家瓦子，就有大小勾栏五十余座。每一处勾栏都有自己的名字，你不妨先从名字上去看看，那些名字都相当有个性：象棚、夜叉棚、莲花棚、金刚棚。就像你到一个陌生的城市逛酒吧一样，先挑一个顺眼的名字钻进去吧。当然，对于熟客来说，他们有固定要捧场的去处。

宋朝的瓦舍遍布全国大小城镇，单是汴京城里上规模的瓦舍就至少有九家。这些瓦舍勾栏都实行商业化运营，对外售票，有的在勾栏门口收门票，有的则是在演出中间向观众收钱，商业赢利靠的是节目吸引人。在瓦舍勾栏表演的女伎们也确实颇具竞争力，各有各的追星族。我这里恰巧有一份临安瓦舍的演出节目单，来看看临安瓦子里的表演内容和明星阵容：

散乐：张真奴

踢弄人：小娘儿

掉刀蛮牌：朱婆儿、组六姐

讲史书：张小娘子

棋待诏：沈姑姑

演史：宋小娘子

说经诨经：陆妙静

小说：史慧英

影戏：黑妈妈

队戏：李二娘

唱赚：媳妇徐

鼓板：陈宜娘

杂剧：肖金莲

唱京词：蒋郎妇

诸宫调：王双莲

唱耍令：郭双莲

覆射：女郎中

撮弄杂艺：女姑姑

射弩儿、打诨：林四九娘

为了宣传招徕顾客，各处勾栏的门口都贴着海报、宣传画，大做艺人的广告，追星族们为心爱的艺人一掷千金也是在所不惜。在这样的地方，玩的就是心跳！

乐籍女伎除了在勾栏瓦舍献艺，还有一个重要使命就是接受官府的征召，点缀官府主办的重大文艺娱乐活动。一到看争标、观旱戏、观潮节时，临时搭起的高大彩楼上必然会排列起美艳无比的女伎们，为节庆活动增色添彩。事实上，女伎在很多时候还介入官方的经济活动，就好比今天车展、房展、时装发布会要有明星、模特捧场一样。

熙宁年间，王安石实行新法，政府散“青苗钱”，为此在谯门设置了酒肆，百姓持钱走出者，便诱之饮酒，十钱便花去二三钱。

又怕市民不来饮酒，则命官妓、女伎坐肆作乐，吸引老百姓前来。前面说过，宋朝的酒是官家专卖，就好像今天的烟草由国家专卖一样，一年一度官府开煮新酒时，酒库都要雇许多有名的靓丽女伎来捧场作秀以壮声势，称之为“点呈”。由女伎组成的美酒专卖宣传队伍前有官家的虞候、押司为之开路，后有手擎罗扇衣笼的浮浪闲客为之护卫，常常引得成千上万的市民密密麻麻地排列街头观看，一时形成“万人海”的场面。

好了，现在自由活动，大家爱上哪儿上哪儿，爱看什么看什么，这里就是一千年前的上海大世界，好好游览游览吧！

青楼：妓院还分国营、民营？

现在我们要来说说宋朝的青楼。

青楼，一个氤氲着奢靡与浮华、充满了暧昧与遐想的词语。

英文中的“青楼”可能只好直译为“妓院（brothel）”一词，与“兄弟（brother）”这个词只有一个字母的差别，似乎暗示着这是专门为男人而设的场所。然而，中国文化中的“青楼”绝不仅仅等同于两性交易的妓院那么简单、直接、肤浅和俗艳，在漫长的中国古代历史中，这个词承载了太多的文化附着。它的存在，并不是为引车卖浆者之流宣泄体力和性欲，事实上，那些下三烂的卖肉场所从来也没有被冠之以“青楼”这样的雅号。青楼是性感的，也是风情的；它是腐朽的，却也是雅致的。它代表的甚至不是肉欲，反而是更多属于精神层面的东西。它与音乐、舞蹈、诗词、绘画、戏曲、小说等艺术形式相伴而生、相扶而成，在两千年的历史存在中，它是专属于文人士大夫们的一个温柔江湖，也是中国历史文化地图中的一座特殊地标。

在中国的历史文化地图中寻找那些走过者的足迹，就只有两条道路：庙堂与江湖。占据中国历史文化主体地位的文人士大夫们永远在庙堂与江湖之间徘徊，不是居庙堂之高就是处江湖之远，而江湖里永远耸立着一座青楼。红袖楼头、银鞍白马、狎妓冶游、浅斟低唱是古代士大夫生活的重要组成部分。南宫高捷、庙堂得意则官伎侑酒、举觞唱和是官场应酬必不可少的场景，也是一抒胸襟的人生快事；仕途偃蹇、怫郁不舒则醉卧歌台、红袖揾泪，那是无法替代的心灵慰藉，也是人生失意的一种排遣。多少故事在这里上演，是英雄血，是离人泪，是司马青衫，也是司空见惯。从某种意义上说，一座青楼贯穿了一部另类的中国历史。所以，了解宋朝的私生活，不能不说说宋朝的青楼。

事实上，“青楼”一词，原本跟妓女毫无干系。宋朝诗人陈师道在《放歌行》中写道：“春风永巷闭娉婷，长使青楼误得名。”他要说的是，把青楼代指为“妓院”其实缘于一种讹误。清代的袁枚也在《随园诗话》中解释说：“齐武帝于兴光楼上施青漆，谓之‘青楼’，是青楼乃帝王之居。”

从帝王之居到青楼妓馆，这跨度也太大了些！

我们读古代的文学作品，像曹植的《美女篇》中有“青楼临大路，高门结重关”之句，这里的“青楼”，指的是一种阀阅之家、豪门大族。《晋书·麹允传》中的“南开朱门，北望青楼”，指的也是金张门第、豪华精致的雅舍。直至到了唐代，“青楼”才渐渐成了妓院的代指，所谓“十年一觉扬州梦，赢得青楼薄幸名”。后来，那些陈设豪华、窗檐门楼与富家院落一样漆成青色的楼宇就成了烟花之地的专指。但并不是所有的妓院都可以被称为青楼，就像乞丐都要分个七袋弟子、八袋弟子，有个高低差别，妓院也是如此。只有亭台楼阁雅致芬芳达到“星级”标准的，才可以称得上“青楼”。

那么，宋朝的青楼盛况如何呢？

“京师素号酒色海，溺者常多济者稀。”这两行被宋人胡仔收进《苕溪渔隐丛话》里的无名氏诗句，可谓是对以北宋京城汴梁为代表的当时之色情行业极其兴盛的精辟概括。

蔡京同党孟昌龄的四公子孟钺孟元老在南渡后曾以不胜怀念和惆怅的心情，追忆当年东京汴梁的繁华，写成《东京梦华录》，中间就有“所谓花阵酒池，香山药海，别有幽坊小巷，燕馆歌楼，举之万数，不欲繁碎”和朱雀门外“东去大街、麦秸巷、状元楼，余皆妓馆”之句。《东京梦华录》成书之时距宋室南渡不过二十年光景，亲历过“花阵酒池”的大有人在，孟元老写这本“纪实文学”，不管笔法怎样“浪漫主义”，也不至于将青楼的数目作太多的夸张。即使没有“举之万数”，想来三五千总是有的。三五千家青楼，该有多少从业人员！

青楼的从业人员在那个“女子无才便是德”的漫长时代，相应地来说倒是一批最具知识、最有文才、最富性情的女性。士大夫主宰的传统道德与价值体系，一方面剥夺了广大女性求知和参与时事的机会，另一方面却对一小部分女性提出了更高的知性要求：琴棋书画、才色双全，以备男人的特殊需求和心理补偿，从而在不平等的地位下寻找一份平等的交流。如果举目望去，女人都是“无才便是德”，男人也得郁闷死。所以男权社会还是保留了“修正主义”的条款，青楼就承担了这个“出气孔”的修正功能。按照林语堂的说法：“因为由男子想来，上等家庭的妇女而玩弄丝竹，为非正当，盖恐有伤她们的德行，亦不宜文学程度太高，太高的文学情绪同样会破坏道德，至于绘图吟诗，虽亦很少鼓励，然他们却不绝寻找女性的文艺伴侣，娼妓们乘机培养了诗画的技能，因为她们不须用‘无才’来做德行的堡垒。”

要应对喜欢附庸风雅的宋人，青楼女子的才艺可不仅仅只是表面功夫，不像今天的夜总会小姐只会划个拳、喝个酒、掷个骰子，在宋朝文人士大夫的酒宴中，随处可见青楼女子相陪，当时的妓籍人数约万人，这还是保守的估计。

宋朝的妓院不仅合法，甚至还有国营官办的，宋朝的妓女也分为官妓、营妓和私妓三种。

官妓跟宫妓一样，属于国家、政府所有，区别只是宫妓只为皇帝及其家属服务，而官妓，顾名思义就是为各级官吏服务。官妓拿国家薪酬，从某种意义上讲，她们也是国家工作人员，她们的身份、编制都是在教坊司挂了名的。官妓的主要工作是参加官员的各种官场应酬活动，在酒宴献艺佑酒，为节庆助兴添色，严格意义上讲是不能与官员发生性关系的，但这个“严格意义”执行得并不严格，“情之所至”也就没有了“男女大碍”。

官妓们为官员服务、向官员献身是一种义务，一般是不收费的，当然，官员也可能会赠送她们一些钱财礼物，类似于今天的小费，你愿意高尚一点儿，也可以把它看作是定情物。官员在离任的时候，除了对钱粮账目等一干公务进行交接之外，甚至还要对官妓进行交割。离任的因为带不走心爱的女人总会恋恋不舍，而新任的又往往感叹没有接收到更好的。如此总总，居然在官场习以为常。

当然了，宋朝对官员这方面的行为较之唐朝有了很多限制。如嘉祐以前规定，提点刑狱的司法官员不得赴妓乐，王安石熙宁变法以后，禁止范围扩大到监司一级，朝廷纲纪部门的官员和僚属都不得涉足青楼。《宋刑统》卷六“名例律杂条”二十二，列有“法官冶游罪”，并且确有很多人因此而受处罚。所以，宋朝官员在这方面很羡慕他们的唐朝前辈同行，南宋孝宗朝的龚明之写的《中吴纪闻》中说：“乐天为郡时，尝携容满、张志等十妓，夜游西湖虎丘寺，尝赋纪游诗。为见当时郡政多暇，而吏议甚宽。使之在今日，必以罪闻矣！”龚先生对前辈白居易的官宦生涯艳羡不已，感叹白乐天做官做得多么悠闲潇洒，而当时的社会舆论环境和朝廷监察是多么宽松。

其实龚先生有所不知，看起来相当开放的唐朝，召妓侑酒仍须“假诸曹署行牒”，也就是要事先经过有关部门批准许可，而不是随便召集妓女。

另一方面，龚先生自己胆子小，气场不够，潇洒不起来，即使是在宋朝也有洒脱的官员，比如苏东坡在杭州当知州时，就经常邀一批好友，几十艘游船画舫载满歌妓舞女，到西湖里泛舟，吟诗作画。一位曾经伺候过苏东坡的杭州老娼，就向后任的太守讲述了东坡游湖的情景：每逢春暖花开的时节，只要一有闲暇，就约许多宾朋游西湖。早晨，在山水最佳的地方吃饭，吃完饭让每位客人乘一只船，再各领几位妓女，随便到哪里去。吃完中饭后，敲锣召集，众人聚集在一处，登上望湖楼或者城隍阁，一直欢闹到深夜一二鼓，夜市未散时，他们才秉烛回城，引得市民们夹道观看。苏东坡一次出游就要召集起千余妓女，他在黄州打猎的一首词里用了“为报倾城随太守”这样的句子，事实上，观看太守冶游的队伍归来，也成为杭州当时的一大盛事。

对于苏东坡惊世骇俗的行为艺术，当时的人们并没有丝毫怪罪之意，人们甚至是以包容、欣赏、羡慕的眼光看待他们心目中的名士。当宰相王安石变法遭到苏东坡等人极力反对和阻挠时，总理大人也没有借生活作风问题惩罚他，可见禁止士大夫冶游的禁令不过是一纸空文。今天的杭州人，说起白、苏两位老市长，更是骄傲得不得了，这都是文化传承的功劳。所以说古时的青楼是中国历史文化的特殊坐标，不能跟今天一味藏污纳垢的地方相提并论。

不过，宋朝官员的风纪总体上抓得比唐朝紧，所以在有宋一朝虽然也还有官妓，但这类事情总要做得隐蔽、含蓄得多。南宋吴曾的《能改斋漫录》记载，范仲淹被贬饶州（今江西波阳）知州任上，认识了雏妓甄金莲。这位金莲姑娘能诗善词，又会指画筷书。范仲淹十分喜欢她，等到他改任润州（今江苏镇江）后，对这位小金莲仍然念念不忘，于是作了一首《怀庆朔堂》的诗，寄给接任饶州的老朋友魏介：

> 庆朔堂前花自栽，便移官去未曾开。
> 年年忆着成离恨，只托春风管领来。

庆朔堂是范仲淹在饶州任上建造的厅堂，范老爷子没有明说甄金莲贾金莲什么的，但魏介当然知道，没有真的拿堂前的两盆花给范仲淹送去，而是在收到信后就出钱帮金莲脱了乐籍，扎成一个大礼包给范老爷子送去了，礼包上还贴着一首贺联：

> 庆朔堂前，桃李春风欣结子；
> 鄱阳湖畔，渔舟唱晚贺来迟。

后世很多假道学，不满意北宋的道德楷模范仲淹也有凡人的七情六欲，于是考证说诗中的“春风”是个道士的名字，不是“小蜜”。其实，枉费这许多心思干什么，范仲淹也是有血有肉、有七情六欲的汉子。

官妓制度到了宋室南迁之后，因为内外交困的缘故逐渐式微，南宋孝宗时取消官妓，改由市妓中租用。

民营的青楼妓女也不比官妓逊色，琴棋书画，吹拉弹唱，也是样样俱会。不瞒大家说，今天我们引以为自豪的宋词，就是诞生在宋朝的青楼妓院，起初也就是当时士大夫与妓女相互酬唱的流行歌曲吧！学术界有个说法叫“诗庄词媚”，意即唐诗是庄重的，宋词则贵在妩媚——从青楼里孕育出来的能不妩媚吗？道德文章像欧阳修这样的人，写词时也是娇媚百态。他的有些小词，深情缱绻，婉娈万状，动人心魄，如：“梦里似偎人睡，肌肤依旧骨香腻。”“玉人共处双鸳枕，和娇困、睡朦胧。起来意懒含羞态，汗香融。素裙腰，映酥胸。”“轻捧香腮低枕。眼波媚、向人相浸。娇佯醉索如今，这风情，怎教人禁。”

这风情，怎教人禁啊！

评花榜，中国最早的选美活动

朝中的达官显贵被视为名士风流，作为“第二梯队”的太学生们也流连花丛。由于宋朝的法律只对官吏冶游做出了限制规定，而没有对太学生们下达禁令，因此宋代的太学生们召妓侑觞的风气比起唐代的进士丝毫不逊色。

宋朝的国策是优待读书人，作为读书人中的佼佼者，太学生的地位颇为崇高。朝廷对他们优礼有加，同时考虑到这些太学生们整日青灯黄卷，读书太过辛苦，何况又是年少气盛，血气方刚，所以从人道的角度考虑也允许他们这方面的娱乐。

很多外地学子平时在家长和塾师的高压监督下两耳不闻窗外事，一心只读圣贤书，过着类似苦行僧的日子，初到京师，繁华都市的声色犬马对他们都是不小的诱惑。从心理学角度来说，各种本能及心理的压力愈重，宣泄的欲望也就愈强烈。而一旦金榜题名，立刻成了万人仰慕的社会精英，“人生得意须尽欢”，当捷报飞至，“漫卷诗书喜欲狂”。于是，紧绷的神经一下子松弛下来，整个人的多巴胺都在狂喷乱射，各种平时积压的渴望奔涌而出，而满足这种种欲望的最佳场所当然无过于青楼，正所谓“春风得意马蹄疾，一日看尽长安花”。

作为风流薮泽的青楼，给南宫高捷、庙堂得意者提供了一掷千金、奢纵放恣的场所，而从妓女的角度来说，她们也更愿意接待士子举人。一方面，这类客人大多风流倜傥，行为谈吐文雅体贴，而且以诗文见长，掌握着当时的话语权，经他们口碑传扬，妓女的身价因此而飙升；另一方面，举子的身份与蟾宫折桂一步之遥，鱼跃龙门，其前程或不可限量。也正因此，许多青楼女子都把士人举子当作理想的爱人，付出痴情。

太学生们狎妓颇有创意，从北宋熙宁年间开始，烟花界的选美大会“评花榜”活动在太学生中推出，迅速成为时尚，虽然后来叫法不一，但这一评选花魁的做法一直沿袭到民国初年，也可以说源远流长了。

“评花榜”，顾名思义就是品评妓女的等次，这种评选活动在官妓和私妓中都有发生。活动的组织者要选好场地，订好章程，然后召集全城名妓赴会。评委老师也不能像今天的选秀评委一样只动嘴巴，而要费尽心思诗文品题。事务既繁，在职的官员自然没有这么大的空闲，而且也怕有污官声影响进步，而太学生们一则有的是时间，二则也没有种种顾虑，因此花榜的主持者和品题者自然多为太学生。

这种选美比赛深受妓女们的欢迎，也为广大群众所喜闻乐见。通过评选的接触，妓女与太学生之间的感情也因此而更进一层。跟唐朝情况一样，宋朝的青楼女子也最喜欢读书人，有些比较富裕的太学生因与妓女两情相悦，索性将对方包养起来，当然也有妓女“倒贴”穷学生的故事。宋代笔记《寄梅记》里就记载了一位叫马琼琼的妓女倾其全力资助一个叫朱端朝的穷学生，后来，朱端朝科举高中，被分配到南昌去做官，便将马琼琼赎身脱籍，带着一起去上任了。

朱马恋是大团圆的结局，当然也有不甚圆满的，毕竟两者地位太过悬殊，不甚圆满的结局还是多数。有个叫杨爱爱的钱塘妓女，喜欢上了金陵少年张逞，经不住这位张生的甜言蜜语和万般柔情，居然跟着他私奔，一起来到京城，过上了甜蜜的小日子。不料，这事很快让张逞的父亲知道了，张父当然不会让儿子这么荒唐下去，亲自赴京将儿子捉了回去。杨爱爱思念她的张生，茶饭不香，乐器不近，三年之后居然一命呜呼了。这是杭州妓女吃了南京少年的亏，也有南京妓女赔给杭州少年的故事。南宋淳熙年间，南京建康有位叫师儿的妓女与杭州的一位王姓书生“拍拖”，老鸨嫌王书生没有钱，横加干涉，使得两人“不尽绸缪”。王书生带着师儿私奔到了杭州，但是长安薪贵，生活不易。一对鸳鸯走投无路，王生拉着师儿游罢西湖后，感叹生活无着落，居然在深夜相拥投水而死。案发地点就在今天的长桥附近，所以长桥也成了与断桥齐名的爱情桥。

李师师是怎样被培养出来的?

说到宋朝的青楼，就不能不提李师师。就好比说到明朝的风月不能不说秦淮八艳一样，整个大宋朝可就数她一枝独秀!

对了，前几站我们的地陪一直都是大老爷们儿，好几个团友早就提意见了，今天，我们要隆重推出我们的美女地陪——李师师李老师!

那么，李师师究竟是怎样一个尤物?她与皇帝情人传出的诸多绯闻又是怎样上了大宋娱乐播报的头条新闻?听我慢慢道来。

话说这汴京城内外共有三重，最里面称大内，也叫宫城，那是宋朝皇帝的家；宫城外面是内城，是原来汴州的州城；而内城外面叫新城，是五代时期逐渐修建起来的。整个汴京开封城周不过四十里，面积不过三十平方公里，和唐代长安的八十四平方公里相比，连一半都不到。汴京城里的市井小民分居在十九厢一百三十五坊，从事手工业、商业、服务业等一百六十多个行业，总数有三四十万人。其中东二厢永庆坊里住着一户姓王的人家，男人叫王寅，是官营染局的染匠。

官营染局就是官办国营的染坊，给军队染军装，给官吏、宫女们染服装。王寅终年劳累，所得工钱只能勉强维持生计。王寅的老婆生下一女后就撒手人寰，这女儿倒也奇怪，别的孩子出生总是以一声啼哭来到人世，而这女孩居然从不啼哭。

王寅看着有些担心，便将女儿抱到封邱门内的开宝寺去求神拜佛。庙里的老住持一眼看到女婴，就说："这儿是什么地方，你也来了！”此话一出，女婴便号啕大哭起来。王寅知道女儿与佛有缘，就将她拜在老住持门下，当时人称佛弟子为师，所以就取名师师。

师师命里注定多灾多难。她父亲所在的染局长期拖欠工匠的工钱，工匠们联名告状讨薪，那个时候政府不支持讨薪，王寅被诬为“图谋不轨”的主谋，被捕入狱，居然就死在了狱中。那一年，师师才四岁。

汴梁城里金线巷的青楼鸨母李姥将她抱来收养，改姓为李。从此，这位染匠的女儿便入了贱民的妓籍。

说来你可能不信，两宋时期，城市里的小户人家都重女轻男，倘若生下女孩爱护得如捧珍珠，因为待女孩长大，可以随她的资质教给她一种技艺，以此待价而沽。我们从宋元话本中看到，在宋代城市里，媒婆给人撮合婚事，首先也是讲谁家女子会很多乐器，以“乐娘”自誉。一般市民都要培养自己的女儿吹拉弹唱，跟现在孩子学钢琴、舞蹈一样，叫作“教成一身本事”。像李姥这样的青楼人家当然更加注重技艺培养。

李姥本人也是娼妓出身，精通乐曲技艺，师师抱在她怀中，就捻手指应节，由习惯而养成了唱曲的特殊才能。到了十二岁时，李师师就以“小唱”闻名汴京，渐次被称为“上厅行首”。所谓行首，就是行院的带班艺人。具有“高级职称”的带班行首，称为上行首；而上厅行首则更高一筹，意思是名次被列为官厅举办的宴会、演出的首位，也就是今天所说的领衔主演。

宋代是词的全盛时期，词属于音乐文学，它必须通过歌唱才能充分为人们所欣赏，才能广泛传播。唱词，宋代就叫作“小唱”，歌妓便主要从事这种特殊的技艺。李师师以“小唱”闻名，通晓音律书画且气质优雅，招来许多文人雅士的追捧，也吸引了众多名家词人慕名上门，其中最著名的有词人张先、苏门六学士之一的秦观，还有大晟府乐正（相当于国家音乐学院院长）周邦彦。最后，连宋徽宗这位风流皇帝都拜倒在她的石榴裙下，与之吟诗唱曲，并演绎了一段浪漫恋情。

据说，宋徽宗有个内侍叫张迪。在未进宫时是个狎客，与李姥很熟，是他向宋徽宗推荐了李师师。宋徽宗命张迪从内府拿出大量财宝去妓院铺路开道。

第一次去是大观三年（公元 1109 年）八月十七日，宋徽宗诡称自己是巨商赵乙，李姥也只是将他当作有钱的嫖客接待，李师师的态度则更为简慢。但正是这样，宋徽宗倒好像鱼儿上钩般，欲罢不能。

第二年的正月，皇宫的贵重礼物开始不断地送往金线巷的李家青楼。李姥也算见多识广的人，有些器物一看就知道出自皇宫大内，这让她很有些惊慌。张迪隐隐约约透了些口风，更叫李姥忐忑不安。这一年三月，宋徽宗再次光顾，旧时的楼阁已被李姥按照张迪的指使照着皇家规格重新装修，李姥战战兢兢，不复有鸨母的机灵，李师师也毕恭毕敬，倒像个良家妇女。唉，宋徽宗是来找新鲜乐子的，这样岂不大失所望！还好风流皇帝算平易近人，呼李姥为老娘，叫她们把自己当作一家人，不必拘束，并吩咐一切照旧，不许矜张显著。

自此之后，宋徽宗经常送名画珍玩给李师师。只是宋代的宫廷有较为严格的制度，言官们对皇帝的私生活也时有规谏，碍于流言，宋徽宗不敢经常去李家。张迪便出了主意，叫皇帝挖一条通李家的地道，于是，宋徽宗就有了一条来去自由的狎游捷径。当然，京城劲爆的娱乐头条终究还是惹得街闻巷知，宋朝人民津津乐道皇帝的风流韵事，其间甚至还曝出一段三角恋的故事。

有一天，大晟府乐正周邦彦来找李师师喝酒唱曲，两人正在闺房里对饮叙欢，突然有人报告说皇帝从地道里驾幸了。周邦彦一听吓得赶紧往床底下钻。周先生刚刚躲好，宋徽宗就提着一篮江南刚刚进贡来的时鲜水果橘子走进屋来。李师师巧笑逢迎，亲手用并州出产的水果刀替皇帝剖了橘子来吃。一时间男女调笑打闹，周先生躲在床下听得一清二楚。更令人不可思议的是，一般碰到这种情况，女人总会将后来者赶紧打发了，好放前面的人出来，可这李师师不知是出于恶作剧还是想刺激周先生，还再三挽留宋徽宗：城上已三更，路上少人行，不如休去！害得周邦彦腰酸脖子痛，醋坛子更是被打烂了一千回，回去便填了一首词《少年游》：

并刀如水，吴盐胜雪，纤手破新橙。锦幄初温，兽烟不断，相对坐调笙。

低声问：向谁行宿？城上已三更。马滑霜浓，不如休去，直是少人行。

皇帝被李师师“不如休去”地留住彻夜未归，这样的桃色劲爆新闻被周邦彦用一首词揭露出来。京城里一传十，十传百，很快成了流行歌曲。徽宗皇帝听到这样的“宋朝好声音”才恍然大悟，原来当晚床底下还藏着一个呢！他想干什么？宋徽宗那个气呀！再说了，报道也失实呀，我有地道，哪里用得着担心马滑霜浓！宋徽宗龙颜大怒，一定要杀了这个周邦彦！

最后当然还是李师师哭哭啼啼替周邦彦求情，好歹人家词作得好，也算个人才，何必跟人家过不去呢！为了讨美人欢心，皇帝想想也只好作罢。于是，命人找周邦彦严肃地谈了一次话，周邦彦表示从此将一门心思扑在工作上，再也不去揭皇帝的隐私了，这才将一场三角恋风波平息下去。

据后世王国维等人考证，说一定没有这么一回事，其实又何必如此较真呢？

至于李师师的下落，有两种说法：一说是金兵南侵，她被汉奸张邦昌献给敌酋，金主邀请她到自己的金色帐篷开演唱会，她在民族气节的感召下坚决不肯答应，吞金簪而死；二说是宋徽宗的继任者宋钦宗，将李师师的家产全部籍没充公，一代名妓后来流落到江南，“憔悴无复向来之态矣”。

第十章

运动打卡，奥林匹克的精神有没有

各位团友，不知大家注意到没有，我们看唐朝的绘画，什么《簪花仕女图》，什么《虢国夫人游春图》，里面的人物一个个都是体态丰肥、外貌雍容；而到宋人的画笔下，无论是李嵩的《听阮图》《货郎图》，还是宋徽宗的《听琴图》，人物个个瘦了一圈。难道宋朝人早就开始像今天这般恶性“减肥”了吗？当然不是，其实在中国历朝历代，人长得白白胖胖都被视为美观与健康的标志，所以从前的人见了面都是这样打招呼：哟，你这阵子好看，人也长胖了！

但比起唐朝人来说，宋朝人在这方面还真有些自惭形秽。唐朝是汉胡混血的多，体格中有剽悍的成分；宋朝人种纯粹，体质也相对弱了，所以宋朝的军队对付内侮外患显得格外吃力。

今天，就让我们去考察一下宋朝的体育事业。这一站的地陪是高俅高太尉！因为他要带我们去见识一下大宋朝最普及、最受欢迎的全民运动——蹴鞠。看着，让我们的高太尉先发个球……

蹴鞠：射门要射风流眼

宋真宗年间，宰相丁谓当权。这位丁宰相年轻时也是个风流少年，踢得一脚好球，自诩在蹴鞠时眼睛可以像鹰鹘捕捉猎物时那样敏锐，肢体像龙、蛇一样柔活，可以将球蹑来走步，又可以将球跷在身后站立多时，种种杂技的活儿他都会。他还写诗，把踢球的行话都写进了诗里，说什么“背装花屈膝，白打大廉斯”。

宰相的私人谈话没有几个人听得到，但是宰相的诗篇却令万民瞻仰，读着丁谓的诗，东京城里有一个姓柳的进士起了投其所好、攀龙附凤的念头。你不是球踢得好堪比罗纳尔多吗？我的球技也不错，做一个小罗纳尔多怎么样？

柳进士决计用自己不俗的球技去会会权倾一时的当朝宰相。但是侯门深如海，要想闯汴京的权力中枢哪有那么容易？好在柳进士不屈不挠，坚持就是胜利。有一次，他打探到丁谓在相府的后花园踢球，便潜伏在相府后花园的墙外，耐心等待可能的机会从天而降。说来也巧，也合该这位老兄走运，不知道等了多久，忽然有一只皮球呼啸着凌空而起越出墙界。柳进士精神抖擞，暗叫一声“我来也！”，施展小罗的绝技，将球挟取住。丁谓的手下禀告，丁宰相果然惺惺相惜，下令召见。

我们的柳进士头顶着球进来，见了宰相立马跪倒，并从怀中取出自己所著的书呈给丁谓，然后再拜。他做这一套动作的时候，头上的球从背部滚到臀部，滚来滚去终不落地，等他拜好抬头，那球居然又回到了头顶。这一身功夫让老球星丁谓大吃一惊，赞不绝口，当即将柳进士收在门下。从此之后，柳进士便飞黄腾达。

这一真实事件给后来的小说家提供了素材，于是，就出现了《水浒传》中高俅踢球受端王赏识以后平步青云的情节。小说家笔下的高俅，球技又更胜柳进士，他手端着小王驸马让他送给端王的玉器盒子（这可是不能有闪失，打碎了会掉脑袋！），将端王踢飞了的球用一招“鸳鸯拐”，先下左拐面前过，后用右拐出，踢还给了端王也就是后来的宋徽宗。更绝的是，高俅居然能把球踢得“一似鳔胶粘在身上”，头、肩、背、腰、臀、胸、腹、膝、踝，无论身体的哪个部位，“一身俱是蹴就”。怪不得端王不由分说，将高俅从小王驸马那儿讨了来留给自己做伴踢球，后来一直把他提拔到太尉的位置。

小说这样写，有真实素材，也有历史背景。蹴鞠，确实是宋代最普及、最受欢迎的一项群众性体育运动。

元代钱选曾经画有一幅《宋人蹴鞠图》，画面上六位服饰各异的中年人，右边前面一位蓄须、全身素白、腰系黑色宽带的人，正用脚把球蹴起，送给对面那位全身黑色衣袍、腰束白色宽带的官人。其余四位，伸颈俯首，正等待着球落地……

就这么一幅画，本来倒也没什么。后来有人考证，说画上的六个人分别是宋太祖赵匡胤和他的弟弟、后来的宋太宗赵光义、宰相赵普以及大将石守信、党进、楚昭辅。这幅画一时间名声大噪。

我查了一下资料发现：蹴鞠，又叫蹴就，其实是一项十分古老的运动，据说发明者是黄帝，目的是为了训练士兵——中国很多东西的发明者都是黄帝，黄帝实在是比爱迪生更伟大的大发明家，一生以发明为己任——到了春秋战国时代，蹴鞠就已经开始在军队中流行，唐朝的时候更成为艺人表演的项目。《宋人蹴鞠图》中帝王将相以普通市民悠闲的神态踢球，更是标志着蹴鞠这项运动已经从军营操演、艺人表演发展成一项全民运动，甚至在上流社会大肆流行。

蹴鞠在宋代如此普及，以至于在宋代的城市里都设有群众性的蹴鞠运动场所，市民们纷纷奔向这些场所去踢球，男女老少都可参加。中国历史博物馆里收藏了一面宋代的蹴鞠纹铜镜，铜镜背面的画面是宋人蹴鞠的场景：在一片草坪和一座太湖花石的背景下，一位高髻笄发的青年女子低首作踢球状，气球介于起落之间；女子对面却是一个官服幞头的青年男子，上身前倾，两脚拉开距离，正作防御状。可见，踘就不分男女，同场比赛也是常有的事。孟元老对此情景概括得好："触处则蹴鞠疏狂。"老百姓活得挺累，疏狂一下也未尝不可，不就是男女有个身体接触嘛！

在南宋的京城临安，城内娱乐场所之间，凡宽阔处都成了市民练习踢球的地方，甚至还有了专门研究和传授这种踢球技术的职业蹴鞠俱乐部——齐云社。你可不要以为那是说相声的，郭德纲那叫德云社，齐云社又叫圆社，南宋掌故专家陈元靓认为："若论风流，无过圆社。"要当个风流少年，不会踢球，不入圆社，那怎么行？

蹴鞠风气如此盛行，一些商家也抓住商机，拼命将自己的生意与蹴鞠挂上钩，于是，专门零沽散卖的小酒店唤作"角球店"，还有一位叫黄尖嘴的商人，则开设了一间"蹴球茶坊"。可见，蹴鞠在宋朝是多么热门的一项运动。

蹴鞠所踢的球是用皮子缝合而成，里面塞满羽毛一类的填充物。最初是两片皮子，后来改为六片、八片，宋代的球壳一般要用十张或者十二张牛皮缝合。当时有一句流行语，官府人员希望将棘手公务化为轻松便利的事务时，常常会打这样的比喻：用十张牛皮缝成一个大气球去踢。后来，球里面的羽毛类填充物也被用动物膀胱代替，膀胱可以吹气，这就使实心球发展成了充气球。一只好的气球要求“角嵌斜平缝不偏”“须交碎凑十分圆。”球的重量也有规定：正重十二两。

宋代蹴鞠的比赛方式有两种：一种是白打，一种是筑球。

所谓白打，就是不需要球门，更像是控球、颠球的技术表演，宋人说蹴鞠要“身如立笔，手如捉物。身要旋安，脚要活立。”一群人围着一个气球踢，要将球踢得高、踢得稳，“失踘为耻，久不堕为乐”，跟今天女孩儿围在一起踢毽子一个道理。白打的场地是圈起来的，不能出界，但人数没有限制，一到十人都可以。球起码要腾升到一丈八尺的高度，才算“好看”的标准。像高俅那般，球儿似乎跟粘在身上一样，就是白打表演。

筑球是利用球门进行对抗的蹴鞠比赛，参加运动的人需分为两队，每队十六人，分为球头、正挟、头挟、左竿网、右竿网、散立等。乍一听这些名称，以为是今天足球的前锋、后卫、自由人，其实全不是那回事。筑球所谓的对抗，并不是互相争球对抗，而是两队轮流射门，充其量只能算是点球大战。

筑球的球场没有边界，你爱跑多远就跑多远，有本事带着球跑个马拉松也没有关系。但毕竟没有人会这么跑，因为球门有固定位置。筑球的运动场地没有明确尺寸，但球门有明确尺寸，取两根高三丈二尺的木柱，木柱相距二尺八寸，网阔九尺五寸，球门上有一个直径三尺左右的球网，叫“风流眼”，进球门不算，进网眼才算得分。与今天的足球比赛设相向两个球门并且各有各的守门员不同，宋朝的筑球两队共用一个球门，共射一个“风流眼”，也没有守门员，谁射进得多谁就算赢。所以，古代蹴鞠跟现代足球其实没有多少可比性。

现在，让我们来看一场筑球比赛，比赛围绕着双方的球头进行：在一片笛响鼓鸣声中，两队分别站在球门两侧，左侧的左军先上场，由球手将气球踢得团团转，引来围观的阵阵喝彩，踢过数遭，再有两个次球头小踢几下，待其端正，再把球传给球头，球头拉开步子，大步将球踢进“风流眼”。不要小看了它的难度！要射中这种高达三丈的单球门上的小小“风流眼”，绝对需要技巧高绝者才能胜任。

球射过了风流眼，右军上来将球接住，也这么捣鼓，然后传给自己的球头，右军的球头若也能射中风流眼，那就继续，如果失误，那就失一球。正式比赛是左右军同赛三次或五次。胜者被赐赏银杯锦绣，败了的球头要受“吃鞭”的惩罚。

总而言之，两队虽说对抗，但是没有任何身体的接触，所以，要说它是现代足球的起源，实在有些说不过去，难以自圆其说。

不过，大宋人民并不在乎能不能进奥林匹克，这种土生土长的群众性体育运动大家自己热爱就好。在喜欢蹴鞠的市民中，文人占了相当大的比例，像前面说过的丁谓和柳进士，还有宣和年间宋徽宗朝号称“浪子宰相”的李邦彦，都是儒林中人。

宋徽宗对道教特别感兴趣，曾经自号道君皇帝，他强调“体欲常运”“吐故纳新”，在他看来，蹴鞠就是这么一种运动，所以他也热衷于踢球，并且提出春天身体需要吐故纳新，最适宜蹴鞠。在他的倡导下，宋代城市蹴鞠在春天最为兴盛。这位皇帝的球技据说也十分了得，堪称“宋代的贝克汉姆”。不过他比小贝还要厉害，小贝犯规要吃黄牌甚至被红牌罚下场，赵佶却永远不会被罚，他任球头的球队也总是只赢不输——输了的球头要吃鞭认罚，谁敢打皇帝老子的鞭子？

相扑：燕青算什么？妇女们都赤膊上阵了

梁山好汉黑旋风李逵有一天私自下山，在经过的官道旁边，有一个大汉上下打量着他。李逵是那种触犯不得，哪怕看一眼都不行的角色，顿时冒火，大声说：“你那厮看老爷怎地？”

那汉子也不示弱：“你是谁的老爷？”

言语不合，李逵便先动手了。说时迟，那时快，汉子手起一拳，打个塔墩，一下子把李逵打倒在地。

李逵心想：“这汉子倒使得好拳！”知道他有些来头，不是好惹的，便问道：“你这汉子，姓甚名谁？”

人家却没有直接回答，只说：“老爷没姓，要厮打便和你厮打！你敢起来！”

这种挑战的口气，李逵哪里受得了。他正待跳将起来，却被汉子肋弯里只一脚，又踢了一跤。李逵倒也乖巧，心想赢他不得，爬起身来便走。

李逵一向以勇猛闻名，这次还没认真交手便被对方一拳一脚打翻了两次，大家都知道，这个厉害角色就是没面目焦挺。他用来制伏李逵的那两下子拳脚便是一种相扑术，是祖传的绝招——“祖传三代，相扑为生。”

论力气，焦挺肯定比不过李逵，可是他却能轻易地将李逵掀翻在地。可以看出，相扑摔跤是一种技巧性很强的武术，以巧取胜，讲究抓住对方弱点，出其不意地制伏对方。焦挺的这种相扑术，可能就是《都城纪胜》所说的“使拳”那一种。

在梁山好汉中，最精通相扑的不是焦挺，而是浪子燕青。据燕青讲，他的相扑是卢俊义教的，卢俊义自然是个相扑高手，只不过大员外赤膊上阵与人摔跤总不大好看，所以《水浒传》里只一句话带过，没有机会让他亮相展示。倒是燕青的相扑功夫，出足了风头。在泰山脚下的比武擂台中，燕小乙智扑擎天柱，那是一场两届蝉联冠军任原与挑战者燕青之间的生死对决。《水浒传》中写得有声有色：

> 这个相扑，一来一往，最要说得分明。说时迟，那时疾，正如空中星移电掣相似，些儿迟慢不得。当时燕青做一块儿蹲在右边，任原先在左边立个门户，燕青只不动弹。初时献台上各占一半，中间心里合交。任原见燕青不动弹，看看逼过右边来，燕青只瞅他下三面。任原暗忖道：“这人必来弄我下三面。你看我不消动手，只一脚踢这厮下献台去。”任原看着逼将入来，虚将左脚卖

> 个破绽，燕青叫一声："不要来。"任原却待奔他，被燕青去任原左胁下穿将过去。任原性起，急转身又来拿燕青，被燕青虚跃一跃，又在右胁下钻过去。大汉转身终是不便，三换换得脚步乱了。燕青却抢将入去。用右手扭住任原，探左手插入任原交裆，用肩胛顶住他胸脯，把任原直托将起来，头重脚轻，借力便旋四五旋，旋到献台边，叫一声"下去！"把任原头在下脚在上，直撺下献台来。这一扑，名唤作"鹁鸽旋"，数万的香官看了，齐声喝彩。

小说写得再好，总是有现实基础的。与蹴鞠一样，相扑也是大宋人民热爱的一项群众性体育运动。与其他运动一样，宋朝城市的相扑运动最初也起自军队。

据说，宋太祖在带兵的时候曾经制定过通过角力较胜负、晋升加工资的规则，作为宋朝军队的优良革命传统，这项"圣训之法"被沿袭下来，作为全军增强将士体质的措施。宋太祖似乎对相扑较胜负特别热衷，甚至把它搬到了其他领域。开宝八年（公元 975 年）科举考试进行最后一场殿试，按规定是先交卷子、皇帝提问难不倒者为魁。可是这一场殿试中，应试的考生王嗣宗和陈识斋却同时交了卷。怎么办？太祖皇帝灵机一动，下令两个儒生当场相扑角力，以决胜负。在宫中看惯了大力士们相扑角力，两个手无缚鸡之力的儒林中人白手相扑倒也别开生面。结果王嗣宗胜了陈识斋，夺得状元。但他这个状元有些让人不服气，无论前辈还是后辈的读书人看到他都有些鄙夷："岂与角力儿较曲直耶！"——我们哪里会跟一个角力摔跤的蛮汉去理论是非曲直！

其实王嗣宗是挺冤枉的！规矩是皇帝定的，又不是我喜欢打架动粗，再说了，我也是第一个交卷的，无非并列第一而已。凭什么说我是"角力儿"，只会相扑？

文武之道一错位就是那么尴尬。不过，在军队中，相扑较胜负倒是一项不争的制度，而这项制度又尤以南宋军队贯彻得最彻底、执行得最到位。南宋初年有中兴四大将之说，指的分别是张俊、刘光世、韩世忠、岳飞四位大将。这四位大将各统一军，论资历论出身，张俊、刘光世更加耀眼；但是论军队的战力，却是韩、岳更胜一筹。据说，就是因为韩世忠、岳飞在部队中贯彻了"相扑"的练兵方法。

韩世忠、岳飞经常在军中举行相扑比赛，谁若获胜便将他另入一籍，小分队中的小队长有缺额时，就从这本另籍册中选拔，所以他们部队的基层军官都是相扑好手。小队长又互相比赛，决出其中勇力出众的封为副将，从此，军中以相扑为荣的风气大兴。

南宋朝廷特别欣赏这种优中选优、精里挑精、严格挑选相扑能手的做法，皇宫内苑也成立了一支由军中相扑高手组成的侍卫队伍，叫"内等子"，只有一百二十个名额，宁缺毋滥。平日里，他们身怀绝技，担负着保卫皇宫、保卫皇帝的重任；皇帝老儿一高兴，来来来，就在殿前摆开擂台，举行相扑比赛！像《宋史》上也记载了一次：绍兴五年（公元 1135 年）三月，高宗阅看相扑手赵青等五十人的角力，赛后对这些力士赏赐钱粮，又给转岗位加工资。据说有相扑手后来升官直做到内廷的常侍，这已经是相当高的社会地位。史书上记载了一则笑话：以白首穷经、满腹经纶著称的常侍徐铉一日正在宫中当值，闲来无事他就捧本书读，但这一天外面却吵闹嚷嚷，弄得徐大人头大无比，读不进书。徐铉就打发童子出门去看看是谁吵闹得这么厉害，要知道这可是皇宫大内。童子出去探视，很快回来禀告：许多常侍在五龙堂练习相扑呢！老先生那个郁闷啊！想想也没有办法，只得苦笑一声，自我解嘲：这许多常侍都是我的同行啊，可是我却无法与他们共享欢乐！

"内等子"还有一个重要使命，就是专为国家庆典等活动助兴，在招待国外使节的国宴上，相扑力士表演节目已经成为必备的大戏。怎么样？你有蒙古摔跤，我有内廷相扑，咱们应该互不侵犯吧？

宋朝城市中相扑的流行不能不说是受了军中、宫中的风气引导，在京城的娱乐场所瓦舍里，经常有相扑表演，还涌现出不少专业的相扑艺人，什么周黑大、曹铁拳、铁板沓，什么王急快、撞倒山、宋金刚，这些名字很能体现相扑运动急、快、狠、重的技术特点，可想而知，他们的本领也确实不凡。其中最厉害的则被人称为"赛关索""小关索"。据说关索是关羽的第三个儿子，也是关平、关兴的弟弟，史书上没有这个人的记载，但民间传说中却有很多关索的故事，说他年少仪容俊美，而且武艺高强，想必这位兄台相扑一定也很厉害吧！

宋朝的老百姓爱看相扑比赛，相扑流行到出现了更高级的比赛——女子相扑。前段时间上演的电视连续剧《清平乐》里有过这样的情节，不是虚构，而是史实。

相扑的女子与男子一样裸露颈项臂膀乃至腰围，角力之时难免衣衫撕扯，最后竟至赤膊上阵、春光外泄，所以当时的人又把女子相扑戏称为“妇人裸戏”。女子相扑，曾在东京最大的宣德门广场上为皇帝与市民表演过，当时的盛况真可以用“万头攒动、热闹非凡”来形容。不过，这样的场面也惹恼了一些封建卫道士，那个“司马光砸缸”的“司马缸”就又来砸场子了：上书劝谏皇帝，写了一篇议论文《论上元令妇人相扑状》，力证妇人裸戏不是“隆礼法、示四方”的正确做法，要求“今后妇人不得于街市以此聚众为戏”。

但是提归提，女相扑手们的饭碗毕竟没有被“司马缸”砸掉，直到南宋临安府，以女子相扑闻名的选手还有张椿等十姐妹。只不过皇帝不好意思再与民同乐，宋朝后来的皇帝因为“司马缸”失去了一次大饱眼福的机会。

宋朝民间还有一些相扑的擂台公开赛，当时叫“露台争交”。这些擂台赛一般都在庙会期间举行，北宋的时候是护国寺庙会、南宋的时候是南高峰庙会，算是全国最高级别的相扑公开赛。像《水浒传》描写的燕青与任原那场相扑较量，就是这样的公开擂台赛。

相扑后来传到了日本，现在倒成了人家的申遗项目！一声叹息！

驴球，你可别笑话，咱玩它一点儿都不比马球差

从唐人的书画里咱们知道唐朝的男女喜欢骑着高头骏马打球，

名之曰：打马球。咱们大宋朝情况特殊，前面已经跟各位看官讲过了，马匹供应相对紧张，要打马球实在太过奢侈。那怎么办呢？好在人定胜天！咱们既然可以用驴子代替马匹出行，当然也可以用驴子代替马匹打球。你不是叫马球吗？我不叫马球，叫驴球还不行吗？

各位看官，这可不是我跟你们开玩笑，打驴球还真是宋朝的一大景观！早在宋朝初年，有一个叫郭从义的大臣，就以善击驴球而扬名。赵匡胤命他进宫表演，只见郭从义骑着小毛驴来到殿庭，周旋击拂，曲尽其妙，这球击得一点儿都不比唐人的马球差。赵匡胤大喜，特地在自己身旁赐给郭从义一个座位，以示特别荣宠。慰奖之余，赵匡胤也向郭从义指出：这种驴球不是他这样身份的人所应该打的。郭从义听了深深地惭愧了一把，从此再也没有去碰过驴球。

郭从义只不过是驴球界的佼佼者，他不打驴球了，民间的驴球爱好者可多了去呢！赵匡胤是看过唐人马球的书画，想想自己骑头毛驴击球毕竟不大雅观，所以批评了郭从义；但是民间的大宋百姓可没有去过唐朝，也不知道什么马球，他们觉得骑着温顺的毛驴指东斥西地击球也蛮过瘾。特别是宋朝的妇女同志们，尤其热爱驴球这项运动，这当然跟妇女的身材体形有关，她们小巧的身形与驴子的小巧正好相匹配。

驴球之所以在宋代的城市有了长足发展，据说还跟宋朝妇女的穿着有关。宋朝妇女不喜欢前朝妇女的长裙装束，而是穿宽裤与旋裙，注意，女人穿裤子，这在中国历史上是自宋朝开始的，在国外，即使到了英国维多利亚女王时期，贵族们还不接受穿裤子的女人，所以说宋朝够开明进取吧？穿裤子当然比穿裙子容易骑乘，运动起来也更加得心应手。乘驴击球的风气是从乐户的女伎们开始的，这固然有妇女服装方面的原因，也和驴的小巧、耐力不无关系。因此，由女伎表演的驴球又称为“小打”。

驴球也是对抗性的竞技比赛，相较于蹴鞠，它倒是跟现代足球更近一步。

来看一场驴球比赛。两队女伎穿棉袄、着丝鞋，各跨雕鞍花鞯的驴子，穿着打扮也是男子的模样，手里各执一根涂金画银的球杖。场地上立着一个彩结的小球门，一队的射手要将队员们传给她的球射进球门，前球称为“入孟”，才算胜利。另一队的女伎则千方百计阻挠抢夺，不让对方“入孟”，抢下球来要送给自己的射手“入孟”。这样两队争逐，入孟为胜，倒有点儿像现代足球的竞赛规则了。

一场女子驴球比赛，双方队员必须要有百余人。因为驴的躯体小，骑在上面虽然周转灵活，但重心低，长时间打球很累很吃力，所以必须频繁换人。驴球的规则不像足球那么严格，没有三个人的换人指标，想换多少换多少，一批批上、一批批下都没有关系。何况男人看女子驴球比赛，一半也是欣赏女人的花容，换得越多越受欢迎。

这种女子驴球比赛还被召到皇宫内作御前表演，皇帝宣布成立“击鞠院”专门管理这项运动的健康发展。后来因为击鞠院的职能与蹴鞠混淆在一起，女子的驴球终于比不过全民的蹴鞠，击鞠院就偷换概念把这项妇女运动忽略了。但是，这种女子驴球无论是在中国还是世界上，都是空前绝后，宋代以后，就再也找不着女子打驴球的踪影了。后世人们只知道唐人击马球的风流，而不知道宋人也有驴球的喜乐，实在有些不公平。建议今天的女权主义者可以考虑恢复这项光荣古老的运动——只是驴子不太好找。

今天的情况特殊，不仅马的供应成问题，驴子的供应也成了问题，大家眼里，代步工具已是各类品牌汽车了。

捶丸：宋朝版的高尔夫运动

跨驴击球，下驴捶丸。

虽说驴球在大宋朝广受欢迎，但毕竟不是每个人都身手那么矫健。不能在驴背上玩，咱就在地上玩还不行吗？于是，一项叫"捶丸"的运动又普及开来。

宋朝的士大夫讲究"温良恭俭让"，讲究风雅，不大看得起夺夺抢抢的竞技运动。在此之前，他们热衷的运动是投壶，也就是将箭支投入特制的壶内。今天我们看到的宋朝瓷器里有一种形制叫贯耳瓶，它的用途除了插花就是投壶，瓶口的两侧有两个小耳朵一样的豁口，投进这个豁口里比投进瓶口难度更大，分数当然也更高。当然投法也有讲究：正面瞄准了投最简单，有的人却可以反身背面投，还可以从裆下斜着投；你可以一支一支投，有的人却可以连着投甚至天女散花般一起投出去。投壶在战国时期就已是士大夫宴饮时做的一种投掷游戏，也是一种礼仪，我们在苏东坡等人的诗里还可以看到宋朝士大夫投壶的记载。捶丸则是宋朝人的发明，如果将投壶看作是中国版的飞镖运动，那么前者则是中国版的高尔夫球了。

捶丸的前身是唐代马球中的步打球。当时的步打球类似现代曲棍球，有较强的对抗性。到了宋朝，步打球由原来的同场对抗性竞赛逐渐演变为依次击球的非对抗性比赛，球门改为球穴，名称也随之改称为“步击”“捶丸”。

宋朝的时候，连儿童也非常喜爱捶丸活动，在陈万里《陶枕》中著录有一儿童捶丸图陶枕，图中小孩持一小杖在击丸，形象生动，是当时捶丸活动盛行的有力佐证。还有记载说，北宋官吏滕甫，幼时“爱击角球”，他舅父范仲淹“每戒之不听”。这里所说的角球，就是用角骨制成的球，不易击碎。除了用角骨制作外，还有一些球是用木头或玛瑙制成，像鸡蛋那么大小，跟今天的高尔夫球差不多。击球的球棒是“有柄木勺”，也与今天的高尔夫球杆相似。有意思的是，宋朝人捶丸也有他们装整套行头的“高尔夫背囊”，当时叫“提揽”和“皮袋”，所谓提揽，就是“如筐子上有圆圈，用手提携”。

有关捶丸的比赛规则，元朝初年一个署名“宁志斋”的人曾经写了一本专门的《丸经》，记载得非常详细，完全可以看作高尔夫运动的最早理论著作。

这项运动甚至还输出到了朝鲜半岛上，高丽国有一位姓朴的翻译官写了一本《朴通事谚解》的书，相当于今天的翻译词典，里面也记录了捶丸的玩法。有兴趣的团友，大家可以找了这两本书来学习哦。

弄潮：早知潮有信，嫁与弄潮儿

据说，在吴越争霸的时候，吴王夫差听信谗言赐死了吴国的中流砥柱伍子胥，还把他的尸体抛进了钱塘江中。伍子胥虽死，但一腔冤魂，豪气长存，他的尸体在江中随流兴波，动作若惊骇，声音若雷霆，激荡堤岸，就形成了著名的钱塘江大潮。

在防洪防汛工作还不发达的古代，这个钱塘江大潮可不是像今天央视直播的那样供全国人民观瞻，而是很有些破坏作用的。所以，到了吴越王钱镠统治的时候，他一方面到伍子胥的庙里去祷告：愿化忠愤之气，暂收汹涌之潮；另一方面，也做好了两手准备，铸造了三千支铁箭，选了五百名强弩手，亲自带了这帮射手赶到钱塘江边去射潮。

伍子胥的潮头据说在那一天是被吴越王射下去了，但吴越王不可能老是带着一帮强弩手守在江边等着射潮，所以，年年的钱塘江大潮仍然汹涌而至。

现代科学告诉我们，钱塘江之所以有大潮，是因为钱塘江入海口呈喇叭形，江身大而江口小，起潮时正是因为海水从宽达一百公里的江口涌入，受两旁渐窄的堤岸约束，形成涌潮。而之所以八月十八的潮水来势特别凶猛，是跟月圆月缺引起的潮汐现象有关——这些当然都是科学，但古代的人是不懂的：既然是潮神作怪，那么祭祀一下潮神让他息息怒总不会错。如何祭祀潮神呢？猪头牛头、太牢少牢地扔下去，这一套法子照样得用。潮神不是因为生气动怒才兴风作浪的吗？那么，给他表演个节目，让他看了消消气也是好的。于是，钱塘江潮上出现了弄潮儿。

北宋词人潘阆有一首《酒泉子》的词，专门描写钱塘江上的弄潮儿：

> 长忆观潮，满郭人争江上望。来疑沧海尽成空，万面鼓声中。
>
> 弄涛儿向涛头立，手把红旗旗不湿。别来几向梦中看，梦觉尚心寒。

很难说潘阆的词有没有夸张的成分，光是“手把红旗旗不湿”一句就叫人惊叹：能够在潮水中让红旗不湿这得有多大能耐？怪不得潘阆也是“梦觉尚心寒”。据说苏东坡很喜欢潘阆的这首词，亲自把它抄写在了屏风上，后来，他三度来到杭州做官，不知道有没有去看看钱塘江上的弄潮儿表演。

钱塘江上的弄潮儿不仅让潘阆心惊肉跳，北宋的地方官也出于爱护市民生命的考虑，下达《戒约弄潮文》，宣布要对弄潮儿进行“科罚”。但是，这种来自官方的阻止和批评，既是对生命的保护，同时也是对杭州市民利用天赐良机进行体育运动的阻碍。所以，到了南宋定都临安后，官方开始对弄潮大加鼓励，鼓励勇敢者投身奔腾怒吼的潮头中，向公众展示自己的体魄和机智。

于是，每逢八月十八这一天，钱塘江上总会涌现百余位弄潮儿，有僧人，也有儿童，个个披头散发，颇有古代越地“断发文身”潜入深海的古风。他们迎着铺天盖地、迅猛汹涌的潮头，起伏腾跃，摆着各种造型，做出各种姿势，比起现代的冲浪运动有过之而无不及——至少冲浪要靠一叶滑板，而人家弄潮全凭赤手赤足。

这时候，皇帝与近臣也会出来观潮，而且出动上千艘舟舰，从西兴、龙山两岸排布开来，以壮弄潮的声势。兵士们也会在潮水中一会儿展旗，一会儿舞刀，一会儿弄枪。那些水军船只则开始向皇帝和市民作水战的汇报表演，试炮放烟、火箭齐飞，弄得满江迷蒙，才听到欢声雷动。

欢呼声最为响亮的还数弄潮儿们凯旋回城的那一刻。临安市民端出丰盛的酒肉、拿出犒赏的铜钱递到弄潮儿面前，弄潮者则高扬着手中未被潮水沾湿的旗帜向市民夸耀他的能耐，市民们报之以欢呼和鼓乐。这一刻，全城为弄潮而狂，多少年轻的美女对着弄潮儿芳心暗许……

争标：竞渡，竞渡，惊起一滩鸥鹭

如果你觉得弄潮这种水上运动技术要求太高、风险系数太大，不是每个人都吃得消的，那么你还可以去参加水上的争标活动。

争标，其实也就是龙舟竞渡。中国的龙舟竞渡运动由来已久，据说是跟端午节纪念屈原联系在一起的，怕河里的鱼虾吞噬了屈原的尸体，所以要往河里扔粽子，再抢划着龙舟去抢夺屈原的遗体，这样的说法当然也成立，但是宋朝的争标竞渡已不局限于端午节的纪念，反倒有了一些国防教育的意味，这个传统起源于宋太宗开凿金明池训练水军。

金明池原是地处汴京的一处园囿，太平兴国元年，宋太宗动用了三万多名士卒将其开凿为一片宽阔的水域，并引金水河的水灌注。搞这么大一个人工湖倒不是供皇帝游乐，而是为了安置神卫虎翼水军，在每年的春夏之交操教舟楫、训练水战。金明池的正中还筑有一座水心殿，供皇帝检阅水军所用。

既然是军事演习的场所，一开始当然不对老百姓开放，但后来，宋太宗对一味地关起门来打水仗也感觉有些无趣，淳化三年（公元 992 年）三月，当他再一次来到金明池检阅时，好戏作乐的皇帝亲自将一只银瓯掷入波叠浪翻的池中，命令军卒竞相跃入水中捞取。这样一来，水仗慢慢就演化为水戏。后来，太宗皇帝干脆叫御史台在宜秋门贴出皇榜，告示京城内所有市民，金明池对外开放，允许士庶到园内游玩。

一个人工湖平时当然没有多少吸引力，但是皇家水军训练的时候，老百姓还是蛮有期盼的。皇家水军在演习水战的间隙也开始设计一些锻炼体魄、调节情绪的水上游戏，于是，“争标”开始登场。

人们在水面的终点处插上一根长竿，竿上披锦挂彩，称为“锦标”。竞渡的舟楫一字排开，等鼓声响起，万舟齐发，一齐朝着锦标扑去，鼓声越急，舟船也越快，首先到终点夺得长竿锦标者为胜。这样的比赛，每年春季的三月十八日固定在金明池上演，而且每次都提前告示，号召京城百姓前来观赏，于是“三月十八，村里老婆风发”，连汴京乡下的老太婆都发疯似的涌入金明池里看争标，一时间，金明池里热闹非凡人山人海，以至有市民游玩时竟与家人挤散，不知去向。终于，这项水上运动也在普通市民中进一步推广开来。

到后来，争标更增加了伎艺表演的成分。天津艺术博物馆里珍藏着一幅《金明池争标图》，这幅题为张择端所做的绢画上，一只竞渡的船上居然树起了秋千架，一个人正从秋千架上往池子里跳。这个高空跳水的动作是宋朝争标活动中颇受人喜爱的“水秋千”项目，说起来，蹴鞠去申报现代足球的起源有些牵强，而“水秋千”倒真可以去申报一下高台跳水的起源。不过，那个时候没有女子跳水，一般只有男子表演。

你看！高高的秋千架竖在两只船上，鼓乐声响起来，表演者在万众瞩目中从容登上秋千架，在乐曲声中前后摆动荡开了秋千，而他的身下就是碧波万顷的水面。秋千越荡越高，表演者还偶尔松开一手或者移动身体做着各种花样动作，增加难度系数，直到秋千荡得与秋千架一样持平，表演者猛然松开双手，身体如轻燕一般飞向空中，同时转体翻滚，然后一头扎进水里……好的！水花压得很好！ 9.96 分！——就差一场电视转播！

宋代的朱翌写诗感叹道：“却忆金明三月天，春风引出大龙船。二十余年成一梦，梦中犹记水秋千。”其实，朱诗人的政治导向有些偏差，并不是政府南迁到了临安这项活动就看不到了，相反，南宋立足南方，比北宋更倚赖水军，各项水上运动和与之相关的国防教育更是常抓不懈，只不过活动地点从开封的金明池移到了杭州的西湖罢了。

西湖比起金明池当然大了不少，南宋时期的西湖足足有三十余里，所以水军操练、龙舟争标的规模也远远胜过金明池。每逢二三月春暖花开之际，杭州西湖天天举行划船比赛，起于武备性质的“争标”已经真正成了全民性的体育锻炼活动。诗人黄公绍就比较公道，他写诗说：“好是年年三二月，湖边日日看划船。”

第十一章

时尚起义，大宋朝样样不落后

体验了文艺娱乐，观摩了体育赛事，现在该来说说大宋朝的时尚风气了。今天引领时尚的是潮人燕小乙！

作为梁山上最具颜值与品位的时尚达人，燕青哥哥领导的是一场时尚起义，哪怕死在他刀下，你也觉得痛并快乐着。

好，跟上燕青的步子，踩着时尚的节拍，让我们赶紧去看看！

文身：小乙哥哥的遍体花绣绝对颜值爆棚！

小乙哥哥长的是“一身雪练也似白肉”，刺了一身“遍体花绣”，“却似玉亭柱上铺着软翠，若赛锦体，由你是谁，都输与他”。这样的文身在今天也都是颜值爆表的！

想当年，李师师见了我们燕小乙哥哥都按捺不住春心荡漾，“把尖尖玉手，便摸他身上”。幸亏燕小乙哥哥知道自己来干啥的，赶紧跟师师小姐交换星辰年庚结拜了姐弟，省得多事。

小乙哥哥的性取向着实让人怀疑，可能是封闭压抑的环境所致，不过这不是我们今天研究的重点，今天的审美重点是浪子燕青身上那一身文身刺绣。

文身是对人体美的一种艺术加工，它起源于原始部落的图腾崇拜，这种世界性的风习一直传到现代，如印度女人的点额，巴布亚新几内亚人举行婚礼时，新娘脸上要画上山水、鸟兽等脸谱，以示美丽和吉祥。

说起来，文身原先是一种刑罚，是对犯罪分子的惩罚措施。周朝的时候不知哪个变态的法官发明了“黥刑”，就是在罪犯脸上刺字，带有人格污辱的味道。汉朝的开国功臣英布年轻时候就被秦朝的司法机关这么处罚过，所以史书上又叫他“黥布”。到了宽厚仁慈的汉文帝手里，曾经将这个刑罚废除，可到了魏晋南北朝却又复活了。隋唐时期，倒没有这样的刑律记载，不过，唐末五代，用墨汁刺字的新奇刑罚又被用在了向边境发配的犯人脸上，以防他们逃跑。到了宋朝，文身居然成了当时人们的时尚。从此之后，宋元明清的一千多年中，文身一直存在。

一些人为了表示自己的某种信念，就把自己的身体当黑板或者标语墙，刺上一些口号，最有名的莫过我们今天所熟知的岳飞，他的背上就刺有“尽忠报国”四个大字，深入肌理，文身师据说还是他妈妈。还有宋朝初年的大将、马步军都统呼延赞自言受国恩，誓不与契丹同生，于是就在自己和老婆、子女、仆人的身上都刺了“赤心杀契丹”五个字。另外，跟岳飞同列“中兴四大将”、后来却被罚跪到岳飞墓前的南宋大将张俊手下有一支“花腿军”，这支特种部队人人文身，“自臀而下文刺至足，谓之花腿”。那时候打仗用不着伪装，不用像海豹突击队那样涂上青泥插上海草，张大帅组建这样一支特种兵当然也不是出于美学的爱好，而是含有严惩不贷、誓死血战的意味，这也自然被好勇斗狠之人所接受，“京师旧日浮浪辈以此为夸”，大家纷纷对此点赞效仿，这样的记载足见文身在宋朝已经成为一种时尚。

一部《水浒传》，一百单八将里文身的好汉就有好几个：第一个出场的九纹龙史进，“刺着一身青龙”。九纹龙的绰号也由此而来；病关索杨雄，“生得好表人物，露出蓝靛般一身花绣”；鲁智深，刺着花绣，并以“花和尚”为绰号；阮小五胸前刺着“青郁郁一个豹子”，金圣叹都说他是“胸中有一段垒块”，那是一团反抗的火焰；还有“马上会使飞枪”，绰号“花项虎”的龚旺，“浑身上刺着虎斑”。

文身成了一种时尚，宋人自然带着一种审美的眼光看待它。宋代话本《郭节使立功神臂弓》中，作者就着力描写了两人相斗，先以各自的“文身”亮相夺人的场面：

> 郑信脱膊下来，众人看了喝彩。先自人才出众，那堪满体雕青：左臂上三仙仗剑，右臂上五鬼擒龙；胸前一搭御屏风，脊背上巴山龙出水。夏扯驴也脱膊下来，众人打一看时，那厮身上刺的是木拐梯子，黄胖儿忍字。当下两个在花园中厮打，赌个输赢。

打架打到先比人体彩绘这个份儿上，倒也蛮具观赏性。满身雕刺复杂图案，像郑信这样，一亮相就博得喝彩；而身上图案单一、空荡荡刺上一个“忍”字的夏扯驴就没人替他叫好捧场了。可见宋朝人的文身是越多越好，文身越多就越是美貌的象征。当然了，这样的男子也就最容易得到女人的喜爱。

据说，南宋永康军有一个妓女拜谒灵官庙时，见到庙门外一个军汉马卒，“颀然而长，容壮伟硕，两股文绣飞动”，身高一米八以上的肌肉型男，两条腿上刺着文身。这位阅男无数的妓女，居然“谛观慕之，眷恋不能去”。

文身既然可以更真切地使异性迷恋，男人们何乐而不为？于是，连一些政府高级官员也以文身为荣耀。兵部侍郎王湖公初生的时候，便通体刺上了百花鸟雀；徽宗朝的浪子丞相李邦彦每次在宴会宾客的时候，都要来一场裸体表演，“宣示文身”。他就一个身子，刺不了许多文身，所以每次都是在生绢上画成图案贴在身体上。这种本无文身却偏偏要显示文身的做法，无非是为了赶时髦。在这位总理大臣的带领下，东京大街上，光天化日之下，普通百姓也是要露出“浑身赤膊，一身绵片也似文字”。中国人喜欢打赤膊，恐怕就是那时候落下的病根。

到了南宋，有了专门的文身社团——“锦体社”，时尚青年这下可找到组织了，连血统高贵的皇族子弟都纷纷要求加入，搞得南宋政府不得不再三发文件，严明纪律，要求宗室一律不许雕青。

戴花：不用去圣弗朗西斯科，这里的男人也戴花

有人热爱文身，也有人喜欢戴花，这叫“青菜萝卜各有所爱”，大宋朝天子治下文化多元，百花齐放。

说起宋朝男人热衷于戴花，有时候真叫人啼笑皆非。梁山上

的好汉够粗犷吧？可是，好几位好汉都喜欢在头上戴朵花。翻翻《水浒传》，简直就是花团锦簇：小霸王周通、短命二郎阮小五、病关索杨雄、浪子燕青出场的时候都戴着花，最搞笑是那个大名府的刽子手蔡庆，长得一脸横肉，五大三粗，敞着个胸，胸毛一根根竖起像两排钢针，可人家的鬓角旁边也温柔地戴着一朵玫瑰花。浓眉大眼配花里胡哨，别扭吧？他自己却不觉得，人家的绰号就叫“一枝花”，可见有多么热爱戴花！换作今天，若在马路上碰到这样一位奇葩男士，一定晕倒一大片，可那是在大宋朝，男人戴花习以为常，一枝花蔡庆先生丑虽然丑了点儿，从事的职业也有些野蛮，但你不能剥夺人家爱美之心呀——蔡庆先生真情独白：“你以为，我因为穷，低微，矮小，不美，我就没有灵魂没有心吗？你想错了——我的灵魂和你一样，我的心也和你完全一样……我们站在上帝脚跟前，是平等的，因为我们是平等的！”

在宋朝，男人戴花这习惯跟性情风流与否无关，跟出身贫富也无关，而是当时的一种普遍风气。至于这种风气的起源，恐怕还是跟唐朝科举及第后进士簪花游街的美丽传说有关。据说，在唐朝的时候，大批新科及第的进士在放榜之后往往要举办一次集体的狂欢派对，这种派对的场地设在长安著名的曲江亭子，所以称之为“曲江会”。在宴会的准备事项中，有一个重要的活动叫“探花”，就是事先选派两名同科进士中的俊美少年，让他们骑马遍游曲江附近和长安各处的名园，去采摘各种名花。这两位美少年就叫探花郎。等到宴会那天，新科进士们佩簪着探花郎摘来的各种名花招摇过市，而曲江会也因此被称之为“探花宴”。大概是这种簪花的寓意实在太过吸引宋人，宋朝以文治国，谁不希望鱼跃龙门平步青云呢？于是，美好的愿望就化为现实的行动。

都说小说是现实生活的真实反映，大宋民间敢如此肆意地戴花，当然是有官方的时尚潮流在前面引领，其中最具时尚标杆作用的当数风流君主宋徽宗。这位爱美的皇帝每次出游回宫，都是“御裹小帽，簪花，乘马”，从驾的臣僚、仪卫，也都赐花簪戴。因为人人头上有花，远远看去就像一片红云浮动——现在的记者写稿喜欢用“流动的风景线”，什么叫流动的风景线？徽宗及其随从用实际行动告诉了你。宋徽宗不仅崇尚戴花，而且还亲自制定了一些戴花规则，他赐给随身的卫兵每人衣袄一领，翠叶金花一枝。戴上这朵翠叶金花，你才能自由出入大内。同时规定，民间任何人不能佩戴金花。《水浒传》第七十二回“柴进簪花入禁苑”，说的是宋徽宗上元节出游，宫禁值班人员“幞头边各簪翠叶花一朵”，相当于通行证，梁山好汉小旋风柴进就靠骗了一朵翠叶金花而混进了睿思殿，简直就是那个年代的 007 啊！

一朵小小的簪花，在这里已经成了上层社会身份的标识和等级的象征。从这个意义上讲，蔡庆先生所希望的平等是做不到的，所以他要上梁山。梁山的小喽啰们也都“头巾边乱插着野花”。大概属于异曲同工吧。

男人戴花既然蔚然成风，朝廷也就要照顾到群众需求，与民同乐。于是每逢重大节庆，例如郊祀回銮、宫廷会宴和新进士闻喜宴等，皇帝都要赐花给臣僚。皇帝赐给臣僚们的簪花也分品级和品位：皇帝的生辰大宴又有辽国使臣在场时，用绢帛花，因为这种花比较名贵；例行的春秋两宴，用美丽的罗帛花；陪同皇帝游玩的小宴，则用珍巧的滴粉缕金花……赐花时，还按官员的品阶决定多少，尊卑有序、多寡有数。宋真宗的时候，大宴群臣，宫女们娉娉婷婷地托着花盘出来，引得臣僚百官头颈老长，等着“分红”，结果却是只有三品以上的官员有份，搞得四品以下的灰头土脸，老大不高兴。“春色何须羯鼓催，君王元日领春回。牡丹芍药蔷薇朵，都向千官帽上开。”这是诗人杨万里的戏作，根据他的官阶品级，杨先生应该是没资格轮到赐花的，所以他的诗作有些酸溜溜的味道。

朝廷“簪戴”之风流传出来，达官贵人举行酒宴时也加以仿效。沈括的《梦溪笔谈》里就记载了“四相簪花宴”的故事：宋仁宗庆历年间，韩琦镇守淮南，后花园中有一株芍药忽然开花四枝，花色上下红、中间黄蕊相间，这种后世称为“金缠腰”或者“金带围”的品种，当时扬州还没有，韩琦于是请了王珪、王安石、陈升之同来观赏，席间把花剪下，各簪一枝。四人后来都做到了宰相之位，芍药因此被称为“花相”。

当然了，簪花也不一定都是牡丹芍药蔷薇这样的鲜花，需求大了就会有替代品，宋朝就出现了人造假花。有一种是用琉璃制成的，南宋度宗的时候，宫中流行簪戴这种琉璃花，世人争相仿效。有诗人便赋诗道：“京城禁珠翠，天下尽琉璃。”可惜这琉璃花虽然漂亮，但谐音却大不吉祥，琉璃即流离，这不是“流离之兆”吗？确实，度宗逝后五年，南宋即告灭亡。

洗澡：这里不是罗马，但也欢迎参观

如果你到现在还认为洗澡是一个相当私密的事，就应该关起门来搓啊搓，那你就太辜负网络时代吸引眼球的黄金法则了。事实上，洗澡是一个相当受人关注的话题，从大处来讲，洗澡反映了一个时代的经济和民生状况；从小处来说呢，洗澡关乎人们的卫生习惯和生活品质。所以，我们都要关注洗澡，像关注自己的身体一样。今天，我们就来关注一下大宋朝人民的洗澡状况。

古人对沐浴很重视，衙门里十天一次放假就叫“沐假”，不过，宋朝人可不是十天才洗一次澡，宋朝人洗澡洗得可勤了！

公元十三世纪的某一天，意大利人马可·波罗来到了杭州。他是作为这座城市的新统治者元朝的尊贵客人来这里的，而此前这座城市还是一个刚刚被灭亡了的国家的首都。这一切说起来有些绕口，但好在这个意大利人的故事在中国家喻户晓，甚至比在意大利更家喻户晓。在中国人有限的历史知识里都有一条关于马可·波罗的链接，所以用不着做太多解释。

元朝的忽必烈大汗执意让外国友人到他新征服的地方来看看，其用意大概是将马可·波罗先生当作他的炒作者，事实上，马可·波罗先生确实不遗余力地四处鼓吹着大汗的功绩，当然，他也记下了不少有趣的事情。

《夷坚志》上记载说汴京一般人家建房都有澡浴的专用房间，而《鸡肋编》上说，“东京数百万家，无一家燃柴而尽用煤炭”，可见东京汴梁的市民已经普遍洗上了热水澡。但马可·波罗却告诉我们，在元代杭州的一些街道上有“冷浴堂”，也许是杭州人更喜欢洗冷水澡锻炼吧。马可·波罗先生还隐晦地告诉我们，在杭州的澡堂里，“由男女服务员为你服务”。不知道马可·波罗先生当时接受的是男人的服务还是女人的服务，他好像没有交代清楚，这当然就留给了我们很多想象的空间。其实，男女混浴的事并不是只有日本国才有，商纣王的“酒池肉林”就是古已有之的明证。不过，商纣王被历史学家划入差等生行列，按照中国的礼法当然是不允许男女混浴，就连夫妻也不允许。《礼记》规定夫妇之礼“不敢共湢浴”——妻子不能和丈夫洗鸳鸯浴，这在古代是不文明行为，甚至两夫妻不能共用一个浴室，所谓“外内不共井，不共湢浴”。这些规定，到了宋朝就有些松动，夫妻必须“不共湢浴”，不是夫妻倒可以不在此列了，所以马可·波罗先生可以享受男、女服务员的服务。

马可·波罗先生饶有兴趣地记述了有关澡堂子里的那点儿事：“这些澡堂的男女顾客从小时起就习惯一年四季洗冷水浴，认为这对身体健康大有裨益。”他还特别记下了杭州“所有人都习惯每日沐浴一次，特别是在吃饭之前”的这一良好风习——这当然不可能是马背上的蒙古人带来的，它是宋朝文明的一种延续，只不过马可·波罗把这一切都归结为大汗治下的精神文明。

也怪不得人家，谁叫你赵宋皇帝当初不邀请人家来看一看呢？

然而，看什么呢？就看洗澡？洗澡当然不适合参观，在汉民族传统观念里洗澡是严肃而认真的。春秋时期晋公子重耳出亡，曹国的国君听说重耳有“骈胁”的异相（胳肢窝下有一块肉连着肋骨，有点儿像鸟的翅膀），就去偷看了重耳洗澡，结果重耳公子很生气，后果也很严重，等到重耳回国当了晋文公，就把曹国给灭了。曹国国君就是那个时代被好奇心害死的一只猫。但这是个例，总体而言，洗澡是神圣而严肃的，沐浴、更衣、斋戒，那都是跟宗教搭界的，哪里好叫洋鬼子来参观？所以，也只有蒙古人做得出来。

其实，按照许慎《说文解字》的说法，“洗”是“洒足也”，也就是专门指洗脚；“澡”，那就是相对应的“洒手也”，专门指洗手。现代意义上的洗澡，古人叫“沐浴”，所以，你如果来到宋朝的杭州，不要说自己要洗澡，否则人家就端两盆水让你洗一下手、洗一下脚丫子算数了。

宋人洗澡其实还包括修剪胡子、梳理头发等美容内容。《金瓶梅》第五十二回就有这样的场景：

> 西门庆坐在一张京椅上，除了巾帻，打开头发。小周儿在后面桌上铺下梳篦家活，与他篦头栉发。观其泥垢，辨其风雪，跪下讨赏钱，说：“老爹今岁必有大迁转，发上气色甚旺。”西门庆大喜。篦了头，又交他取耳，掐捏身上。他有滚身上一弄儿家活，到处都与西门庆滚捏过，又行导引之法，把西门庆弄得浑身通泰，赏了他五钱银子，交他吃了饭，伺候与哥儿剃头。

“篦头”跟“剃头”不同，篦头是用细密的篦子密密地梳理头发，去掉污垢，属于沐浴的前奏。总之，宋朝人对于生理卫生蛮讲究，风流少年们去会见情人前，也要“汲水澡颈巾首膏唇”，也就是洗脖子（应该也包括洗脸甚至洗头），重新把头发用幞头裹一遍显得整齐干净些，还要涂润唇膏——这可是宋朝的型男！

我们之所以要将洗澡郑重其事地单列一章来介绍，倒并不是因为马可·波罗的缘故，而是因为在宋朝，洗澡已经成为百姓生活中的重要内容，许多史学家都认为宋朝开启了“近代生活习俗的先河”，他们的例证就是拿洗澡来说事。在宋朝话本《济颠语录》中我们可以知道：天还没亮，城市还在熟睡中，而浴池却已经开门迎客了。这一从宋朝延续下来的习俗一直延续到近现代，民国时期的澡堂多在门首粉墙上贴一副对联：“金鸡未唱汤先热，红日东升客满堂”，就是这种习俗的反映。

据说古罗马有完善的公共洗浴设施，今天我们到巴黎去游览，克吕尼博物馆里保存着罗马皇帝图拉真时代完好的公共浴池遗址，可惜宋朝的浴池只能在书页纸张上找到了。

缠足：小脚与宋朝人民的性心理

我先说一个故事给大家听。

杭州的陆梯霞先生德行高超，远近闻名。有一天，他梦游地府，看见城隍在审理南唐李后主裹足一案。

根据城隍的讲述，李后主前生是嵩山的净明和尚，转世为南唐国主。他在宫中行乐，用白布将爱妃窅娘的双脚裹成新月形，使之纤小屈上，舞于金莲台上，摇曳生姿。这原本是一时兴起的好玩，想不到后世竞相模仿沿袭成习，世间女子争相做弓鞋小脚，将得之于父母的身体矫揉穿凿，造成极大摧残，也有妇人因缠足之痛而自杀。玉帝嫌恶李后主是始作俑者，所以罚他在生前受宋太宗的牵机药毒杀。据说服了这种剧毒的牵机药死得非常痛苦，比女人缠足更甚。牵机药其实就是中药马钱子，马钱子的主要成分是番木鳖碱和马钱子碱。吃下去后，人的头部开始抽搐，最后与足部佝偻相接，尝尽苦头而死，状似牵机，所以起名叫“牵机药”。

这个故事出自清朝袁枚的《子不语》，就是针对中国性文化中的独特产物三寸金莲有感而发，而三寸金莲正是在宋朝大行其道。

严格说起来，女人为了使自己的脚看起来小而乐意穿小鞋，从春秋时期就开始了。司马迁的《史记·货殖列传》中就说到，赵女郑姬“揄长袂，蹑利屣”。“利屣”就是一种鞋头很小的舞鞋。这种鞋在现代都很流行，在古代就更不用说了。在脚小为美的审美观指导下，女性追逐美、追逐时尚的欲望从来都无止境。有了尖头鞋还不满足，于是只好削足适履，开始缠足了。缠足虽然始于南唐的后宫，却在宋朝成为时尚。大宋朝征服了南唐，也征服了南唐的女性，而南唐的女性却通过缠足征服了宋朝的女性，继而也征服了宋朝的男性。

现代女性把缠足归罪于男权主义对女性的迫害，其实有点儿冤枉。考诸缠足的起源可以发现，就像今天的女子偏爱穿高跟鞋一样，一开始的时候并不是有人强迫她们，而是女人天性中对美的过分追逐，而男人仅仅是作为审美者起到了推波助澜的作用。

第一个专门吟诵女人缠足的居然是宋朝的大文豪苏东坡，他有一首《菩萨蛮》传世：

涂香莫惜莲承步，长愁罗袜凌波去；只见舞回风，都无行处踪。

偷立宫样稳，并立双跌困；纤妙说应难，须从掌上看。

连东坡先生都对小脚这么着迷，有这些意见领袖的倡导，缠足怎么能不蔚然成风呢？先是从宋朝的宫廷到城市再到乡村，宋朝妇女的缠足比例竟然高达80%，只要不是下田劳作或者充当贩夫走卒的女性几乎都有一双玲珑小脚。

二十世纪初，法国医生马蒂格农对中国的缠足文化做了大量的观察记录和分析研究，他所撰写的论文中，极陈小脚对于男性的杀伤力："中国人很喜欢的一些春宫雕刻，在所有这些淫荡场景中，我们都能看到男人色迷迷地爱抚女人的脚的形象。当中国男人把女人的一只小脚把弄在手的时候，尤其在脚很小的情况下，小脚对他的催情作用，就像年轻女郎坚挺的胸部使欧洲人春心荡漾一样。"另一个外国学者莱维也染上了"金莲癖"，对三寸金莲大加赞叹："金莲小脚具有整个身体的美，它具有皮肤的光洁白皙，眉毛一样优美的曲线，像玉指一样尖，像乳房一样圆，像口一样小巧，穿着鞋子像嘴唇一样殷红，像阴部一样神秘。它的气味胜过腋下、腿部或身上腺体分泌的气味，还具有一种诱惑人的威力。"荷兰人高罗佩作为汉学专家，对缠足与性心理的关系也有讲述：

> 从宋代起，尖尖小脚成了一个美女必须具备的条件之一，并围绕小脚逐渐形成一套研究脚、鞋的特殊学问。女人的小脚开始被视为她们身体最隐秘的一部分，最能代表女性、最有性魅力。宋和宋以后的春宫画把女人画得精赤条条，但我从未见过或从书上听说过有人画不包裹脚布的小脚。……当一个男子终于得以与自己倾慕的女性促膝相对时，要想摸清女性的感情，他绝不会以肉体接触来揣摩对方的情感……如果他发现对方对自己表示亲近的话语反应良好，就会故意把一根筷子或一块手帕掉在地上，好在弯腰捡东西的时候去摸女人的脚。这是最后的考验，如果她并不生气，那么求爱就算成功，他可以马上进行任何肉体接触，拥抱或接吻等。男人碰女人的乳房或臀部或许还说得过去，会被当作偶然的过失，但摸女人的脚，却常常会引起最严重的麻烦，而且任何解释都无济于事。

这段文字让我们自然而然地联想到了《水浒传》《金瓶梅》里西门庆勾引潘金莲的描写，也是借捡筷子摸一把小脚……

宠物：最大的玩主是太上皇

话说潘金莲自从被西门庆摸了一下小脚后魂不守舍，终致干出了谋杀亲夫的事，她也就成了西门大官人的第五房小妾，从此加入了妻妾争宠的战争。

在这场持久战的前期，潘金莲面临的最大竞争对手是西门庆的第六房小妾、原先花子虚的老婆李瓶儿。李瓶儿长得艳丽不输金莲，从花子虚家里带过来的陪嫁钱财又在各房妻妾中排行第一，再加上她还替西门庆生下了一个儿子官哥儿。种种迹象表明，西门庆最宠爱的小妾已经是李瓶儿而不是她潘金莲了！尽管潘金莲表面上跟李瓶儿姐妹相称，要好得不得了，但她内心很郁闷。

时下，内心空虚、郁闷的女人喜欢养宠物，今天的情况跟宋朝一样。

> 却说潘金莲房中养的一只白狮子猫儿，浑身纯白，只额儿上带龟背一道黑，名唤雪里送炭，又名雪狮子。又善会口衔汗巾子，拾扇儿。西门庆不在房中，妇人晚夕常抱他在被窝里睡，又不撒尿屎在衣服上，呼之即至，挥之即去，妇人常唤他是雪贼。每日不吃牛肝干鱼，只吃生肉，调养得十分肥壮，毛内可藏一鸡蛋。甚是爱惜他，终日在房里用红绢裹肉，令猫扑而挝食。

怎么样，看看这段文字，是不是跟今天有钱有闲的妇人饲养宠物一模一样？从这段文字可知，潘金莲养的这只猫绝不是中国土生土长的家猫，而应该是西洋进口的波斯猫之类。宋朝开始有了大规模的海外贸易，这些南洋、西洋的奇珍异宝也开始在民间出现，中国人饲养宠物的风气正是从那个时候开始形成。

这只雪狮子品种不错，也乖巧听话，训练有素，蛮可爱的，但是下场却不好——被西门庆活活摔死了。倒不是西门庆不喜欢宠物，无缘无故发脾气，那么，西门庆为什么对雪狮子下此毒手呢？实在是因为雪狮子闯下了大祸：

> 那日官哥儿穿着红衫儿来潘金莲房中玩耍，不料这雪狮子正蹲在护炕上，看见官哥儿在炕上，穿着红衫儿一动一动地玩耍，只当平日哄喂他肉食一般，便猛然往下一跳，将官哥儿身上皆抓破了。只听那官哥儿"呱"的一声，倒咽了一口气，就不言语了，手脚俱风搐起来。

被猫挝伤的小孩，下场当然非常凄惨，请了太医来看，又四处求神问卜，最终还是一命呜呼了。西门庆迁怒于雪狮子，愤怒地走向潘金莲房间，抓起雪狮子往走廊的廊柱台基上用力一摔，当场脑浆迸散，把那只猫摔死了。

潘金莲此时大气不敢出一声。她当然不敢吱声了，《金瓶梅》的作者在字里行间暗示了潘金莲其实要对官哥儿的死负责："终日在房里用红绢裹肉，令猫扑而挝食"，而猫看到"(官哥儿)穿着红衫儿一动一动地玩耍，只当平日哄喂他肉食一般"，这两句话对应起来看，官哥儿是不是像死于一场精心策划的谋杀？

我们在这里并不想介入西门家的家庭纠纷，也无意做事后诸葛亮去侦破一桩没有立案的谋杀，我们只想引出话题，谈谈宋朝人的养宠物时尚。

宋朝当然没有“宠物”这样的称呼，对动物感兴趣、饲养并加以调教一律被称之为“教虫蚁”，这里的“虫蚁”当然是飞禽走兽、昆虫鳞介的总称。宋人的笔记上记载了不少人与动物的趣闻。

有个叫吕德卿的人家里养了一只绿毛乌龟，每天中午，主人用一根小竹杖去拨弄水面，这只绿毛龟必定会应声而出，吕德卿便用小竹杖叉了几片生肉喂它，绿毛龟吃完后便又沉入水底。两年来，这个条例反射的巴甫洛夫实验从来没有任何差池。有一天中午，吕家的儿童想跟绿毛乌龟开个玩笑，拿了吕惠卿的小竹杖去拨弄水面，等绿毛龟浮上水面却不给它肉吃。如此失信的行为让这只绿毛龟自尊心大受打击，第二天中午，吕惠卿再敲小竹杖时，水里就没了动静。过了六七天，主人去盆中取出绿毛龟时，才知道这只自尊心强烈的乌龟已经绝食而死。

绿毛龟会不会有这样强烈的性格特征？不喂食六七天会不会就此饿死？我们可以存疑，但书上的记载就是这样讲的。

还有一只“秦吉了”鸟就更加神奇了。据说沪南长宁军有一位养教“秦吉了”的人，由于这只“秦吉了”被调教得能说人话，有一个番夷的部落首领就想用 50 万钱把它买走。养鸟人和“秦吉了”商量：我太穷了，把你卖了改变一下自己的生活吧。谁知这只“秦吉了”却说：“我，汉禽也，不愿入夷中。”不久，“秦吉了”就死了。

其实，宋朝人豢养的宠物有不少都是从异国他乡进口来的。东京汴梁最热闹的商业街樊楼一带的街南就有不少饲养、出售鹰鹘的“鹰店”，这种枭悍的动物就来自辽、金、西夏等地，最早在淳化三年（公元 992 年），西夏国向宋太宗进献了一只海东青，从此，驯化鹰鹘就开始在宋朝的城市中流行起来，以至于东京的闹市区都开了不少的鹰店。画家黄荃以画鹰鹘而著名，他家里就养了许多鹰鹘，以便观察写生。黄荃的子孙不能继承他的画技，最后反倒落得以饲养、贩卖鹰鹘为生，这让诗人梅尧臣不胜感慨唏嘘，还专门为此写了一首诗。

当然，绝大部分宋朝人不会去驯养鹰鹘那样凶猛的动物，对他们来说，最受欢迎的宠物还是鹦鹉、鸽子之类温顺易驯的动物，以使精神得到慰藉。

养教鸽子在宋代城市中渐成风气，尤其是在东南沿海一带，晴空中常常有一群一群的鸽子掠空而过、乘风飞舞，这其中最有名的“玩主”就是当了太上皇的宋高宗赵构。每日收放鸽子他都亲力亲为，孜孜不倦。于是，鸽哨齐鸣，一大群足系金铃的皇家鸽子在凤凰山上空盘旋，也成为当时的临安一景。

宋高宗的本职工作当然是做皇帝，在劳苦大众看来，当皇帝是个轻松活，其实不然。光是整天看着一堆堆来自全国各地的奏折，估计都要头大，再加上还要和一群帝国顶尖的人才斗智斗勇，回到后宫还有一群漂亮女人争风吃醋，那都是让人操碎心的事情。于是，宋高宗干了三十来年的皇帝，五十来岁的时候就主动要求退休了。那时候没有延迟退休这一说，况且，做皇帝还不是自己说了算，想啥时退就啥时退？下面继任的还巴不得呢。

退了休的宋高宗就过上了幸福的业余生活。他很爱玩鸟，也和常人一样，喜欢鹦鹉、鸽子之类。靖康之变后，宋高宗一路逃亡，来到了建康。刚歇息下来，就看到一只大鹦鹉从江北飞过来，停在赵构的寝宫前面，大叫“万岁”，仔细一看，鹦鹉的脚上竟然还有一个小小金牌，上面刻着“宣和”两个字。原来，这只鹦鹉是原来汴梁皇宫中所养，竟然不远千里，追随宋高宗飞到了江南。太监忙找了一个鸟架子，鹦鹉就飞了上去，一副回了家的模样。等到宋高宗吃饭的时候，因为是临时的行宫，没有音乐伴奏，鹦鹉就大叫卜尚乐何在，叫了很久，看到没人回应，鹦鹉又说，卜娘子不敬万岁。原来，在宋徽宗时代，每次皇帝吃饭，那都是要奏乐的，而领班的乐师就是卜娘子。听到鹦鹉这么说，赵构想起了当初的幸福童年，看看自己万里逃亡的狼狈样子，也不知道哪一天才能躲过金兵的追杀，万千哽咽心头，双手插入乱发，陷入深深沉思，不由得泪眼蒙眬。等到宋高宗到了临安之后，这个鹦鹉忽然死了，宋高宗还特意写了一篇祭文悼念，可见情谊深长。

宋高宗的临安皇宫在凤凰山麓，那儿一开始是一个大鸟窝子。因为没有人，鸟特别多，成千上万只。这树林里多数鸟还都是乌鸦，叫声那个难听啊！白天，鸟群铺天盖地飞出去啄食，晚上又铺天盖地飞回树林。宋高宗在汴梁皇城里哪受过这样的聒噪，就让所有太监拿着弹弓打鸟。太监们那个辛苦啊，为了皇帝睡好觉，几百人不眠不休地打鸟。

赶跑了乌鸦，宋高宗就开始养他喜欢的鸽子。宋朝人把一种特别擅长飞翔的鸽子叫作鹁鸽，《水浒传》中燕青有种摔跤绝招就叫作“鹁鸽旋”，宋高宗养的鸽子里就有不少名贵的品种。

在皇帝的带动下，民间养鸽自然成风，而用鸽子寄书传信，也开始成为城际之间最方便快捷的邮递通讯。

至于在城市的上流社会，则普遍以养鹦鹉为时尚，教习鹦鹉学念诗句成了富贵人家的一桩乐事。“碧窗尽日教鹦鹉，念得君王数首诗”“等候大家来院里，看教鹦鹉念新诗”，花蕊夫人的诗引领了一个朝代的时尚。

更高雅的居然养起了仙鹤。隐居在杭州孤山脚下的林逋林和靖就自号“梅妻鹤子”，他养的两只仙鹤在主人外出而适逢有客来访的时候，据说会一冲飞天寻找主人去报信。

此外，养蟋蟀当然也大有人在，最著名的就是南宋末年的那个蟋蟀宰相贾似道。传说他经常带着蟋蟀盆、蟋蟀罐与同道中人一起到西湖上游湖、斗蟋蟀，以至于被人们嘲讽为“朝中无宰相，湖上有平章”。老实说，这位贾似道要不是身居高位、玩物丧志，要纯粹只是一位玩主，倒也不失为王世襄一般的人物。他所撰著的《秋虫谱》是中国调教蟋蟀的最权威著作，其在宠物饲养方面的影响力倒也不容一笔抹杀。

第十二章

一不小心中了状元

各位团员，先来看一篇小说。

宋仁宗天圣四年春，赵行德为了参加进士考试，从家乡湖南农村来到京城东京。

当时正是“万般皆下品，唯有读书高”的年代，朝廷为了防止武官专横跋扈，十分重用文官。自太祖以来，经过太宗，直至仁宗，这个国策丝毫未加改变。故而军中要职多由文职出身的官吏担任。“学而优则仕”，这已经成了立身出世的必由之路。正所谓“十年寒窗无人问，金榜题名天下知”。

宋真宗曾亲自作了一首《劝学诗》，向天下人昭示了通过读书求取功名利禄的捷径。诗曰：

富家不用买良田，书中自有千钟粟。

安居不用架高堂，书中自有黄金屋。

出门无车毋须恨，书中有马多如簇。

娶妻无媒毋须恨，书中有女颜如玉。

男儿欲遂平生志，勤向窗前读六经。

一个人只要考取了进士功名，就可以“好马任骑，高官任做”，甚至做到当朝宰相也未可知。各州通判之类的官员更多从新科进士中擢选，所以世人皆信真宗诗中所言，金钱美人都可通过读书一途获得。

赵行德赴京赶考的这一年，从全国各地会集京师的举子就达三万三千八百人之多，而有望中鹄的却仅五百人左右。赵行德从春至初夏一直羁留在京，寄寓于西华门附近一位同乡家中。京师的大街小巷中到处都是来赶春闱的人，他们的年龄参差不齐，有老有少。在这一段时间里，赵行德已经在礼部通过了帖经、杂文、时务策论、诗赋等考试，各科成绩俱佳。

时已入夏，天气渐热。太阳透过榆树的叶子照在马路上。一日，行德收到赴吏部参加身、言、书、判考试的通知。这种考试是一种综合考试，所谓“身”者，是指体貌伟岸；“言”者，言词辨正；“书”者，楷法遒劲；“判”者，则是指判文的文理优长。这个考试合格之后，就只剩下赴金殿应答天子策问了。金殿应答中荣获头名者称作状元，第二名称作榜眼，第三名称作探花。其实似这等出类拔萃的人自不待言，就是其他取得优秀成绩的人也是笃定前程似锦。

赵行德从来没有想过应试的人中有多少像他自己这样“学富五车”的才子，他对此一向颇为自负。行德出身世代书香门第，家学渊源，可以说从小至今，三十二年中不管何时何地，书籍未敢须臾离身。以往的历次考试对于行德而言都很容易。此番进京，尽管已有成千上万的应试者被各种各样的考试逐渐淘汰，但行德认为自己要是名落孙山之后，那简直不可思议。

这一天赵行德来到考场，考场设在一座尚书府第之中。很多应考者集中在四周围有回廊的中庭内等候考试。

当值监考官逐一唱名，再将点到名的应试者沿着长长的走廊引到考场去。等候点名的应试者散布在中庭四周，一个个蹙眉沉思，有人找把椅子正襟危坐，有人围着一棵老槐树转圈子踱方步。干燥的空气中凉风习习，倒也添人几分适意。赵行德尚未点到名，他靠在大槐树下，忐忑不安，只觉得时间难挨。不知不觉睡意袭来，他索性将眼睛闭了，双手抱在胸前，仰面朝天。唱名声不断传出，行德听来仿佛逐渐远去。不知何时，他已经睡着了。在梦中他被引到天子身前，考场两侧鹄立着身着华服的高官重臣，中央放着一把椅子。行德无暇细想，径直走到椅子跟前坐了下去。坐定后，行德才发现前面不远处丹墀上薄幕低垂，想必是天颜近在咫尺。

喜欢文学的朋友已经看出来，这是日本作家井上靖的小说《敦煌》里的开头文字，小说讲述宋朝的书生赵行德进京赶考，却因瞌睡错过了考试，阴错阳差前往刀兵四起、黄沙漫天的敦煌，命运由此发生了剧烈的转折。

好了，我们今天参观的就是赵行德赴进士考试的考场。在大宋朝，“万般皆下品，唯有读书高”，而读书人的人生规划又都是从科举的考场开始。从童蒙识字到后来入馆求学，大宋朝是个“尊重知识，尊重文化”的朝代，国家设有太学、民间设有书院，当然还有各种各样的私塾，可以最大限度地满足大家读书上进的需求。大宋朝实行“学而优则仕”的公平国策，国家定期举办各级科举考试，凡在地方上通过乡试的都可以来京城参加全国统考，录取者就取得做官资格，参与治理国家。科举是做官的正道，这就是大宋朝所谓的“与士大夫共治天下”。

一说到科举考试，你们多半就有了先入为主的印象，马上联想到八股文、联想到范进中举，还有胡屠夫的那一巴掌。其实，这些都是你们的偏见，宋朝的科举考试还没有八股文，那是明朝才有的东西。宋朝的科举考试既要考经史诗赋，又要考经世致用的策论，还是能非常全面地衡量一个人的才华的；同时，宋朝的科举取士也很公平公正，建立在科举取士基础上的宋朝文官制度甚至是现代英国文官制度学习的模板。

好了，介绍一下今天的地陪——宋朝大文豪欧阳修！老先生作为大宋朝文坛领袖，曾多次主持进士考试，对于后学文人的进退有至关重要的发言权，像苏轼、苏辙兄弟都是经他之手录取的。

欧阳修年轻的时候当然也是从科举考试中脱颖而出，他在县试中拔得第一，乡试又考了第一，如果再在京城的会试中考第一，那么就是民间所谓的“连中三元”了。据说他本来确实可以中状元，但主考官晏殊，也就是那个写过“无可奈何花落去，似曾相识燕归来”的宰相词人，出于保护欧阳修的目的，为了让他今后更好地发展，把他的名次稍稍往后挪了挪，好让他戒骄戒躁。于是，欧阳修终于跟“连中三元”的美丽神话擦肩而过。不过，欧阳修尽管没能中状元，但他的才华、文章却得到了朝野上下举世公认，所以，他后来多次出任进士考试的主考官。来，来，来，让我们欢迎欧阳老师！尤其是那些想到宋朝的科场中去试试身手的团员，你们的掌声要更响一点儿！

现在，就让欧阳主考官来给我们介绍一下宋朝的做官途径和科举考试。

宋朝做官的四个途径

宋朝是平民社会的开端，也是平民社会的极致样板。一般来说，社会等级的形成虽然离不开经济实力，但其最终确立和保障还是依靠政治地位。在宋朝，做官不再是贵族阶层的特权，平民都有了做官管理国家的资格，所以，要分析宋朝平民社会的新秩序，还得从做官的途径说起。

面向全社会——注意，这是平民社会与贵族社会的最根本区别。宋朝确立了大致四种入仕的途径：科举、国子监、举荐和荫袭。

作为平等竞争的主流途径，科举是入仕的正途，也是平民参与国家管理的最主要形式。宋朝不仅废除了唐代由当朝显贵公荐举人的惯例，而且打破了唐代科举考试的门第限制，让所有人都能走进考场。所谓“朝为田舍郎，暮登天子堂”，考试面前人人平等。在宋代，只要不是残疾人，皆可应试，甚至以屠牛为业者也能赴试。对于出不起路费盘缠的穷人家子弟，政府还给他们应试补贴，“自初起程以至还乡费皆公家”。

宋太祖开国之初，参加会试的还不过两千人，到了太宗太平兴国二年（公元 977 年）的第一次贡举，参试人数就增至五千三百人。按照《宋会要辑稿·选举上》的说法，县试、乡试都按五比一的比例取得资格，则当时全国参加科举的读书人就有十万人了。这还是宋朝初年的数字！

宋朝初年的科举考试参照唐朝，每年一考，国家动用的财力、物力、人力可想而知。从宋英宗治平二年（公元 1065 年）开始，定为三年一次会试。这样的时间安排直到清朝宣统年间最后一次科举都没有改变过。小说戏文里说的“大比之年”，就是指这一年有礼部会试，要出状元了。

关于科举的情况是我们今天要重点介绍和参观的，等会儿再详细地讲。

第二种做官的途径是去读国子监。国子监是公务员的孵化基地，进入该学校等于进入了仕途。对于广大官员、纳税大户的子弟，朝廷有所照顾，那就是国子监这条道路。国子监是国家的最高学府兼教育管理机构，国子监与太学还有所不同，宋代的太学仍为最高学府，但隶属于国子监。宋朝初年仅设国子监，学生名额也很少，且只收七品以上官员的子弟；后来，又专门设了太学，太学有一套比较完整的学制，从八品以下官员子弟和平民的优秀子弟中招收。所以，国子监的监生可以说是最高学府的特招生。到了明清，国子监的监生都可以花钱捐了，《儒林外史》中的严监生就是捐的监。

国子监的监生如果自认为读书读得好，如果不满足于由国子监毕业而授予的官职，也可以参加进士科的考试，但成绩再好也不授予状元。为了避免他们与寒门子弟抢名额，官方规定参加进士科的监生应与其他考生区分，另设考场，称为“锁厅试”，如果考不上则要罚铜二十斤——国家给了你这么好的学习条件，你还考不好，说得过去吗?！所以要额外罚款。另外，还有一条致命的规定：考不上罚过铜的监生终生不得再参加进士科考试，直到宋仁宗年间才废除了这条规定。

对那些散落在民间的有名气的儒生逸士，朝廷也参照汉朝时察举、征召的先例给予特殊的入仕名额，这就是举荐制度，像苏东坡的父亲苏洵就是通过举荐入朝的，而杭州西湖著名的隐士林和靖则是受举荐而不应召。作为入仕的又一个途径，这一块口子已经开得很小，宋朝规定官员举荐者不得超过五人，其目的是为了防止结党营私。因为名额有限，有举荐权的官员也都小心翼翼地保留着自己的举荐权。举荐通常是朝中大员举荐颇有政治声望的官员，如赵普举荐张齐贤、吕夷简举荐富弼、庞籍举荐司马光、文彦博举荐王安石等。

以上三种入仕途径层层递进，也是环环相扣。譬如寒士通过主流的科举考试入仕，磨勘升迁到了有一定的分量方能去举荐某某人，建立自己的官场网络。这种官场网络从某种意义上说，又是社会等级的开始。这样的人子女当官不愁，若不能通过科举，直接上贵族学校国子监即可，甭管官职能有多大，至少还在仕途、还在体制内。如果升迁到了宰辅、转运使等高级阶层，那么荫袭等待遇也随之而来了。

荫袭，也叫恩荫制度，即父辈为国做出了重大贡献，子孙可直接以父荫当官。它是由贵族政治沿袭而来的一种变相的世袭制，可以看作是门阀制度的一种残存。荫袭一般都是父子之间、嫡长子、嫡长孙的传承，如《红楼梦》里贾赦作为荣国公贾源的嫡长孙承袭了荣国公的爵位。按照继承法，公侯伯子男，爵位要逐级递减，也算是控制数量，如《红楼梦》里宁国府的第二代贾代化就是宁营节度使世袭一等神威将军，而到了贾代化的孙子贾珍就成了三品爵威烈将军。所谓“君子之泽，五世而斩”，用民间的话说叫作“富不过三代”。不过，也有“世袭罔替”的，也就是不用降级继承，亲王的儿子仍旧继承为亲王，在清朝叫作“铁帽子王”。

但是宋朝的荫袭搞得有些宽泛，不仅是父子之间，亲族、门客、部下都可以在恩荫之列。清代学者赵翼有《廿二史札记》中就着重提到了宋代恩荫之滥觞。每逢祭天、皇帝生日、大臣致仕退休或去世等特殊时节，皇家都会拿出名额来恩荫臣子，如宋初名将曹彬去世，恩荫其亲族、门客、亲校十余人；太宗朝名将李继隆去世，恩荫其子，又兼录其门下二十余人；宋英宗治平年间恩荫人数达到两百人；宋神宗熙宁六年（公元 1073 年）恩荫四五百人；到了宋徽宗政和六年（公元 1116 年），一年恩荫的人数有一千四百多人。由于一次恩荫名额很多，大臣如无子嗣则以亲属、门客、随从甚至奴婢充数，更有甚者，直接将优恤名额明码标价，私下买卖。

恩荫既然如此宽泛，其品质也就不太值钱。从这层意思上去理解，把恩惠的面撒得如此开，一方面体现赵宋天子行仁政的理念，另一方面其实也是贬低恩荫出身、抑制豪门宗族势力的变相做法。那些恩荫出身的官员在庙堂之上不仅没有了两晋南北朝时门阀世家的骄人之气，面对科举正途出身的官员，相反有了自惭形秽的感觉。比如宋太宗朝宰相吕端以恩荫入仕，参知政事（副宰相）寇準却是科举进士出身，吕端的资格虽然比寇準老得多，但却自觉矮人一头，处处得让着寇準。到了仁宗朝，国家科举制度已经完备，对人才的选拔也有了严格的规定，宰执高官多为科举进士出身，如韩琦是榜眼出身、王安石中进士第四名、王圭是榜眼出身等。

好了，做官的途径都告诉你了，大家还是力争上游去走科举考试的正途吧！鱼跃龙门，就看你本事了。

五十少进士，三十老明经：最难考的是进士

大家知道，中国的科举考试发轫于隋唐，而宋期的科举基本承袭唐朝和五代，分为常科和制科两大系统。

“常科”就是常设之科，类似于今天的高考，国家规定大纲、内容、时间和具体程式。考试的科目除了进士科之外，还有明经、明法、明字等诸科，甚至还有专门写诗的考试，你可以任选一种科目去考。宋太宗时就有一个叫赵昌国的老儒，请求参加“百篇举”这一科的考试，也就是考试时被要求一天内写一百首诗。宋

太宗亲自主持了考试，结果这位赵老先生忙活了一整天，才写出几十首，水平还一般。太宗皇帝自己倒写了一首《试赵昌国》："秋风雪月天，花竹鹤云烟。诗酒春池雨，山僧道柳泉。"这境界比赵昌国不知高多少。但太宗皇帝念他屡考不中，年纪也大了，还是特赐及第。

"明经"是指全部经书的统考，主要是对儒家经典的释义和阐述发挥；"明法"是法学的专门考试；"明字"则是文字训诂学的考试；而"进士科"则是综合性的考试，所以最受大家的追捧，当然也最难考。唐朝的时候，就有"五十少进士，三十老明经"之说，意思是五十岁考中进士还算很年轻的了，而三十岁考中明经科则已经算迟的。唐朝的进士考试每次录取只在二三十人，所以就更加难考了，唐朝大诗人白居易、元稹等人也都只是明经科及第，而没有考上进士；李白是不屑于去考，能不能考上也难说。

宋朝进士考试的内容包括经史诗赋和应对策论，前者是考你的经史知识和文学功底；后者是看你经世致用、解决实际问题的能力。经史知识包括"四书五经""三礼""三传"和各朝史书，"三礼"是指十三经当中的《周礼》《仪礼》和《礼记》，可以看作是礼学理论的专门考试，"三传"则是《春秋左氏传》《公羊传》和《穀梁传》，可以看成是经部史书的专门考试；文学功底主要考写诗，而且是格律工整的律诗。今天我们说到文学就是唐诗宋词，不过，宋朝的科举是不考填词的，那是勾栏瓦肆夜总会里的流行歌曲，属于雕虫小技，上不了台面。词填得再好，也换不了功名，我们后面要去拜访宋朝的大词人柳永，后面再说。

读书人在县试中考中秀才就算有了功名，官府老爷见了你也要以礼相待，打官司不必跪着答话而要被“看座”，可以坐着说话；秀才们每年秋季参加州府一级的乡试，中试就成了举人，举人已经可以称“老爷”，也就是有了做官的资格。不过，大多数读书人都不甘心以举人的身份做下级官员，所以，中乡举的举子们冬末会集到京城，次年开春，参加由礼部主持的国家级统一会试，称为“春闱”。

从唐代以来，举子们最看重的就是进士科，原因很简单：中进士者日后仕途非常乐观，甚至能爬到宰辅的高位。大宋朝从太祖皇帝起做出硬性规定：宰相需用读书人，其实也就是宰相必须从进士出身的官员中选拔。相比来说，“明经”科及第的则前途要差得多，最终能做到高官的人寥若晨星。其他各小科一看就知道，即使考中，也不过终生是个小业务官，很难掌握到权力。

宋朝科考的题量相当大，不像我们想象的那样答一张卷子就能获取功名。以进士考为例，需要“试诗、赋、论各一首，策五道，帖《论语》十帖，对《春秋》或《礼记》墨义十条”。这其中以诗、赋、论三项为最重，而所谓的“帖”，全称为“帖经”，即默写经典中的段落；所谓“墨义”，即笔答经义，规定为十条。默写经书为什么叫“帖”呢？因为这类考试是将经典原文的前、后句子裁去，只露出中间的某一两句或某一两行，让举子们把前、后补齐，所以叫“帖”。

除“帖经”“墨义”外，进士考试还要回答“时务策”三条。这是考举子们的真才实学了！要不然为啥进士历来看不起明经及第的呢，就因为考明经大多靠死记硬背，“帖经”“墨义”就是考试的全部内容，而考进士不仅可以在诗赋写作上文采飞扬，还能策论时务纵横天下。

因为考题量大，不论乡试还是会试，举子们都要在考场里待上三四天，才能把所有内容答完。所以，科举其实也是个体力活，每场科考都有因体力不支而被抬出考场中止考试的。

当然，相比于唐朝的进士考试，宋朝中进士的难度还是下降不少，原因是录取的人数大大增加了。

唐代进士每科一般录取不过二三十人，宋太祖沿袭旧制，建国当年的第一次考试只录取了十九人，最多的一次也只有三十五人。这样的做法当然保证了质量，宁缺毋滥；但问题是，大宋朝以文人治国，靠这么几个人哪能填补全国众多的职位呢？开宝三年（公元 970 年），宋太祖给主持科举的礼部下了道圣旨，命令他们整理十几年来的举子档案，统计一下，看历经十五次考试全部参加却还没考中的究竟有多少人。礼部经过仔细核查，列出了以司马浦为首共计百余人的名字。赵匡胤大笔一挥：得了，统统赐本科进士出身吧。在宋朝，这种进士有个专门的名称，叫作“恩科进士”，即皇帝开恩特赐的进士。

继位的太宗皇帝想想，老是“恩科特赐”也不是个办法，还不如做得彻底一些，扩大录取名额。他这一扩大，玩得有些大，翻了整整十倍，平均每科录取两百多人。太平兴国二年（公元 977 年），太宗上台后的第一次科举考试就录取了五百人，比宋太祖在位期间十五次科举考试录取的总数还多出几十人。太宗在位二十一年，举行科举考试八次，共录取了五千八百余名进士。宋太宗说：“朕不指望选拔十个就能得五个，只要能有一两个人才，也可以成为治理天下的栋梁。”事实上，太宗朝的宰相吕蒙正、张齐贤、寇準等人都是通过科举进入仕途的平民子弟。

通过了礼部的会试意味着进士考试合格了，而最终的名次，则要在皇帝亲自主持的殿试上确定。皇帝亲自主持殿试也是宋朝的一大创举，一方面它表明了朝廷对文治的重视，另一方面也给进士们增添了无上的光荣，后世称“天子门生”就是这个道理。

宋朝进士科录取的人分为五榜（明清后只分三榜），第一榜只有三人，也就是最荣耀的状元、榜眼和探花。第一、第二榜均为进士及第；第三榜为进士出身；第四、第五榜赐同进士出身。前三榜的新科进士通常授国子监监丞（国家最高学府的高管）、大理评事（司法部门科员）、秘书省校书郎（国家图书馆、档案馆编校）等中央朝廷的官职，如果本人不愿意留京，去地方工作则授佥判某州、知县事等，像王安石考中进士第四名后就以“弟妹当嫁，家贫口众，难住京师”为理由要求到地方工作，一干就干了三十年。第四、第五榜同进士出身的就没有留在京城的资格了，一般都授主簿（地方政府办公厅秘书长）、县尉（县公安局长）等地方职务。

从雍熙二年（公元 985 年）开始，殿试又有了新变化，太宗皇帝亲自呼名召见登第进士，当面宣布考生被录取，称为“唱名赐第”。从此，能够得到皇帝的“唱名”成了大宋王朝读书人最大的光荣和梦想。

每年都有这么多来自民间的力量补充到帝国的体制中来，平民的参政权利得到了彻底的保障和巩固。出身平民的官员比贵族子弟更了解民生疾苦，而平民社会的打造也极大地焕发了社会活力，大宋朝的繁荣由此而奠定。

对于广大贫寒子弟来说，科举为他们敞开了平等参政、改变命运的大门，那些屡试不第的年迈举子朝廷也有“特奏名”的照顾——连考几十年考到六七十岁还没考上，那么皇帝赐你一个“同进士出身”，以示安慰。像前面所说的赵昌国，就是特奏名的“同进士出身”。甚至还有些老童生在卷子上写：臣老矣，不能写文章了，伏愿皇帝陛下万岁万岁万万岁。皇帝心情一好，也会赐个“特奏名”。

不过那已经是没有办法的办法、没有路子的路子了，一般人自然看不上，有的人即使够了“特奏名”的资格，也往往主动放弃，宁愿皓首穷经以期一跃龙门。

至于“制科”，则是由皇帝亲自主持的小范围考试。皇帝感到急需什么人才，就会专门组织这样的特别考试，比如宋太祖时设的贤良方正能直言极谏科，仁宗时设的军谋宏远材任边寄科。

制科考试的范围虽然不大，但应试者的资格却放得很宽，不论是在任官员，还是山野小民，都可由宰相重臣举荐参加考试。已经中过进士的人也可以参加制科考试。北宋名臣富弼，原本是想参加进士科考试的，偏巧那年他老丈人晏殊当主考官，需要回避，只得参加当年的制科考试。再如苏轼、苏辙兄弟，嘉祐二年（公元 1057 年）已经中了进士，还不甘心，又双双参加了嘉祐六年（公元 1061 年）的制科考试。不过，说起来难为情，成绩不理想，只中了第三等。据宋人郎晔考证，苏轼应的是“贤良方正能直言极谏科”，苏轼后来被贬时不无感慨地自嘲说：“当年应制科考试，飘飘然自以为真的可以‘直言极谏’了。殊不知谏一回灭一回，如今灭到黄州凉快来了。”

封卷、誊录，你想投机取巧？没门！

唐代的科举制度要求举子们在参加礼部的考试前，将平日所做的诗文投献给主司考官及权臣名宿以作为参考，谓之“省卷”“行卷”。这跟国外的大学录取要看平时成绩一样，当然有它的道理。但问题是，这样一来，就使得莘莘学子十年寒窗浸淫科目，殚精竭虑为搏一第之外，还得到处奔走投托，求人品评，钻营援引，也为权贵子弟把持科场提供了便利。所谓“上林新桂年年发，不许平人折一枝”，平头百姓要想通过科举进入仕途，只能是“十攻九败”。

宋朝的科举取消了唐代的这一做法，并且增加了“弥封”“誊录”等制度。“弥封”又叫“糊名”，也就是像今天的试卷一样有了姓名装订线，把考生所填写的姓名、籍贯等一切可能作弊的资料信息全部密封，使主考官和阅卷官无法得知每张卷子是谁的。这一套制度从宋真宗时开始实行，当时很多人还持反对态度，如范仲淹、苏颂等，他们的反对理由是糊名制度过于冒险：如果一个人平时声名狼藉，但考试时却成绩上佳，糊了名就无从知道，你倒是录取不录取呢？

但随着时间的推移，却证明糊名是最合理最公允最无话可说的一种手段。苏轼参加礼部会试那年，主考官是欧阳修。当时欧阳修最看好的是自己的门生曾巩，拿到苏轼考卷一看，眉飞色舞，认定必是曾巩的答卷，取为头名。等到拆开糊名一看，原来是苏轼。不论欧阳修是出于公还是出于私，总之他当主考时，想给得意门生打高分也很难做到了。

不仅如此，考官批阅的试卷还不是考生的原卷，而是经专人专门誊写的，这是为了防止考官认得考生的字迹或考生在试卷上做记号与考官通同作弊。比如欧阳修一定认得曾巩的笔迹，可经人用标准字体一誊写，那就没法知道了。

我们今天去逛文玩市场，看到一些红色的“朱墨”，小贩一定会神秘兮兮地告诉你：这些都是皇帝御用的，称朱笔。其实，这些朱墨除了一小部分上贡皇帝御用以外，大部分是供誊写科举试卷用的，誊写过的试卷也称“朱卷”。

宋朝的皇帝在殿试时还刻意打击考生投机取巧的行为。早些年，宋太宗主持考选进士时，总是把最先交卷子的录为第一。胡旦、苏易简、陈尧叟等人当年参加科举考试，都因为先交卷而获得了好名次，结果考场风气因此大变，考生们都以答卷快为时尚，争做“快枪手”。有一年，孙何和李庶几同来应试，他们在当时都很有文名，李庶几尤其才思敏捷，孙何却因文思迟慢而苦恼。刚巧有谏官上疏说：“举子们轻浮不稳重，写文章不深究经义，只拿写得快来夸耀。”并举例说：“李庶几和举子们在炊饼店里作赋，以蒸熟一笼炊饼的时间完成一韵为优胜。”太宗听了大为生气。这一年的殿试，李庶几果然最早交卷，马上遭到训斥，被赶了出去，于是孙何被选为头名状元。

这样严格的考试制度使得科举向“无情如造化，至公如权衡”的最佳公平状态发展。无论你是高门子弟还是寒门贫士，科举面前一视同仁，考试面前人人平等。这是朝廷向民间开放的一种笼络人才的方式，使得万千有才华的寒士们都能加入到帝国的体制中来，彻底冲淡了以往阀阅士族的势力。诸多寒门子弟如吕蒙正、范仲淹、司马光、王安石、苏轼等都是通过科举入仕的。

宋朝的皇帝十分重视科举人才。据说，仁宗皇帝在殿试上录取了苏轼、苏辙两兄弟后异常高兴，回到后宫对曹皇后说：“朕今天为子孙物色了两个宰相之才！”尽管苏轼后来没有做到宰相，但当他在宋神宗朝因“乌台诗案”被人陷害险些遭杀身之祸时，已经当了太后的曹氏却拿出先帝的这句话来替苏轼当了“免死金牌”。

好了，有关宋朝读书人的光荣与梦想，做一个宋朝人的最佳人生规划就跟大家介绍到这里，今年正是大比之年，有兴趣的团员不妨下科场一试身手。至于考试资格嘛，欧阳老师说了，鉴于绝大多数团员都有大学文凭，视作“同举人出身”吧。

什么？我听见有几个团员在说大话，一不小心中个状元回去，状元是这么好中的吗？你不知道状元在那个时代有多风光！

中个状元有多风光？

我们知道的宋朝名人包括欧阳修、苏东坡、王安石、陆游、杨万里等，其实都没有中过状元。喜欢看戏文的朋友知道有一个吕蒙正寒窑苦读，后来中了状元当了宰相，另外一个为大家所熟知的就只有文天祥了。

文天祥中状元那一年正好二十岁，头戴簪花在临安城里骑马游街接受万民欢呼，那可真是意气风发。马上的这位帅哥相貌堂堂，颜值爆棚，一副高富帅的样子，俘获了众多少女的芳心，她们把鲜花尽情地向他抛撒，其盛况就像今天的追星族迎接大牌明星一样。

我们知道，在今天的欧洲国家都有凯旋门，那是迎接战场上凯旋的胜利者、迎接得胜将军们的，而在宋朝，虽然没有凯旋门，但凯旋的光荣只属于科举场上的佼佼者。

宋朝的时候在京城头戴簪花、骑马游街，这一份荣耀只有考中了状元、榜眼、探花才有。武将们在前线九死一生，即使能够开疆拓土、决胜千里、献俘阙下，也没有骑马游街的待遇。唯一例外的是南宋的岳飞。绍兴三年（公元 1133 年）秋天，从前线回来的岳飞进京向宋高宗汇报工作，高宗热情地接待了这位他一手提拔起来的将领，并亲笔题下“精忠岳飞”四个字，让皇后亲自动手把这四个字绣成一面旌旗，又让御林军捧着这面旌旗为岳飞开道，在京城临安的御街上巡游。当时的情景是观者如潮，都以为是盖世无双的荣耀。确实，这种荣耀原本只属于蟾宫折桂的状元，古往今来能有多少将领可以享受得到？

中了状元当然是万众瞩目。如果你还是钻石王老五，那么恭喜你，明天说媒的人就会踏破你家门槛，上至亲王宰相，下到国子监的祭酒（校长），都想招你为乘龙快婿。所以从前人把“洞房花烛夜”与“金榜题名时”联在一起，不是没有道理。

按照宋朝做官的一般程序，中了状元后先是分配去国子监当个高管，然后转翰林院学士，再到内阁转一圈，做得顺利就进入未来的宰相人选，应该说前途一片光明。

不过，也有受各种情况影响而不怎么光明的，比如说，文状元显然就比较苦——正在吏部准备找他谈话的时候，文天祥的老爸死了。按照封建时代的制度，丁忧三年，也就是要回家守孝三年，三年之后再来向朝廷报到。然而三年后，早就有了新状元，谁还惦记你，好工作估计也轮不上了。

说完状元，我们再来说说考官。别看考官在考场上生杀予夺、权倾一时，但事实上考官也蛮难当，以我们的欧阳修欧阳大人为例吧。

考官欧阳修摊上大事了

欧阳修的道德文章在有宋一朝举世公认，所以，他多次被皇帝选为科举的考官。但这位欧阳考官却被牵连进一桩有关生活作风的艳情案件中，差点儿陷于牢狱之灾。

这桩案子的情节包含了通奸、乱伦等各种劲爆的元素，对于案情的真伪，至今还争执不下，没有定论。

那么，究竟是怎样一桩案子呢?

事情是这样的：欧阳修有个妹妹嫁给了张龟正，没有生孩子，而张龟正的前妻生有一个女儿。张龟正病死后，欧阳修的妹妹就带着当时七岁的前妻女儿张氏回了娘家，由欧阳氏扶养。等到张氏十五岁时，由欧阳修做主将女孩嫁给了族兄的儿子欧阳晟。欧阳晟在外地做一个小官，当他罢官回家时，却发现张氏正与管家通奸。

在古代，由于男主人长期不在家，女主人与管家通奸的事情经常发生，像《水浒传》里，卢俊义就碰上这样的事情。

欧阳晟当然不肯罢休，遂将奸夫淫妇扭送到开封府。开封府的知府叫杨日严，以前在四川当官的时候曾被欧阳修弹劾过，他接到案子，一看与欧阳家有关系，便指使手下想办法要把欧阳修牵连进来。

当时有一个言官叫钱明逸，是五代吴越国钱王的后人，钱氏家族是一个非常了不起的家族，历代名人辈出。但不知为什么，欧阳修却总是跟钱家过不去，在他写的书里多有贬损吴越钱氏、揭露其骄奢淫逸的内容。钱明逸作为钱王后人，当然很不满意，怀恨在心。听说了这桩案子后，他使出浑身解数，弹劾欧阳修与罪妇张氏之间早有私通的奸情。

本来是跟管家通奸，怎么就扯到欧阳修身上来了呢？我们说捉奸要捉双，你总得有证据吧！

证据之一就是欧阳修写的一首艳词《望江南》。词不长，我给大家读一下：

江南柳，叶小未成阴，人为丝轻那忍折，莺怜枝嫩不胜吟，留取待春深。

十四五，闲抱琵琶寻，堂上簸钱堂下走，恁时相见早留心，何况到如今。

这首词从字面理解，还真有那么点儿意思：“叶小未成阴”“留取待春深”可理解为张氏年纪还小，等她年长后再下手；而“堂上堂下”显然写的就是家里事了；“恁时相见早留心，何况到如今”，更可解释为这一段不伦的恋情已经有一段时日了。

开封知府得到钱明逸送来的这颗“炮弹”当然欣喜若狂。于是，对张氏严刑讯问，而张氏也终于供认，说自己在还没结婚时就与欧阳修有过奸情，还交代了许多不堪入目的“内情”和“细节”。

这一下可真引来了轩然大波：一位朝廷大臣居然如此腐败，案情似乎还相当重大，连皇帝都被惊动了，宋仁宗下令派户部判官和一名宦官进行复审。

二位复审官倒还算公正，最后查明许多事情纯属诬陷和捏造，但要彻底洗白，恐怕也不容易。所以，朝廷还是下令将欧阳修贬官，去担任滁州知州，就在那里，他写下了著名的《醉翁亭记》。

至于欧阳修是否真的与张氏有暧昧关系，后世学者持不同的意见，比如胡适就认为“大概张氏一案不会出于无因”。胡适以做学问严谨而著称，他尽管用了“大概”一词，但想来这已经是大概率的事情了。

持反对意见的学者呢，只好连那首《望江南》的词也一概否认了。他们说今天记在欧阳修名下的很多艳词并非出自欧阳修的手笔，而是仇家和小人的恶作剧。为什么会有人“恶作剧”呢？因为欧阳修作为文坛领袖，几次主持进士考试，对于后学文人的进退有至关重要的发言权，他在奖掖提拔了一批人的同时，也免不了得罪了另一些落第的举子。

比如欧阳修一向厌恶无病呻吟的程式化文章，当他取得了绝对话语权时，就将延续了百年的程文考卷全部黜落，所取文章，都是言之有物、论之成理的“古文”，所以苏轼、苏辙就占了大便宜，而一个叫刘几的举子则将他恨之入骨。刘几是太学生出身，他写的文章“好为险怪之语”，一时竟成风气，人称“太学体”。欧阳修正倡导文风改革，对此深恶痛绝。嘉祐二年（公元 1057 年），欧阳修主持进士考试，刘几来应试，欧阳修就在刘几的试卷中批了一个斗大的“谬”字，毫不客气地将其从榜单中拿下。但刘几这个人其实也是有两把刷子的。嘉祐四年（公元 1059 年），欧阳修再度主考，刘几改名刘之道，再次前来应试。这一次，他一改原先险怪的文风，写得务实通畅。欧阳修读其文，大加赞赏，擢为状元。等到放榜之时，欧阳修才知道，刘之道就是当年的刘几！

宋人编的《名臣言行录》就指出，欧阳修“复知贡举，为下第刘等所忌，以《醉蓬莱》《望江南》诬之”。原来是这些落第的举子们写了一些淫词艳曲，冒名欧阳修，借此诋毁。

所以说考官也不是那么好当的，除了受人感激、被尊为恩师外，也得当心落第子的打击报复。

好了，科举的事就说到这里，明天我们还要去访问一位科举制度下的另类文人，他也是宋词的绝对大家——柳永柳三变。

第十三章

风雅与忧伤：宋词里的人生

诸位团友，我们说了宋朝的科举，也观赏了宋朝的娱乐、体育、时尚，可到了宋朝总不能不谈宋词吧？宋朝没有博弈论，没有一般的均衡，没有呆头呆脑的数学符号，却有一曲曲精致的宋词，靡丽凄婉，缠绵悱恻，洋洋洒洒，风流恣肆。

读宋词当然有不同的读法，你去买本《全宋词》，皓首穷经背得滚瓜烂熟，难道你就读懂了宋词？文友车前子说，词讲究的是顿挫。这里我们还是来解剖一位才子，从他的身上，从他的词里，也许可以看出宋朝人的思想观、人生观。这也是宋词的一种读法。

好了，有请我们今天的地陪：柳永柳三变！

柳永：我很浪漫，其实我很无奈

公元1024年，对于四十一岁的词人柳三变来说是一个残酷的年份。

这一年，他第四次参加了进士科考试。从二十五岁第一次进京赶考算起，他已经失败了三次，整整十六年。其实，宋朝的科举考试相比于唐朝来说，还是相对容易的，宋朝录取进士的名额大增，整个宋朝进士登科者有十一万人之多，平均每次录取的人数是唐朝的十倍以上，这样的录取比例，柳三变却接连名落孙山，可见他的学问与赵宋官家需要的经世济民那一套格格不入。

柳三变，这个名字听起来是不是有点儿怪怪的？但是，从前的人却不会觉得奇怪，因为《论语》里就有这样的章句："子夏曰：君子有三变：望之俨然，即之也温，听其言也厉。"所以，这个名字跟我们当年的"卫东""建国""超美""援朝"一样，从时代的角度来看，都算是又红又专的。他的父亲给他取这个名字就是希望儿子能够成为一个修身齐家治国平天下的栋梁，而要成为大宋朝的栋梁，只有科举一条正道。宋朝取士不问门第、阀阅，只看科举功名，相比前朝应该说更加公平，整个宋朝以白衣而致卿相的例子数不胜数，可惜我们的柳三变运气不太好。

这个叫三变的男人并不像子夏先生所说以及他父亲希望的那样，望之并不俨然，听其言也不厉，不过"即之"倒是"温"的——跟他接触过的女人都喜欢他温和的脾性。这样一个人被送上了科举的道路，注定其仕途之路无比艰辛。

每一次的锦绣华章、激扬文字，伴随着一展平生抱负的雄心，在被送入九重宫阙后居然都如泥牛入海，杳无音信。柳三变也曾迷惘过、抱怨过，但终归还有那么一份自信支撑着使他不曾绝望。毕竟，作为一个词人来说，他的成功绝对是空前的，"凡有井水饮处，即能歌柳词"，他的词在大宋皇朝的疆域甚至连边陲的西夏国境内都被广泛翻抄、传唱，只要有人的地方，都能听到他柳三变的词。他是大宋王朝的流行乐天王！

然而，这一次的进士考试宣布了他在仕宦道路上的失败也是空前的，他被当今的皇帝亲自定性打入另册：且去浅斟低唱，何必来争浮名！

是啊，你这个尘世的享乐分子，常年自在地混迹于烟花柳巷、青楼妓馆，你爱好的是这无边风月的人世和诸多钟灵毓秀的女子。圣朝以道德文章取士，你已经坐了流行乐坛的第一把交椅，而且你在私生活上也颇多故事，尤其是公然跟许多的青楼女子牵扯不清，望之形象一点儿都不俨然，你这样的人又何必来做官呢？

听到这样的结果，柳三变的心顿觉一片冰凉。

他知道皇帝的这两句文字其实都出自自己的一首词，那是六年前他在第三次进士考试失败之后，郁闷之下写下的那首《鹤冲天》：

> 黄金榜上，偶失龙头望。明代暂遗贤，如何向？未遂风云便，争不恣狂荡？何须论得丧。才子词人，自是白衣卿相。
>
> 烟花巷陌，依约丹青屏障。幸有意中人，堪寻访。且恁偎红倚翠，风流事，平生畅。青春都一饷。忍把浮名，换了浅斟低唱！

有位女作家评论这首词，说它是伴着急鼓快板吼出来的，那个时候没有重金属，否则我们可以看到柳永长发凌乱，目空一切，在震耳欲聋的音乐中引颈狂歌，声音嘶哑而尖锐。这位女作家说，这首词就是一篇宋朝的摇滚。然而在柳三变看来，这本是一篇抒发牢骚的游戏文字，而且还是作于前一任皇帝宋真宗天禧二年（公元1018年），没想到当今的仁宗皇帝却记了仇。自古以来，天下有哪一位举子敢得罪皇帝？柳三变在当时那一刻也不免冷汗直流。

但是我们今天换一个角度来看，得罪了皇帝，而皇帝并没有因为受到顶撞而恼羞成怒，更没有利用至高无上的权威像捏死一只耗子一样把你给灭了，反而是采用了一种不无幽默的手法轻轻地将你一军，倒显得皇权的开明亲和了。据说，宋太祖曾经立下碑誓，要求后世的继任皇帝们要善待读书人，尤其不能杀害读书人。所以，那个时代对中国的读书人来说，确实是个黄金时代。

关于柳三变在青楼歌馆红袖丛中依红偎翠如鱼得水的故事，在今天看来，不，在后人看来，都是一种传奇。所以，从元朝的杂剧到明清的话本、小说，都对这个题材饶有兴致，都在争相演义着这个传奇，影响较大的有《柳耆卿诗酒玩江楼记》《众名姬春风吊柳七》等。

前者讲述了柳三变与杭州名妓周月仙的故事。柳永二十五岁时做了杭州郡守，上任后在钱塘江边造了一座玩江楼，常常与文人学士们在那里宴饮赋咏，每次都要把周月仙召来唱歌助兴。柳永多次调戏周月仙，但周月仙始终不从。后来，柳永听说周月仙与江对岸萧山的一个黄员外十分相好，每天晚上都要坐船过江去与黄员外幽会。于是，柳永心生一计，把撑船的艄公找来，对他口授密计。当天晚上，周月仙果然又乘船过江去萧山会情郎，船到江心，艄公就停下船来强奸了周月仙。受辱后的名妓惆怅万端，吟诗一首："自叹身为妓，遭淫不敢言。差归明月渡，懒上载花船。"艄公把这首诗记在心里，回去就告诉了柳永。第二天，柳永召周月仙来侍宴，酒酣之时，柳永唱起了昨日周月仙受辱所作的诗，周月仙一听大感羞惭，因此就顺从了柳永。柳永心头十分得意，就写了一首诗送给周月仙："佳人不自奉耆卿，却驾孤舟犯夜行。残月晓风杨柳岸，肯教辜负此时情。"从此之后，柳永天天与周月仙缠缠绵绵，他的风流名声也越传越远，竟至因此影响了仕途。

在这则故事中，柳永的形象显得有些无赖兼无耻了。然而，这则故事的真实性有待商榷。首先，柳永那个时候还没有改名叫柳永，他还叫柳三变，柳永是他在五十一岁时才改的名字，为的恐怕也是皇帝记住了柳三变的名字并且将这个名字打入科举黑名单，所以他还得变一变，三变不够就四变，这第四变就是变名字。这一招果然有用！放榜的时候，柳永的名字虽然不在第一甲的"进士及第"，也不在第二甲的"进士出身"，总算出现在第三甲的"同进士出身"上了。虽然距离当年"高中魁甲"的目标有些远，但就像今天的"三本"也是大学一样，"中了"反正是"中了"！如果拿"三十老明经，五十少进士"这句话来参照，柳永似乎中得还不晚，毕竟才五十过了一岁，但那句老话是在唐朝，那时每一科进士只取二三十人，而在宋朝，宋仁宗景佑元年（公元 1034 年）柳永这一科一共录取了一千六百四十人，也没啥好稀奇的了。

其次，正如我们前面所说，柳永直到五十一岁才中了第三甲进士，取得做官的资格，他二十五岁的时候根本不可能做杭州的郡守，当然也无力去盖一座玩江楼。杭州没有玩江楼，只有一座望江楼，建于清光绪十五年（公元 1889 年），肯定不是柳永盖的了。再说柳永的官职，他一辈子做到最大也只是余杭县令、泗州判官、屯田员外郎，从来没有当过地方大员郡守。

按照宋朝的文官制度，分为三个官位等级，第一个等级称为“选人”，是最低等级；第二个等级称为“京官”，是中间等级；第三个等级称为“朝官”，是最高等级。其中“选人”又包含七个等级，在选人的七个等级中逐级升迁，称为“选调”，由选人升为京官称为“改官”，由京官升为朝官称为“转官”，柳永从五十一岁做起做到七十一岁去世，都没有“转官”。他老人家的仕途走得真不太顺。

综上所述，对于柳永同志倚红偎翠的传奇故事我们还是有必要来一个正本溯源的澄清：

传奇的开篇，要从十九岁少年从家乡福建崇安出来赴京赶考的那段光阴说起。那一年，柳三变顺利地通过了乡试，在家人和乡亲的热烈庆祝下，跨出故乡的大门，前往东京汴梁参加进士考试。

在那个交通极不发达的时代，进京赶考是一次漫长的旅行。沿途的风景和种种始料未及的磨难，都是对意志和定力的考验。率性的天才少年显然缺乏这样的定力。

十九岁的柳三变第一次如此近距离地看到了这个花花世界。他优哉游哉地随着舟楫的欸乃声进了钱塘江，来到了自古繁华的杭州。在这座瓦肆林立、勾栏遍布的城市，他听歌、看舞、喝酒、填词，流连忘返，与青楼的缘分也第一次在这里谱写。十年寒窗苦，平日里在家长和塾师的高压监督下过着悬梁刺股的日子，初到繁华的都市，声色犬马对他都是不小的诱惑。紧绷的神经一下子松弛下来，各种平时积压的欲望和青春的荷尔蒙喷涌而出，而满足这种种欲望的最佳场所，当然无过于青楼。

就这样在杭州晃荡了一年，不知是由于盘缠告尽，还是什么其他原因，他突然想起了要见一个人，这个人就是当时杭州的知州孙何。

孙何当年也是一位才华横溢的文人，据说他十岁就通晓音律，十五岁能写出漂亮的文章。他的才气与当时的参知政事（副宰相）丁谓齐名，人称“孙丁”。相传两人同时参加科举，孙何考了第一，丁谓倒只考了第四。丁谓颇不服气，还特地跑到宋太宗赵光义那里去理论，赵姓皇帝似乎都不乏幽默的细胞，太宗的回答很轻淡：“甲乙丙丁排在那里，你既然姓丁，考第四名也不冤枉，有啥好怨的？”——读宋朝的历史，总有这样的逸闻让你感到亲切。

柳三变与孙何的年龄足足相差了二十三岁，但柳爸曾与孙何有些渊源，大家都是官场中人，所以柳三变决定去拜谒一下，顺便解决一下经济问题。

可是知州衙门不是那么好进的，再说，去了也得有个由头。柳三变想想，还是填首词最拿得出手。一念之间就有了杭州历史上最著名的那首《望海潮》：

东南形胜，三吴都会，钱塘自古繁华。烟柳画桥，风帘翠幕，参差十万人家。云树绕堤沙，怒涛卷霜雪，天堑无涯。市列珠玑，户盈罗绮，竞豪奢。

重湖叠巘清嘉，有三秋桂子，十里荷花。羌管弄晴，菱歌泛夜，嬉嬉钓叟莲娃。千骑拥高牙，乘醉听箫鼓，吟赏烟霞。异日图将好景，归去凤池夸。

这首词一反他惯常的风格，以大开大阖、波澜起伏的笔法，浓墨重彩地铺叙展现了杭州的繁荣和山川壮丽景象，可谓“承平气象，形容曲尽”。

词是填好了，也迅速在杭州的勾栏瓦肆里传唱走红，但是怎么能让孙何看到呢？柳三变想到了他在杭州娱乐圈里厮混结识的姐妹们。楚楚，杭州青楼的当红花旦，官府衙门举行各种宴会，她是每次都会受邀献技的社交明星。请她转达一定可以！

楚楚心目中的风流才子柳三变开口了，难道还能拒绝吗？

果然，这一年中秋，孙何在家中大摆宴席欢娱同僚宾客，邀请楚楚小姐去唱歌，于是，你想得到的，楚楚就楚楚动人地唱了这首《望海潮》。于是，柳三变很快成了孙何的座上宾——那个时代，还是很尊重文化的。

柳三变的这首《望海潮》很快传扬开来，不仅在大宋国内广为传唱，后来还一直传到了北方的金国。据说金主完颜亮读到了这首词，也对“三秋桂子，十里荷花”的西湖羡慕不已，起了“投鞭江东”“立马吴山第一峰”的念头，兴兵南侵。这也是一念之间。一首词的效应居然开启了两国的战端，这无论如何是柳永始料不及的。南宋末年有个叫谢处厚的诗人，深怪柳三变作词招祸，便写了一首诗埋怨他：

谁把杭州曲子讴，荷花十里桂三秋。
哪知卉木无情物，牵动长江万里愁。

不过无论是完颜亮的南侵，还是谢处厚的埋怨，对于柳三变来说都是身后事。他一生只顾在朱门院落繁红嫩翠之中听“弦管新声腾沸”，看“楚腰越艳”“舞袖飘雪”。而且，作为大宋国内最受欢迎的词曲作者、最受青楼妓女爱羡的风流才子，他所到之处，都可以“烂游花馆，连醉瑶卮”。那些青楼女子把他视为上帝，以得到他的一首新词为无上的荣光：“不愿君王召，愿得柳七叫；不愿千黄金，愿得柳七心；不愿神仙见，愿识柳七面。”

这是柳三变人生中最快乐的一段光阴，在他存世的词作里留下了一串美艳的名字：虫娘、心娘、酥娘、佳娘、师师、香香、安安、楚楚、英英、瑶卿、琼娥、秀香、玉英……似乎生活在妓女的世界里，柳三变的人生价值才得以体现。假想一下，如果柳永老实做人，娶个老婆“妻管严”，整日柴米油盐，他还敢流连风月？还有那样的创作灵感？

宋朝，为这个叫柳三变的男人提供了成为天才的种种可能。

不过，柳三变与青楼妓女们关系密切，受到广大青楼妓女的痴心爱慕，自然引起一些道貌岸然的士大夫们的羡慕忌妒恨，但从当时的历史背景来说，他的这一切行为还是合法的，是被社会承认的，并且也是光明正大的。

盛名是把双刃剑

我们前面说过，宋朝的青楼大抵沿袭唐制，有官妓、营妓、市妓之设。京师官妓隶籍教坊，地方市妓则属州郡管辖，名为"乐户"。每逢大朝会的时候，连御前供应都要叫教坊组织歌妓舞女们参加。王安石熙宁改革时，要推行国家酿酒专卖，每年春秋两次开酤煮酒时，也都要"各用妓女乘骑作三等装束"招摇过市，音乐鼓吹，以做宣传（耐得翁《都城纪胜》）。连国子监里"学舍宴集必点妓"，还专门有一批拉皮条的"专充告报"（周密《癸辛杂识》）。

原则上朝廷对官吏冶游狎妓还是有限制的，并且也确实有很多人因此而受处罚。但事实上，宋代官吏冶游狎妓的行为远较唐人为甚，甚至连中央政府的总理级高官也以蓄妓宴游为时尚。我们所知道的大名鼎鼎的宰相寇凖，家里就蓄养了成群的歌妓舞女，每次宴饮，必令歌妓"歌数阕"，然后"赠之束彩"，据说每逢宴会，燃烛达旦，他家烧的红烛往往成堆——那个时候一般人家晚上都只点油灯，因为蜡烛价格高昂，堪称奢侈品。其他，如词人宰相晏殊、欧阳修也都流连诗酒，热衷于娱宾遣兴。叶梦得《避暑录话》说晏殊"每有佳客必留"，"亦必以歌乐相佐"。今人要想一窥当年的风月盛况，可以去翻翻清朝的徐士銮辑录的宋人笔记《宋艳》一书，几乎可以算是一部"两宋风流史"。

一方面，宋朝继承晚唐五代浮靡的世风，整个社会风尚耽于逸乐，最高统治者也倡导这种歌舞升平的民风，如开国皇帝宋太祖赵匡胤就鼓励他的大将石守信等人“多积金，市田宅以遗子孙，歌儿舞女以终天年”（《宋史·石守信传》）；另一方面，宋词这种体裁的繁荣，本来就和城市经济的发展与青楼瓦肆的大量涌现密不可分。宋词，又称曲子词，每一首词作都可谱曲传唱。当时的各种官妓、营妓、家妓多善唱曲子，并以这种表演来满足中上层社会文化娱乐的需要。于是，唱词成了风行的文艺样式。史书记载，宋仁宗时期，汴京城内到外“歌台舞榭，竞睹新声”。社会对曲子词的大量需求，刺激了这个文艺新品种的发展。文人的雅集、官僚的饮宴，一定要歌妓助兴。词作者们往往即席填词给她们演唱，这就是所谓的“应歌之词”。而这些应歌之词，又大多以代歌妓言情为主，所以“绮罗香泽之态，绸缪宛转之度”比比皆是。作为一个词人，柳三变在秦楼楚馆如鱼得水，也就不足为奇了。

与妓女相往还的歌词创作活动，虽然一代文人上自卿相下至落第秀才几乎人人均曾染指，但此类词写多了，还是会成为士大夫盛名之累，柳三变不得不付出代价。

平心而论，仁宗皇帝生性仁爱，也不乏宽容大度，有一个流传很广的佳话，说是另一位词人宋祁在元宵节时偶遇一位宫中美女，从此相思难忘，作了一首《鹧鸪天》的词，内有“身无彩凤双飞翼，心有灵犀一点通”“刘郎已恨蓬山远，更隔蓬山几万重”这样的句子。这首词不胫而走，也传到了宫中。仁宗皇帝召见宋祁并赐宴，又在宴席上命人演唱此曲，把小宋吓得半死。一曲终了，皇帝却面无表情地问小宋：“宋爱卿，你说蓬山到底有多远呀？”宋祁赶紧拜倒，口称恕罪。没想到仁宗皇帝却是想成全他们，当下就把那个对小宋暗送秋波的宫女找出来，赐给了小宋。这样的故事说明了皇帝对男女情事也是持一种包容成全的态度，应该不至于对自己就这么严苛无情吧！可是，人与人之间投缘与否似乎有一分气场几分天数，同样一个人，可以对他很亲密却对你很排斥，这其中的缘由几乎无法解释，结果明明白白地摆在那里！

柳三变后来知道，这里面还有当朝的宰相吕夷简从中作祟。这位吕宰相庆生祝寿的时候，柳三变曾经被请去填词，那时节，才子词人想到堂堂宰相都来屈尊相邀，不免又有些得意忘形，于是在一首《西江月》里写下这么几句：“我不求人富贵，人需求我文章。风流才子占词场，真乃白衣卿相”，他没想到老吕冷冷一笑，从此衔恨在心。皇帝朱批的文字是：“不求富贵，谁将富贵求之？任作白衣卿相，风前月下填词。”难道还看不出吕夷简在其中的作用吗？其实，除了红粉知己，柳三变知道自己朋友绝少。这也是情理当中的，一个太讨异性欢喜的人必定在同性中受到排斥，何况自己“缙绅之门，绝不去走；文字之交，也没有人”。

“万种思量，多方开解。”柳三变的思绪由惶恐绝望转而愤恨不平。他的内心在这一刻突然变得异常强大。既然注定了自己将是庙堂科场的逐臣，又何妨继续做市井青楼的宠儿！皇帝怎么了？皇帝也阻止不了我男欢女爱两情相悦！在这道统的世界里，我就是荒郊废圮的一只野狐！他决定以戏谑的力量反抗皇帝的权威，游戏人生：你不是让我浅斟低唱，让我风月填词吗？你不是皇帝吗？皇帝的话不是圣旨吗？好！草民领旨！于是这位大才子拿来自己的手板名帖，郑重其事地写下“奉旨填词柳三变”七个大字。

烟花世界的“皇帝”

如果说当初柳三变的行为还是随性放任、少年轻狂，那么，从现在开始，从奉旨填词的那一刻开始，他在温柔乡里的一切张狂都已经化为一种无声的反抗。在皇帝看来，这位白衣才子真是破罐子破摔，无可救药；而在柳三变心中，这一刻他已经真正把“浮名”放下，他也因此在红袖添香的温柔乡里重新找回了自我。我行我素，无愧我心！

“奉旨填词”的柳三变受到他众多红颜知己的狂热追捧。

一日，柳三变从东京最豪华的酒楼樊楼下经过，名妓张师师将他呼唤上楼，要求柳三变为她专门填词。柳三变应允了，正在思索间，一个叫刘香香的妓女又上楼来，刘也要让柳为她作词。正在这时，又有一个叫钱安安的妓女也闻讯赶来，向柳七公子提出了写词的要求……

看看，这都应接不暇了！他的名声越来越响亮，“暇日遍游妓馆，所至，妓者爱其词名，能移宫换羽，一经品题，声价十倍”。柳三变也干脆以妓为家，所到之处，那些歌舞妓者都把他围得水泄不通。妓女们把鲜花抛给他，向他欢呼，拜倒在他脚下。

在眉目传情、寄托心灵的感情游戏中，柳永成为最优秀的代表。他并未一味地沉湎于色情和淫荡放肆，而是温良恭俭让，脉脉深情地将妓女作为讴歌的对象，倾注了自己的全部心血。

他赞美东京妓女的舞蹈："风多狎客看无厌，一辈舞童功不到。"他欣赏妓女婉转圆润的歌喉："一曲阳春定价，何啻值千金。"他倾心妓女的性格："心性温柔，品流详雅。"他沉醉于妓女佳娘的一颦一笑，一举一动："举意动容比济楚"……

"留不得。光阴催促，奈芳兰歇，好花谢，惟顷刻。"讲到最后，双眼都模糊，胸腔大脑在共振，难以走路。很多年之后，这位白衣大才子终于沉沉老去。在一次苦旅途中，他终于再也没能看到"杨柳岸，晓风残月"。一叶孤舟放荡，词人的灵魂羽化飞升，躯壳也就任由东西。没有钱财余留，没有亲人在侧，"轻轻地我走了，正如我轻轻地来，挥一挥手，不带走一片云彩"。

柳三变此时已经改名柳永。在五十一岁的时候，他终于厌倦了漂泊的生活，悄悄地把名字改了，悄悄地再次走进科举的考场。虽然科第名次是"同进士出身"，类似于今天的"具有同等学力"，但毕竟有了做官的资格。

按照宋朝官制，柳永年纪再大，也只能从基层干部做起。就这样，又在官场上辛苦了二十年，七十一岁的柳永，其身份是屯田员外郎，所以后世都叫他"柳屯田"。屯田员外郎相当于农业部的部长助理，并不是真的要去屯田，那么，柳永为什么会死在润州的路上呢？我们刚刚讲过，按照宋朝的制度，从第一等级的选人"改官"升做京官，初改官必须到基层去锻炼，了解民生状况，称为"作县"或"亲民"。年已七十一岁的柳永刚刚爬上官位的第二等级，要由"选人"改官做"京官"了，他应该是去润州"亲民"。

柳永也算死得其所。这里的歌妓自愿捐款筹集资金隆重地给他下了葬。他的死讯传出后，每年清明时节，都有成千上万的妓女自发地到他的墓地祭扫，缅怀悼念，鲜花香纸断市、车马阻塞交通、妓女溅泪成河，甚至形成一个节日习俗，人们称之为“吊柳七”或“吊柳会”。这种风俗一直维持到宋室南渡以后的很长一段时间。后人因此有诗题柳墓：

乐游原上妓如云，尽上风流柳七坟。
可笑纷纷缙绅辈，怜才不及众红裙。

做男人做到像柳永这样，夫复何求？而柳永的人生，似乎也为宋朝增添了一份异数与色彩：宽松的环境造就天才，成功的道路不止一条！

第十四章

升堂！看大宋提刑官断案

威武！——

肃静！——

随着低沉的喝令声，三班衙役手执水火棒在两厢排开。

这是什么地方？这可不是拍电视剧，这是真正的大宋朝公堂！

为了让我们的这趟穿越时空深度游名副其实，我们特地跟大宋朝的刑部和大理寺进行了多次沟通，安排大家来旁听几个案子，借此进一步了解大宋朝的世风民情。

庭审观摩，小案件中有大玄机

各位团友肃静！请肃静！大宋提刑官正在升堂审案呢！

今天审的案子是件风化案子，情节也有些蹊跷，大家注意听了。

公元十二世纪的宋朝末年，古称金陵的南京城内，有一个老实巴交的男人在衙门的办事佥厅里做着一个小官，毫不起眼。男人的老婆却很有几分姿色，要身材有身材，要脸蛋有脸蛋，再加上顾盼神飞，巧笑倩兮，更多了几番风情。这样的夫妻就像莫泊桑小说《项链》里的男女主人公，在现世的男女组合中也颇为多见。因为是小户人家没有太多规矩，男人也素来疼爱老婆，所以任由老婆抛头露面四处出游。偌大一个金陵城都晓得这个妇人的艳名，一些浮浪子弟竞相追逐垂涎三尺。

一天，郡守长官设宴，邀请全体僚属的家眷参加，就像今天的领导年终岁末慰问家属，这个佥厅官的老婆也在受邀之列。妇人热衷社交，接到邀请函自然欢喜，幼想着在金色大厅里众星捧月的感觉，便早早在家里打扮停当，就等着老公下班回来接她一起赴宴。

日落西山，到了赴宴的时辰，四个轿夫抬着一顶“宝马”轿子来到小佥厅官的家门前，说是佥厅官派来接夫人的。妇人早已等得心急，没有多想，更没有多问，就上了轿，吩咐一个仆人跟在后面。轿夫们抬起轿子，健步如飞，越走越快。那个跟在后面的仆人很快就跟丢了，落在后面。仆人倒也不急，反正目的地是郡守家里，去迟了也不耽误照顾夫人。没想到就是他的不负责任，引发了一起刑事案件。

仆人到了郡守家里，已经迟了半个时辰，却不见女主人到来，这才发慌。再赶到衙门里找着男主人，奔告其事，男主人也大吃一惊：平时打的都嫌贵，哪里有钱租专车，自己何曾派过什么轿子回家？两人面面相觑一阵，意识到事情不好，连忙报案。郡守也派出各路捕快四处缉查，可哪里去找妇人的踪影？

再说那个妇人，一路还做着流光溢彩的梦，等到下轿一看，满眼红灯高悬，入耳淫声浪语，哪里是什么郡守宅第？分明是一户娼家妓院！

妇人情知上当，可此时已经羊落虎口，妓院里的人不由分说将她摁倒捆绑，从后院河道里塞进一条早已等着的小船，连夜将她转移出城，送到了外地的另一家妓院。到了那里，妇人来不及啼哭吵闹，已被辣手摧花，再也不敢有性子了。于是，她乖乖地学习丝竹歌舞吹拉弹唱，不久就做了妓女开始接客。

原来是金陵的娼家数次见到这个妇人的艳色，设计已久，趁着郡守宴客的机会做下了这桩罪恶的勾当。可怜那个老实巴交的小佥厅官，就这么光天化日之下被人抢走了娇妻！

这个令人唏嘘的故事记载于元人孔克齐的笔记小说《至正直记》。可惜这桩案子要到元朝才水落石出，而在当时，案件找不到一点儿线索，大宋提刑官也束手无策，好在另外一件案子倒有了着落，事见《羞花小史》：南宋绍兴元年（公元 1131 年），汴梁人王从事带着家眷来到临安求职，暂住在一条叫小抱剑的巷子里。这地方左邻右舍都是娼家，王从事一向老实，觉得非常不便，就出去另找房子住。一天，他回来对妻子说：“我已经在某街某巷找好了一处住房，房间相当宽敞，周边环境也好，房租也合适，明天我押运着行李包裹先过去，然后再雇乘轿子过来接你。”

第二天，王从事找了架车拉着行李先走了，时间不长就有一乘轿子来接王妻。王妻也没多问，便上轿而去。

到了中午时分，王从事带着轿子来接妻子，妻子却踪迹全无。他在这条街上找了个遍，一点儿消息也没有。一桩离奇的失踪事件上了当天的社会新闻版。

五年之后，王从事去了衢州当教授。有一次赴太守的家宴，席上有一道菜是甲鱼，味道十分鲜美，客人们都吃得津津有味，唯独王从事吃着吃着就放下了筷子，呜咽起来。太守知道其中必有缘故，就问他怎么一回事。王教授说：“我一吃这甲鱼，就想起了我的妻子。我的妻子过去最擅长做这道菜。她做的甲鱼总是把裙边外面那层黑色的薄皮剥得干干净净，切成方方正正的肉块。今天你席上的这道菜，同我妻子做的甲鱼太像了，我一想起来就禁不住悲伤落泪。”于是，他把妻子失踪的经过讲给在座的客人听，大家都嘘唏感慨。太守把王教授请到内室，叫来一个妇人。王教授一见失声大呼——这妇人正是他离散的妻子！两人骤然相聚，抱头痛哭。

原来，那年他们搬家时，有个歹徒得知了消息，就抬了乘轿子把王妻骗走了。歹徒把她卖给了人贩子，人贩子又转手以三十万文的价钱把她卖进了青楼，青楼的鸨儿因她不肯好好接客，怎么打骂都不管用，便又将她卖给了太守做妾。说来也是天注定的巧合，她在太守家平时并不下厨，这天正好因为厨子病了，才让她下厨代劳。

这是一个破镜重圆的故事，好歹比金陵那个小佥事的遭遇要强些。但是，看了这两个拐卖人口的故事，各位团友不免还是要对宋朝的治安状况打上一个问号。其实，阳光下哪里没有罪恶呢？拐卖人口当然是一种非常古老的罪恶了，宋朝的人口拐卖案件大多发生在勾栏与青楼，这跟宋朝的娼妓制度有一定关系。

宋朝的娼妓制度大抵沿袭唐制，有官妓、营妓、市妓之分。京师官妓隶籍教坊，《宋史·乐志》记载：“教坊本隶宣徽院”，有“使、副使官、色长、高班、大小都知”等一应官员负责管理；而地方的官妓、营妓则属州郡管辖，名为“乐户”。与市民城市相配套的是，私营的市妓较之唐朝无论人数、规模还是档次都不可同日而语。如果说唐朝以官妓独擅胜场，那么，到了宋朝就已经是官妓和市妓并蒂开放。由于教坊乐户的女色只专供官吏士子尚不敷用，私营的青楼市妓更无法靠“家生子”“官卖罪妇”等几条传统渠道来充实自身的“货源”，结果只能是人肉市场的出现。

我们前面说过宋朝是市民社会。市民社会一方面促进、繁荣了城市的经济生活，另一方面也泥沙俱下，带来市侩习气和一些黑恶现象。像孔克齐笔记里记载的情况，显然已经是一个配合得相当周密的组织卖淫宿娼团伙。这种贩良为娼的行为是前朝所少有的。

当然，除了这种奸骗拐窃的伎俩外，更多的是“合法”的买卖。宋朝甚至出现了专业的妓女经纪人，称为“娼侩”。这些娼侩四处打探、游说、坑蒙拐骗地将贫家妇女卖入娼门。像著名的话本小说《卖油郎独占花魁》中的王美娘就是在宋朝末年靖康之变时从东京逃难出来，因与父亲失散，被邻居闲汉卜乔卖入了妓院。不过，卜乔还不是专业的娼侩，宋人程洵的《尊德性斋小集》记录了娼侩两面三刀的手法：婺源人滕洙听说某位境况败落的士族女子因为家贫无奈，经娼侩运作转卖进私营妓院。滕洙想做做好事，将那良家女子从火坑里救出来，就找到那个娼侩，表示愿意以原价替女子赎身。娼侩表面上答应，其实准备趁机敲笔竹杠——像这样利用人们的善良满足自己贪欲的情况看来自古就有。滕洙几番协商不果，便向官府起诉。这边官府还没出判决，那边娼侩已经和妓院私下相商，伪造了一份转卖契约，把价钱提高了好几倍。结果官府判下来，成全了滕洙却让狡猾的娼侩多赚了好大一笔钱。

像这样贩良为娼、一再转卖、伪造合同以增身价的罪恶，竟然公然依靠“法律手段”解决，真是前所未闻。之所以说它“合法”，是因为你难以想象，碰到这种情况，即使是地方官员也无能为力。

赵葵的《行营杂录》记载，宋朝时曾历任扬州、镇江知府的丰有俊到临安（杭州）来游玩，偶尔去逛青楼，意外地发现有个故友的女儿也被卖入这里。丰有俊不忍她流落风尘，想替她赎身，但钱不够，便去找朋友——现任临安府尹王子佐借了一笔钱，替故友的女儿赎了身。丰有俊向他借钱的朋友王子佐正是临安的父母官，却无法通过行政或法律手段救人，也只得拿钱出来赎人，可见这种贩良为娼的行为已是得到官府默许的合法买卖了。同样，《武林旧事》记载：“沈遘，嘉中以礼尚知杭州，令行禁止。人有贫无以葬、孤不能嫁者，悉用公府钱为嫁葬者数百人。良家女卖入娼优者，悉以钱赎归其父母。”看来，这位沈知府对于那些买了良家妇女却合法经营的妓院也无可奈何，只得采用经济的手段出钱赎买。

旁听这类刑事案件，多少总有些叫人心情不好，我们还是转去听听民事案子，那里正在审理一起离婚官司。什么？宋朝也有离婚？少见多怪了吧！恩格斯讲过，离婚是婚姻的合法补充，宋朝人大概也懂这个道理。

哦，忘了介绍今天的地陪，东京八十万禁军教头——豹子头林冲！话说林冲受陷害刺配沧州，临行时给妻子写了一纸休书：

> 东京八十万禁军教头林冲，为因身犯重罪，断配沧州。去后存亡不保。有妻张氏年少。情愿立此休书，任从改嫁，永无争执。委是自行情愿，即非相逼。恐后无凭，立此文约为照。

林冲押个花字，打个手印，一场合法婚姻就宣告解除了。

林冲休妻是因为爱妻，怕误了妻子的青春，立了休书就可以让妻子自由改嫁。《水浒传》中有好几处讲到宋代妇女改嫁的事。比如阎婆惜拿到了宋江私通梁山的把柄，也是要求宋江写一纸文书，任她改嫁张三郎；还有潘巧云，先是嫁了王押司，两年前王押司身故，又改嫁杨雄，这是寡妇改嫁。

以前总以为宋代有程朱理学，饿死事小失节事大，宋代的妇女不大敢改嫁，但事实并非如此，倒是小说《水浒传》的描写更接近历史的真相。

改嫁？宋朝比你想象中开放

宋代妇女改嫁其实倒比任何其他封建朝代来得更寻常，甚至连后妃、贵妇中也有不少人有改嫁史。宋真宗的皇后刘氏的前夫是挑货郎担的，名叫龚美，是个四川人，刘氏跟着前夫载歌载舞卖艺叫卖，被当时的太子即后来的宋真宗看上了带回宫中，改嫁后居然做了母仪天下的皇后。宋仁宗的曹后，先前曾嫁给一个叫李化光的人，因为李化光好神仙修炼，新婚之夜逾墙逃婚，曹氏被休回家，才被选秀进宫，后来也做了皇后。仁宗朝的宰相杜衍，曾随母改嫁河阳钱氏；另一位更有名的范仲淹，其母也改嫁朱氏，那么，范仲淹曾经叫朱仲淹了？不是，朱家管他叫朱说。范仲淹与朱氏兄弟一同读书，继父和异姓兄弟待他一定不错，范仲淹长大后，知道自己的身世，感激母亲的抚养，拜别朱家，考中进士做了官，于是迎接母亲到家中奉养，恢复了自家姓氏，用了后来通行的名字。

从范仲淹孤儿寡母的相互关系和生活实践中我们可以看出，儿女对母亲的改嫁通情达理，毫无怨恨，爱护尊重，生养死葬，唯恐不能尽心尽意。这样的观念似乎比今天的许多人还要进步，不禁要点个赞！

其实，从法制上看，宋代的法律并不完全禁止妇女改嫁。《宋刑统》规定："诸居父母及夫丧而嫁娶者，徒三年。"夫丧马上改嫁者要判三年有期徒刑，但换句话说，过了居丧期的寡妇就可以再嫁。寡妇的居丧期原先规定为二年零三个月，宋哲宗时改为一百天，所以潘巧云在王押司死了一年后再嫁杨雄，是完全合法的。宋朝的法律又规定："已成婚而夫移乡编管，其妻愿离者听；夫出外三年不归，亦听改嫁。"移乡编管就是因罪流放，林冲的情况就属于这种。还有一条法律规定："若夫妻不相安谐"，女方可主动提出离婚申请，宋仁宗时，龙图阁学士祖无择的妻子徐氏，嫌丈夫丑陋，与自己不相般配，提出离婚，法律也支持了她的请求，所以潘金莲是因为信息不灵不懂法律，否则倒也可以与武大郎好合好散，不致害人性命。

从真宗、仁宗两朝皇后以及范仲淹的事例我们可以看出，当时的社会舆论对改嫁的妇女并不歧视，宋代甚至有不少官员为他们已改嫁的母亲请求恩封，也大多告准。另外，改嫁过的妇女如有某些符合道德规范的先进事迹，仍然可以被推崇为“节妇”树立牌坊。在宋人的一些笔记资料中，就有不少节妇是改嫁妇女。宋朝的社会环境看来确实蛮宽松，怪不得汤因比老头想活在宋朝，我们印象中的礼教“吃人”，恐怕还是后世的事情。

宋朝人碰到什么纠纷都会想到对簿公堂，看来还是蛮讲法制的。不过，如果这个纠纷是发生在同宗本族人之间，那么，也有可能在家族祠堂里自行解决。宋朝的社会既是市民社会也是宗法社会，宗族祠堂在某种意义上具有跟公堂衙门一样的权威。刚刚说到范仲淹范老师，在他的家族里，族人发生了纠纷都要到他老人家的牌位面前去讲理，因为范仲淹创立了中国历史上最有名的一个宗族祠堂——范氏义庄。

走，我们去看看享誉弥久的范氏义庄！

义庄模式创始人范仲淹的圈地运动

范仲淹文武全才，做官做到了参知政事。但母亲为生活所迫改嫁朱家的事还是对他有较大影响，大概是想起自己幼年范氏家族中无人抚恤、寄人篱下的痛苦，皇祐二年（公元 1050 年），他在家乡苏州买了一千多亩地设立了范氏义庄。

义庄就是一个人拿出自己的田地，作为公产，养活同宗的族人或者赡养同族的贫苦人。范仲淹的这千亩田地租给外人耕种，地租就拿来作为全族人的福利。

范氏义庄有明确的赡养抚恤章程，比如凡是族人每天可以领一升白米的口粮；每年冬天，每人领绢一匹，儿童减半；凡嫁女的领钱三十贯，娶媳妇的领钱二十贯——不鼓励二婚、三婚，第二次娶亲就不能再领了；参加科举考试的可以领钱十贯，支持再接再厉不懈参加考试，第二次去参考，仍可领钱五贯。至于族人无片瓦可以安身的，义庄提供免费的经济适用房外加无息贷款……

按照这些规定，范氏族人的生活基本需求均可得以保障，婚丧嫁娶等重大事项的经费也不用担心。当然了，义庄也对族人的行为规范做了相应的规定，比如不能偷砍祖坟及其附近的树木，不能欺负佃户，义塾学生不能在学舍饮酒作乐等。

范氏义庄设有专门的职业经理人，以工作业绩决定薪酬标准，比如，如能保证每个族人都领到月粮，就给他奖励糙米二十石。CEO 有权处理义庄事务，不受他人干扰，董事会的个别董事（族中的族长尊老）也不能对他指手画脚。但是，族人也有权告发义庄 CEO，后世通行的做法是到范仲淹的牌位面前讲理，由公众做出判断。族人间有什么纠纷，也都采用这种办法。

范仲淹设立义庄就是要在范氏家族内实行有田同耕、有饭同吃，从某种意义上说带有一些平均主义和共产主义的色彩，这当然跟儒家的大同理想也相吻合，事实上，范氏义庄的设立也向政府备过案，范仲淹的儿子范纯仁就特地向宋英宗上奏，报告义庄设立情形，请求在政府立案，如有人损害义庄利益，请政府按国法处置，以保护义庄不受侵犯。宋英宗批准了他的请求，下令苏州地方官准许备案，予以保护。

范氏义庄的设立为全国以及后世都树立了一个榜样，直至1949年新中国成立前，中国农村中还存在着这一类大大小小的义庄组织。范氏义庄之所以名气最大，一则是因为他的设立人范仲淹名气大，而且也是历史上的第一个义庄组织；二则是因为范氏义庄竟然从宋朝开始延续到民国，这是其他任何义庄所无法比拟的。

范仲淹故世后，他的二儿子、宰相范纯仁和三儿子、尚书右丞范纯礼又续增规条，将义庄维持了下去。宋金战争中，尽管义庄也遭到一些破坏，但南宋时范氏后人、左司谏侍讲范之柔又加以恢复整顿。以后，田亩时有损益，基金的盘子有大有小，到了清末宣统年间以及民国时期，还有田五千三百亩——范仲淹在家族内部推行的一场平均主义实践居然延续了八九百年！什么叫传统？什么叫文明的积淀？这就是！

跑单帮：我们都去幽云十六州

我们今天的最后一站是宋辽交界的应州府，也就是今天的山西应县，应州府的推官正在审理一桩边贸纠纷案。一位辽国的商人带了百余件名贵皮裘贩运给宋朝应州的一位富户，宋朝的富户用大量铜钱支付，他们的交易没有在两国规定的边贸市场——榷场内完成，而是在富户的家里，因为他们是老朋友，来往就像串亲戚，喝着酒谈着天就把生意做成了——听起来好像没什么问题吧？除了有点儿涉嫌偷漏税外，整个交易一手交钱一手交货，应该不存在什么纠纷吧？

然而，就在这位辽国商人酒足饭饱拉着一车铜钱回国去时，在边境线上却被宋朝的边防军人给扣下了，交易双方都被带到了应州府衙门。

补上税就得了，你说，这有什么大不了的！哎，事情还真没这么简单！

原来，宋代与辽、西夏、金等北方国家都设有官府垄断的榷场贸易。这种榷场贸易有利于防止边境走私，增加国家税收，互利互惠，安边绥远。但在榷场贸易中，双方都有严禁出口的物品。例如宋辽边贸，辽国方面严禁皮裘、粮谷和马匹出口；宋朝方面严厉禁止硫黄等军需物资，有关国家机密和朝政得失的书籍，钱币，漆、盐、米等关系国计民生的物资出口。简单地说吧，贸易双方只能采取最原始的以货易货方式，然后由两国的榷场官员根据贸易大小收取税费就算完成了合法交易。

在这次交易中，辽国商人私运辽国方面禁止出国的皮裘入关，而宋国富户又用宋朝禁止出口的铜钱进行支付，双方不仅涉嫌走私逃税，而且交易的都是两国明文规定的违禁物品，所以，麻烦大了！最后，宋朝富户的上千贯铜钱被没收，人也被判充军流配海南岛，而辽国商人和他的皮裘则移送辽国有关部门查办。

在今天看来完全合法的一桩生意，那个时候居然惹出这么大一个麻烦，我们的团友咋舌之余还多少有些想不通：要紧商品禁止出口还说得过去，为什么连钱币都禁止出口？那还怎么做生意？

忘了我们刚来时要兑换货币那会儿跟大家讲的情况了吗？大宋朝缺钱呐！由于经济发达，商业繁荣，大宋朝的铜矿、铁矿不够铸钱之用，所以经常闹钱荒。而且宋朝的铜钱还大量流向契丹、女真和西夏等地。元祐四年（公元 1089 年），苏东坡的兄弟苏辙出使辽国，回来后上了一道札子记录在辽国的所见情形："臣等窃见北界别无钱币，公私交易，并使本朝铜钱。沿边禁钱条法虽极深重，而利之所在，势无由止。本朝每岁铸钱以百万计，而所在常患钱少，盖散入四夷，势当尔也。"

原来，辽、金、西夏都没有自己的货币，但他们有那个时代的"特别提款权"：大宋朝铸钱大家用，宋朝的铜钱在充当国际货币呢！

说起钱的事，还要跟大家说个故事：据说赵匡胤当了皇帝后曾积攒起一笔私房钱，称为"封桩库"。他南征北战地讨平了中原诸国，牢牢金箍手地将战利品都收入他的"封桩库"里，每年国家的财政积余也都存入这个银库里。做皇帝做得这么节约，倒不是吝啬贪财，他是想蓄满五百万缗钱后，去向契丹赎回被后晋石敬瑭割让的幽云十六州。

缗，原意是穿钱用的绳子，代指成串的钱，一千文钱为一缗，五百万缗就是五百亿文钱，真不是一个小数目！

赵匡胤为什么要不惜血本去赎回幽云十六州呢？因为这幽云十六州从战略上讲实在太重要了。从今天的版图上看，十六州包括北京、天津、河北、山西的一大片土地，东西约六百公里，南北约二百公里，面积约十二万平方公里。当年，石敬瑭甘心做契丹人的“儿皇帝”，将这十六州之地割让给辽国，使得千余年来中国人修筑的万里长城失去了作用，因为敌人已经越过了它，进入中国本部。从十六州最南面的地方到当时大宋朝的首都开封，五百公里间，一望平原，没有一个险要的关隘可以阻挡敌骑，门户完全洞开，契丹人随时可以南下牧马。所以，赵匡胤一心想赎回这十六州之地。

可惜赵匡胤还没有凑齐这笔巨资就“晏驾”归西了。宋朝的王辟之在《渑水燕谈录》里记载了这件事，称之为“太祖憾事”。

赵匡胤的继任者宋太宗赵光义没有哥哥那样的耐心，他可不想用自己的钱去解决这个历史遗留问题。他也想收复燕云十六州，但希望凭借武力去收复，建立起汉武、唐宗那样的丰功伟业。

武将出身的赵匡胤尽管马不停蹄、衣不卸甲地征服了中原之地，征泽潞、征扬州、平荆湖、灭后蜀、灭南汉、平南唐、平吴越，统一了中国本部，但却不敢贸然向契丹称兵，反而动起了“赎买”的念头，实在是他太了解契丹的军力了：契丹原系游牧民族，全民皆兵，老百姓长到十五岁以上五十岁以下都要服兵役，而且是自备马匹甲仗。契丹的军队组织分为亲卫军、部族兵与属国兵三大类，亲卫军是战争主力，据《辽史·兵卫志》所载，仅亲卫军中御帐亲军宫中骑兵就有六十多万，都是精锐的壮丁。所以辽人战斗力甚强，非汉人所能及。宋太祖懂军事，他知道新兴的宋朝绝不是北方辽国的对手，所以才自甘屈辱，采取务实的政策，不敢和辽人启衅，只派遣重兵扼守边境，并存留一个北汉政权作为宋、辽之间的缓冲地带。像这样强内虚外、沉潜向内是痛苦的，得有耐心，只有宋太祖懂得其中的道理。宋太祖在位的十多年，契丹也未大规模入寇，双方边境得以安宁。在开宝八年（公元 975 年），也就是宋太祖在位的最后一年，辽国景宗甚至遣使来谈和约，宋亦遣使报聘。

可是这个和平局面，到了宋太宗时突然破裂。一介文士出身的赵光义不明白“兵者凶器”的道理，他对打仗本是外行，却又不免好大喜功，看着中原的一统江山有些沾沾自喜、忘乎所以，于是连连挑起边衅，与辽国开启战端。

从公元十世纪末到十一世纪初的二十年间，宋辽两国一共发生了四次重大战争。于是中国人家喻户晓的杨家将登场了。不过，没用多久，杨家将就全军覆没了。与小说戏曲颇有出入的是，此战中杨家第二代只有一个延玉在父亲身边，并与父亲一起壮烈牺牲；另外，杨业也不是撞死在李陵碑上，而是被俘后绝食三天，死于被押往燕京的途中。

宋辽之间的第四次重大战争就是历史上有名的澶渊之盟了。这场由战争而达成的和平发生在宋真宗景德元年（公元 1004 年），中国历史上第一个千禧年刚过不久。宰相寇準力排众议，建议真宗御驾亲征，甚至到了前方用木槌敲打给真宗皇帝抬轿的卫士，硬是把皇帝抬到了烽火第一线。

宋军将士见到御驾一片欢呼，“声闻数十里，气势百倍”，士兵个个争先奋战，在澶州城下打了一个胜仗，射死契丹大将萧挞览。其时，宋朝的几十万大军也正向澶州集结。契丹人明白在战场上孤军深入恐难取胜，更怕腹背受敌，于是就提出与宋朝议和。这时，战事正对宋军有利，但宋真宗审时度势，为了长久的安定，还是决定用财帛换取和平。历史绕了一匝，重新走回宋太祖制订的方针上来。

经过双方使臣往返商谈，讨价还价，终于订立盟约。主要内容是，宋辽约为兄弟之国，辽主称宋真宗为兄，宋真宗称辽主为弟，并尊萧太后为叔母；宋朝每年给辽国银十万两，绢二十万匹，作为岁币——做大哥的倒贴一些也是应该，拿宋真宗的话来说就是“如汉主之赐匈奴故事”；双方沿边州县各守边界，十六州中原先由后周世宗柴荣收复的瀛、莫两州正式宣布归还宋朝，易州以北归辽国所有，两边人户不得交侵，逃亡越界的人双方互相遣送；双方于边境开通“榷场”，也就是自由市场，进行经济交流和商业活动。

据说宋真宗当时对派去谈判的宋朝使臣曹利用私下允诺的是岁输一百万两，但宰相寇凖有些舍不得，暗自告诫曹利用：超过三十万两，即斩汝首！最后成交是十万两，皆大欢喜，大宋朝还觉得捞了个大便宜。

从客观的角度来说，其实真是一个便宜！因为换来的是一百一十九年的辽宋和平。自八世纪中叶安史兵变以来，沉沦在混战中两百余年的黄河以北大平原上的中国人民，初次得到了安宁。

周边环境很复杂，宋朝活得挺憋屈

从前我们看小说、戏曲，总以为大宋朝积贫积弱，苟且偷安。《杨家将》《呼家将》之类的故事，更是让我们相信，宋朝的边境总是烽火连天，幸亏有了英雄们不屈的抵抗，才使得我们汉民族不至于早早沦为外族的奴隶。

离开杨家将的年代，大宋朝的周边环境究竟怎么样呢？

一百一十九年的长期和平中，并不是没有争端。事实上，争端经常发生，但都由谈判解决。虽然北强于南，宋人常居于被压迫的地位，但因辽人的作风较后来的女真人更为宽和，所以宋朝还没有遭到太严重的迫害。从宋真宗开始，辽国与宋国的关系总体还是友好的。公元 1022 年，宋真宗去世，契丹圣宗特地召集番汉大臣为中国举哀，并遣使吊祭。辽兴宗在世时，曾自绘肖像送给宋仁宗，要求与宋朝皇帝互赠肖像，以笃兄弟之情。后来兴宗之丧，宋仁宗闻讣，也为之辍朝七日，并禁止沿边地区开展一切娱乐活动；兴宗之后，辽国道宗即位登基，特遣亲贵萧谟鲁到宋朝来通报告知，宋朝则派大臣欧阳修前往祝贺，当时，辽国朝野久闻欧阳修的文名，集满朝大臣热烈祝宴，宾主气氛十分融洽。

事实上，对于宋朝来说，最大的边患不是来自辽国，而是来自党项族的西夏。西夏以蕞尔一隅之地，自李继迁抗命到李元昊称帝一直到北宋末年，与宋朝结战一百多年，使宋朝人力物力损失沉重，西北为之困敝，其为患之烈远甚于北方的辽国。

杨家将的第三代杨文广就是在对西夏的作战中脱颖而出。当时，范仲淹宣抚陕西，杨文广还是一个无名小卒，但范仲淹经与他交谈后，大为惊叹，又知道他是名将之后，就将他收为部下。后来，杨文广又跟从大将狄青南征，协助大臣韩琦守边，但其业绩与祖辈、父辈已经不可同日而语。至于小说、戏曲中所谓的“杨宗保”，其实是个虚构的人物，皮之不存，毛将焉附？“穆桂英”当然也不存在了。

历史有时候就是这么荒谬。辽国因为强大，所以宋朝对它惧惮三分，于是和平很容易就为双方所接受，并且得到双方的维护；西夏因为又穷又小，宋朝从心底里看不起它，但又没有力量彻底征服、消灭它，对它始终没有一个固定的国策，时攻时守，时和时战，举棋不定，反而造成一种尴尬的局面。这种局面，一直要等蒙古人来解决，成吉思汗灭掉了西夏国，只不过那时宋朝也快走到尽头了。

尽管有战争，但总也有和平。和平的时候，大家就要互开贸易、互通有无，根据澶渊之盟的约定，宋与辽互开榷场，这个榷场就是两国人民互相做生意的自由贸易区。后来，宋与金、宋与元也都在边境开了榷场，与西夏有没有开榷场，史书上没有明确记载，因为宋朝一直不把西夏当作一个平等的邦交国看待，所以双边贸易也开展不起来，但是陕西、宁夏一带民间的走私贸易总还是免不了的。

在宋朝，从事外贸生意的当然是极小一部分人，而且也以边民为主，北方游牧民族卖给宋朝人民的大多是牛羊皮革、马驴牲口，宋朝人民卖出去的则有丝绸、茶叶、盐巴等日常生活用品。双方政府也经常干预自由贸易，有些物资被上升到了战略的高度，就要被贸易禁运了，像宋朝曾经禁止自己的人民向辽、金出售食盐，同时也禁止自己的人民私下购买马匹；辽、金两国看到宋朝大量进口马匹后都被武装到前线部队里去了，也曾下令禁止马匹出口。一方贸易禁运，另一方就提抗议，就这样，摩擦不断，那个时候也没有世界贸易组织来调停，摩擦到一定程度就打仗。打到后来，再谈判，再和平，再开贸易。宋朝人民就在这样的国际环境下顽强地生存着。

除了边境贸易之外，宋朝的另一个外贸对象来自海外贸易。前面已经说过，宋朝的造船业已经达到前所未有的高度，由于陆地周边环境相对严峻，宋朝也更注重海外贸易，南宋尤为明显。

如果说在陆地的边境贸易中，由于国力不强，宋朝政府的话语权不是很响亮，但在海外贸易中宋朝就不折不扣是个经济强国的角色了。既然强大，就免不了贸易保护和贸易垄断，早在宋太宗太平兴国元年（公元 976 年），宋朝廷就设立了榷易院，把全部外贸产品收归政府专卖，所有外国来的香药宝货到广州、交趾、泉州、两浙后不经官库不得私自贸易，凡私自贸易价值超过一百文以上就要论罪，超过一万五千文则刺配海岛。

宋朝初年，朝廷对中国商人远洋出海的控制已经较为严格，但对商船的出海口、停泊地等规定还不多，但到了端拱二年（公元 989 年），则规定海外商贸一律须报两浙市舶司批准。王安石变法后期，北宋又发起了一次大规模的外贸制度改革，全国只设广州、明州（今浙江宁波）、杭州三个市舶司，所有外贸须在这三个市舶司进行。所以，宋朝的商人如果要开展海外贸易的话，只能到广州、杭州、宁波来。这样的集权管理当然会使市场萎缩，但宋朝的皇帝坚信：天朝大国无所不有，对外贸易只是对海外蕃夷的法外开恩，这个恩开多少大，由自己说了算。宋朝终于没有像威尼斯那样，成为一个世界性的海上贸易强国，与宋朝君臣的眼界有极大关系。

好了，马上就要过节了，我们来得正是时候，下一章就要大家去感受一下大宋朝的节日气氛。

第十五章

张灯结彩：大宋人民沐浴在节日气氛中

距离东京汴梁五六百里外的水泊梁山，众好汉刚刚排了座次，闲来无话。

渐近年末的一日，喽啰们抓来一批从山下经过的行人，这帮人推了五辆车子，上面载了一些花灯。宋江他们一问，原来是莱州府解灯上东京的一行人，八九个灯匠、两个解差。东京汴梁要搞上元灯节，各地都有制灯进贡的任务，指标派下来，莱州府往年是三架，今年又多了两架，所以备了五辆车子。一架灯就是一组灯，五架总共是九九八十一盏玉栅玲珑九华灯。宋江叫取灯来看，于是灯匠们七手八脚将玉栅灯在忠义堂上挂起，安下四边结带，直垂到地，倒也给个强盗窝增添了一份节日气氛。

宋江就对众头领说了："我生长在山东，不曾到京师。闻知今上大张灯火，与民同乐，庆赏元宵。自冬至后，便造起灯，至今才完。我如今要和几个兄弟，私去看灯一遭便回。"

尽管军师吴用再三劝谏，但宋江执意要去。于是梁山泊点起四路人马，尽数化装成百姓模样，潜入东京去看上元灯会，于是引出"柴进簪花入禁院，李逵元夜闹东京"的故事。因一场灯会的契机，宋江他们倒是完成了到李师师家走关系求朝廷招安的任务。

无独有偶，另一部反映宋朝士民生活的小说《金瓶梅》中也多次写到上元赏灯。整本一百回的《金瓶梅》，光是上元灯节就被描写了四次，内容跨越了十六个回目，庞大的篇幅更是让我们感觉到《金瓶梅》的作者对于灯节的热闹有种几近迷恋的情结。政和七年（公元 1117 年）元宵——妓女吴银儿认西门庆第六房爱妾李瓶儿当干娘的这个灯节，也是西门庆加官求子之后的第一个上元节。这是《金瓶梅》中关于灯节的第三次描写。为了展示西门庆家欢庆的气氛，书中所描写的篇幅以及热闹的场面更是前所未有。

那么，上元节究竟是个什么节日，以至于两部书的作者都这样不惜笔墨地加以描写呢？这回，我们可以在这里亲身感受一下上元节的热闹景象！

上元节，宋朝的狂欢节

上元节也就是今天的元宵节。正月十五，这一天可以说是宋朝人民最大的法定节日。上元赏灯尽管在唐朝就已成为习俗，但唐朝的时候并没有将上元节定为法定节日，这个法定节日的诞生还是在北宋的初年。

建隆元年（公元 960 年）的元夜，刚当了皇帝不久的赵匡胤登上宣德门城楼，只见万家灯火、箫鼓间作、士女欢会、车水马龙，好一派繁荣盛世！宋太祖心情很好，特意问身旁的大臣李昉：人物比五代如何？李昉当然机灵，正是溜须拍马的好机会，立即回答说：“民物繁盛，比之五代数倍。”赵匡胤听了很高兴，想想新成立的大宋朝刚刚平定了南唐，讨定荆湘、四川，赵氏大旗迎风飘扬，也该好好庆祝庆祝了。那个时候国际上还没有通行搞阅兵式，于是赵匡胤下令，以“年丰米贱无边事”为由，特诏开封府在上元节时更放十八、十九两夜，纵士民行乐。从此，上元节这个法定节日就在两宋成为惯例。

如果说冬至、立春、除夕、元日，大家还都忙着各自过年，那么到了上元节这一天，则是集体性庆祝春节的一个高潮了。由于有了三天假期，游乐的时间更充裕了，东京市民便将上元观灯的习俗发挥到了极致，将东京汴梁布置成了一个灯的海洋。

你看，大内宣德楼前搭起了山棚彩灯，各家各户也都挂起了灯笼，有钱人家更是会用五色琉璃甚至白玉制成各式各样的灯笼，灯上绘制了山水人物、花卉翎毛等图案。

苏州制作的罗帛灯在宋代很走俏，其中有一款叫“万眼罗”的灯笼，罗帛上剪出镂空的百花等极其细巧的图案，里面放上一根蜡烛，烛火明灭，透出万眼灯光。安徽新安制作的玻璃灯也很巧妙，灯笼的骨架用玻璃制成，点燃后明亮无骨，所以又叫“无骨灯”。

御街上有鳌山灯会，这是由宫里出资搭建的，也算是整个灯会的中心吧。两条草结扎成的龙盘旋在彩门上，中央是彩色丝绸搭起一座山形状的鳌山，上面的灯笼都画着神仙的故事，左右两边用彩绢结成文殊、普贤两尊菩萨，鳌山的顶端还有流水潺潺而下……

在所有的灯中，值得一说的是走马灯。从科学技术发展史来看，它是现代燃气涡轮机的萌芽，可是宋朝人民却利用空气受热后上升、冷空气下沉的原理制作了走马灯，为了观赏、好玩，也是挖空了心思！

这一天的夜里，连皇帝都不寂寞了，带着后宫的嫔妃来到宣德楼上欣赏灯会，观看民间艺人的各色表演。百戏艺人受了鼓舞，口里高呼万岁，表演得更加卖力，宣德楼上皇帝一声“赏”，金钱如雨点般撒下……

我们今天的猜灯谜也是从宋朝开始的，估计是嫌光赏灯太单调了，要找一些助兴的消遣。当然了，猜着了灯谜，你也是可以去领赏的，小到一只灯笼，大到一贯铜钱，反正有你乐的！

由于有太祖皇帝“纵士民行乐”的最高指示，官府也就破例开放各项禁令，就连广大妇女同胞也得到了解放。平日里，她们三步不出闺门，谈不上有什么社会活动。到了上元灯节这一天，她们也可以随同家人出外观灯。于是怀春少女与王孙公子就在这一天上演了不少爱情故事。

东京有个姓张的书生，元宵夜到乾明寺看灯，在殿首拾到一块红绡手帕，手帕上有一首诗，还附有一行小字：“有情者拾得此帕，不可相忘。请待明年正月十五夜在相国寺后门一会，车前有鸳鸯灯的就是。”

套路当然是老套的，但就是这样的套路，在那个时代足以叫人心惊肉跳。我就纳闷，那个掉手绢、扔手帕的少女也忒胆大，她怎么知道捡到手帕的一定是个英俊郎君？而且还忒有耐心，约会约在一年后。好在才子佳人的故事总是往好里编的——张生果然耐心地等了一年。到了第二年的正月十五晚，有情人终于相见，于是他俩经过一番曲折，相约隐姓埋名，逃到苏州白头偕老。

这则宋人故事记录在《永乐大典》里，权当是宋朝上元节的一则社会新闻吧。更搞笑的社会新闻记载在《宣和遗事》里：东京元宵观灯，风流天子宋徽宗一时心血来潮，下令遍赐御酒。一个妇女吃了御酒后，贪小把金杯藏了起来。那个时候没有胸罩，也没有坤包，不知道她藏在哪里，反正是被发觉拿下了。

这还了得！案子发生在皇帝眼面前，宋徽宗也就当余兴节目，亲自审案。不过，那个妇人也不简单，生在今天她绝对是当辩护律师的材料，你看她如何替自己辩解："我跟老公一起出来看灯，人群里和他失散了。现在蒙皇上赐御酒，吃了下去面有酒色，虽然我们大宋朝不查酒驾，但是我不与夫婿同归，还面带酒色，怕回去被公婆怪罪，所以想把金杯拿回去做个凭证，告诉他们是皇帝赐酒，不能不喝。"你看！你看！她说得多么轻巧。更有意思的是，这位妇人倒也是个文艺女青年，据说她还当场作了一首《鹧鸪天》："月满蓬壶灿烂灯，与郎携手至端门。贪看鹤阵笙歌举，不觉鸳鸯失却群。天渐晓，感皇恩，传宣赐酒饮杯巡。归家恐被翁姑责，窃取金杯作照凭。"一首词打动了徽宗皇帝这个文艺男青年，干脆把金杯也赐给了她。提醒各位，你们要是没有这个文艺范儿，可千万别去偷皇帝的金杯，要不然，我们大家吃不了兜着走。

尽管是法定的假日，也不是所有的妇女都可以享受到。一些冬烘的士大夫家里，妇女仍被禁止出门。司马光居洛阳的时候，正值上元节，他的夫人想出去看灯，司马光却板着脸说："家里有灯，何必出去看？"夫人只好说："还想看一看游人。"没想到老先生的脸绷得更紧了："我是鬼吗？"

尽管有像司马光这样不解风情、不近人情的人存在，但上元之夜总的来说是不受任何约束的，可以说就是大宋朝的狂欢节。

没有节日？我们努力创造节日

说到过节，我们很荣幸地请到了这一站的地陪：张镃张约斋先生！可能你要说了，张先生名气没有前面那些地陪大，但他跟陆放翁、杨万里都是好朋友，在他们的诗词中经常提到我们张先生，更难得的是，张先生是民俗专家，他曾经把一年四季的所有节日都做了概述，那真是“春有百花秋有月，夏有凉风冬有雪”。好了，还是把话筒交给专家，让我们的张约斋张先生来介绍：

欢迎大家来到我们大宋朝，感受大宋朝的节日气氛。我们大宋朝的劳动法和节日法的原则是，休息是为了更好地工作，当然，工作也是为了更好地休息。所以，我们千方百计为自己创造节日，营造欢乐祥和的气氛。这一点，跟你们今天有些相似，你们不是有双十一光棍节、双十二单棍节，还有六二节、六一八节……

你们刚才看的是东京汴梁的上元节庆，我们杭州临安府的上元同样如醉如狂。只要冬至一过，临安城内就歌乐相闻，歌班舞队不分昼夜地进行排练。横贯全城长达四千米的天街上，大小茶馆、店铺都悬挂着各色彩灯，供人选购，时称“灯市”。等到暮云渐合，华灯初上，数十支乐队便纷纷上街，献歌献舞，向行人讨赏钱。天天如此，一直要持续到上元节。我的朋友、词人姜夔姜白石有诗为证：

灯已阑珊月气寒，舞儿往往夜深还。

只因不尽婆娑意，更向街心弄影看。

一个小姑娘跳舞讨不到赏钱，顾影自怜地在夜深人静的街头孤芳自赏，这是姜老师喜欢的意境，我们看到的却只有热闹。

春节一过，舞乐队就带着排练好的节目上街了，杭州城里竟多至上百支队伍。每夜天街鼓吹不绝，罗绮如云，节日气氛日浓一日。

正月十四起到十六，官府免收公私税赋三天，“以宽民力”。临安京兆尹（相当于市长）还乘着小轿，由舞队前后簇拥，绵延十余里，箫鼓之声相随。随从的官员则手提大布袋，沿途给小贩小摊发赏钱，称为“买市”。有人手托着装有几片薄梨、莲藕的小盘，趁机讨点儿外快，跟着市长的队伍跑，刚刚在六部桥讨过赏又去鼓楼讨赏，一而再再而三，居然都能如愿以偿，也算发笔小小的旺财。

十五上元之夜，元宵活动达到高潮。凤凰山下，天街南北，华灯如昼，人山人海，争看花灯、歌舞和杂艺。皇城南北门、朝天门、清河坊、官巷口、众安桥等处，是全城最热闹的地方。所以酒楼茶馆，竞挂彩灯，鼓乐喧天，有“钟馗捉鬼”“麻姑献寿”“福禄寿禧”等人物灯，葡萄、杨梅等果品灯，仙鹤、神鹿等飞禽走兽灯。舞队则扮演仕女、村童、走马、鬼神等各种角色，边舞边唱。旱龙船、踢球灯、走高跷夹杂其间。官巷口、苏家巷一带，以木偶戏著称，班子多达二十四家。旦角木偶披花朵肩，戴珠翠冠，腰肢纤袅，俨然美妇人。西子湖畔的行宫御苑，也在这一刻灯光相映，即便那些与红尘隔绝的大小寺院，也都经不起尘世俗习的诱惑，纷纷张灯欢庆。

这样的狂欢一直要持续到正月十七。那么，狂欢过后该工作了吧？没错，立春到来的时候，太史局会打造一只土牛，放在迎春殿上。然后由太常寺备乐，将这只土牛迎出殿堂，皇帝亲自拿着鞭子象征性地对着土牛抽上一鞭，叫作“打春”：全国人民听好了，大家都该工作了，一日之计在于晨，一年之计在于春！

不过，工作不了多久，大宋人民又要过节了。我已经说过，我们的口号是：工作是为了更好地过节，过节也是为了更好地工作。

接下来的节日是寒食节、清明节。我们大宋朝规定寒食节和清明节一共有七天假期，等于是你们的国庆长假。寒食节里家家户户要冷灶熄火，连皇宫里也一样，不能再生火煮饭，连烧锅热水泡茶喝都不行，据说这是为了纪念那个不言功、不求禄、不小心被晋文公烧死了的介子推。所以，在寒食节，宋朝人都要准备好几天的食物，虽然没有超市也没有面包、方便面，但是可以做麦糕、枣糕、南瓜糕。过两天到清明节了，皇宫里发动小太监燧木取火，谁先钻出火来有奖励，据说奖励多的一次有五十两金子呢！然后，皇帝会向他的大臣们“赐新火”，老百姓得不到赐火但也知道自己怎么取火，于是，京城一片炊烟。做了菜、吃了饭，大家就可以踏青、祭祖去了，总而言之，过好黄金周！

到了夏天，又要过端午节了。端午节这一天，宋朝的老百姓一家老小都要用以香兰草蒸煮过的热水洗上一个澡。因为五月在古人的眼里是个“恶月”，五月五日端午更是一个“恶日”，蛇虫八脚都要复苏爬出来了，所以要搞好个人卫生、洗个澡袪除晦气。洗完澡后，男女老少都要在胳膊上系一条五彩的绳子，称为“百索”，这条绳子一定要在五月初一就准备，据说系上可以百毒不侵。然后，又要讨来黄泥自己和泥捏泥塑人形，用艾做头，用蒜做拳，塑成张天师的“艾像”放在门前，这可比今天买把菖蒲、艾草挂在门前复杂多了，当然也有趣多了。至于另外的赛龙舟、吃粽子、“五黄”，跟今天流传下来的习俗大同小异。

南宋的时候，端午这天中午，家家户户都要点上一炷香，使全城笼罩在袅袅萦绕的香云中。整个五月的中午，天天香火不断，整个城都变成了一座香城，不知此举出自何典？大概焚香可以禳灾去邪，至少驱除蚊蝇吧。宋朝人的卫生习惯还是不错的。

再过些时日，年就过去一半了，大家又有些想念过年时集中过节的热闹，于是又有一堆节日等着大家了：七日七日的乞巧节、七月十五的中元节、八月十五的中秋节……

七夕节在今天被炒成了中国的情人节，那是商家在骗我们男同胞的钱，其实，宋代的七夕节一般都叫“乞巧节”，那是一个典型的女儿节，那个时候没有三八妇女节。这一天，大街小巷都在卖“磨喝乐”。磨喝乐是一种玩偶，这么说吧，就是宋朝的芭比娃娃！磨喝乐是音乐之神、智慧之神，女儿家都要膜拜它。这一天晚上，有女儿的人家都要在庭院里设案献供、焚香祭拜，祈求自己的女儿心灵手巧，然后去抓只蜘蛛放在盒子里，第二天打开看时，结的网又圆又正，就叫“得巧”。当然了，没出嫁的女儿们也都要拿出自己收藏的针线，对着月亮进行穿针孔比赛，据说穿过了针孔就会有一双巧手，所以这项活动就叫“穿针乞巧”。宋朝的小户人家尤其重视对女儿的培养，女子必须具备良好的女红手艺和庖厨技艺，这几乎已经成了宋代市民择偶的一个基本标准。所以，那个时代的男人一般来说要比今天幸福得多。

七月十五是中元节，也是盂兰盆节。

郓城这位相当于当代刑侦队队长和监狱典狱长的朱仝因为屡次徇私舞弊、私放逃犯，被纪委拿下发配沧州以正国法。沧州市的“一把手”倒跟他投缘，叫他监外执行，让他在自己府上带孩子当奶爸。这一天，正是农历七月十五盂兰盆节，朱仝带着小衙内到地藏寺里去凑热闹，看人家点放河灯。

古代没有声光电器等高科技，搞来搞去也就只有看灯。上元节是看灯，中元节也是看灯，只不过，中元节的灯是千家万户在河里放莲花灯。在夜幕的背景下，万盏莲灯在河里漂啊漂，倒也煞是好看。

本来朱科长带着小衙内看灯也没惹着谁，不料，梁山泊的李逵却拐带并绑架了小衙内，甚至还残忍地撕了票。朱大人在沧州市的幸福生活就这么被活生生地破坏了！大家都是混黑社会的，有这么搞的吗？朱大人咽不下这口气，要找绑匪李逵拼命，反被梁山上一帮黑道弟兄最终劝住，大家倒也批评李逵：盂兰盆节可是戒杀生的，你黑小子作恶也不看看时候！

故事打住，就此不表。那么，这盂兰盆节究竟是个什么节日呢？

每年农历七月十五是中元节，这天也是上古时代民间的祭祖节，佛教称为“盂兰盆节”。家家户户门口要摆上供案，放上果品食物，寺庙里也要做法事超度，还有一项就是放河灯，据说是超度亡灵的。中国文化推崇祖先崇拜，讲究阴阳两界的互动，这些大多是在唐朝形成的传统。

好了，过完中元节，马上迎来中秋节。但愿人长久，千里共婵娟。看看《梦粱录》是怎么描绘中秋节的：

> 八月十五日中秋节，此夜月色倍明于常时，又谓之月夕。此际，金风荐爽，玉露生凉，丹桂香飘，银蟾光满。王孙公子、富家巨室，莫不登危楼，临轩玩月，或登广榭，玳筵罗列，琴瑟铿锵，酌酒高歌，恣以竟夕之欢。

大家注意，危楼不是危房建筑，而是高楼。如果你们家有女儿，那么这一夜最好在高楼上焚香拜月，这样她就可以长得跟嫦娥一般美丽。

这一夜，皇宫里照例要举行赏月宴席，京城六品以上的官员都会受到邀请，很多平时没有机会见到皇帝的小官员在这一天也可以有幸一睹龙颜。

大宋朝人民热爱过节，一年四季都有节庆，忙着给自己放假。据统计，宋代城市里一年居然要过七十多个大大小小的节日，真是“良辰美景奈何天，赏心乐事谁家院”！

咱们的民俗专家张约斋先生把春夏秋冬四季中的每一季都按孟、仲、季来排序，正月叫孟春，二月仲春，三月季春……我们现在还经常说的仲夏就是五月，仲秋当然就是八月了。在张先生的笔下，每个月都有节日、有活动，挑个最平常、最想不出节日的孟夏四月来说，什么“南湖放生”，什么“芙蓉池赏新荷”，什么“满霜亭观橘花”，什么“芳草亭斗草”……生活过得不要太有滋有味！我一边艳羡不已、口水不断，一边也在释怀：怪不得没有人肯去收复中原，迎还圣驾了。

宋朝没有专门的假日办，所有传统假日大凡都是沿袭秦汉，所以宋朝的假日办主任其实应该是秦始皇。但是，宋朝的节假日一点儿不比现在少。除了天文历法规定的时令节日，大家还搬出菩萨神仙来做幌子，搞出许多宗教性节日，而且从上到下都非常热衷：六月六日是崔府君的生日、六月二十四日是灌口二郎神的生日……朝廷照例也都下发文件，要求组织庆祝活动。

宗教人物的生日要庆祝，皇帝的生日当然也不能落下，照例都是国家的庆典节日：太祖二月十六日生，这一天就叫长春节；太宗十月十七日生，叫乾明节；真宗皇帝十二月二日生，就叫承天节……这些日子统统放假，真是“皇帝万万岁，小民日日醉”。

略微有些尴尬的是宋徽宗的生日。这位皇帝的生日是五月初五端午节，我们前面说过，古代迷信认为五月五日是个忌日，这一天出生的人对父母不利。这样的迷信当然不足为信，春秋时的孟尝君、西汉的王凤、东汉的胡广、晋朝的王镇恶都是五月初五生的，但徽宗皇帝却十分迷信，登上皇位后就把他的生日改为十月初十，定为天宁节。这一改倒也好，大宋的人民在端午节外又多出一天节日。

第十六章

宋朝旅游纪念品：非精美无以用

各位团友，度过了令人印象深刻的宋朝狂欢节后，我们的穿越时光宋朝深度自由行也即将宣告结束，感谢大家对宋朝文明的孜孜追求，也感谢大家对我的配合和支持！在此之前，有团友给我提议，是不是要给大家一点儿自由购物时间，尽管我们知道大家平时参团旅游最反感导游带着购物，但这趟情况不一样。宋朝有什么精美的旅游纪念品值得我们带回去？

宋朝人已经开始有品牌意识，宋人话本《勘皮靴单证二郎神》中，审判官断案的一条重要线索就是从一只靴子衬里搜出一张上面写着“宣和三年三月五日铺户任一郎造”字样的纸条，而话本《碾玉观音》里，待诏崔宁所制的玉观音也都是“下面碾着三字‘崔宁造’”，说明当时的商品已经都有了制造者姓名，以此对商品质量负责。大家购物的时候可以找一些名牌店铺，《梦粱录》里都有记载，比如陈家彩帛铺、舒家纸扎铺、凌家刷牙铺、孔家头巾铺、徐官人幞头铺、张家铁器铺、纽家腰带铺、戚百乙颜色铺、三不欺药铺、张古老胭脂铺、陈妈妈泥面具风药铺、香家云梯丝鞋铺、彭家温州漆器铺……要注意，宋朝也有专门制造假冒伪劣产品的，东京汴梁有一处地方叫“何楼”，那里卖的就全都是假货，宋朝人叫“何楼货色”，这个咱们别去碰！

至于来宋朝时光旅游带些什么纪念品回去好，说实话，这个问题让我有些犯难了。要知道，宋朝的东西讲究的是“非精美无以用”，无论是宋朝的字画、瓷器、文房用品，哪一件搬回现代可都是国宝啊！我们倒是真应该利用这剩下的时间去见识一下这些国宝级的器物，但不知道这样的“时光贩运”算不算文物走私？好在我们今天的地陪可是一言九鼎的人物，算不算都由他说了算！

好了，隆重推出我们这次旅行的第三位皇帝地陪——宋徽宗赵佶！

一个皇帝和他的文化造诣

公元2008年4月20日，香港，艺流国际拍卖公司春季拍卖会。

一幅流落台湾民间的书法珍品《临唐怀素圣母帖》正在紧张竞拍中。

“八千万，八千万港币！”

“九千万！”

“一个亿！一个亿港币！”竞拍师唾沫横飞，兴奋不已。

“一亿两千八百万，一亿两千八百万港币！一亿两千八百万一次，一亿两千八百万两次，一亿两千八百万三次！成交！”

经过三十多轮竞价，随着竞拍师手中木槌的落下，这幅书法旋即创下了当时中国书画作品在全球拍卖市场上的最高成交纪录。

它的作者就是宋代的徽宗皇帝赵佶。

论起宋徽宗在书画方面的造诣，恐怕只有前朝的王羲之和后世的唐伯虎可以比拟，而他对皇家画院的推动，更是为中国书画创造了一个黄金时代。

中国的画院最早创设于晚唐五代，宋太祖一统天下后即刻建立了翰林图画院。事实上，不光太祖，北宋的许多皇帝，如太宗、仁宗、神宗、哲宗均有绘画的艺术修养，而到了徽宗手里，画院便不仅仅是供养画家的地方，还建制设学，成了名副其实的皇家美术学院。根据《宋史・选举志》的记载，当时这所学院有一套课程计划和教学方法，还有一定的招生制度、考试制度以及寄宿安排等。宋徽宗还创造性地将绘画作为科举升官的一种考试方法，将书画家的地位提高到中国历史上的最高水平。

每次考试宋徽宗一般都亲自命题，而他又很喜欢用唐人诗句做题目刺激出许多新的创意佳话。如题目为“山中藏古寺”，许多人画深山寺院飞檐，但得第一名的没有画任何房屋，只画了一个和尚在山溪挑水；如“踏花归去马蹄香”，你如果花团锦簇地画上一簇簇鲜花，画得累死也不入他的法眼，得第一名的只画了一群蝴蝶追逐着飞奔的马蹄，画面上不出现一朵花却占尽风流！凡此种种。这些都极大地刺激了中国画意境的发展。

画院的招生对象可以是士大夫出身的“士流”，也可以是民间画匠画工等“杂流”，入选则授职位，分画学正、艺学、祗候、待诏等级，没有取得职位的都称为画学生。据说画家创作时须先呈上一个初步的稿子，徽宗会不时来审查指导，他这位“博导”通过了，才可以加工完成。

宋徽宗对教学的要求也非常严格，亲自去当“教授”，他命人每隔十天将宫廷所藏的名画两幅押送到画院供大家临摹学习，又要求画家们深入观察写生。有一次，宣和殿的荔枝结果实，恰好有一只孔雀在荔枝树下，徽宗便命众画家各显神通。画作一一呈上，徽宗却摇摇头说 :“孔雀登高，必先举左脚，看看你们的画，都画成了先抬右脚。”众画家开始还将信将疑，反复观察后发现果然如此，于是大为叹服。还有一次，一位少年新进画了一幅月季，宋徽宗大加褒赏，众人还有些不以为然 : 不就一幅不入流的月季花嘛，我们的梅兰竹菊哪一张比不上他！宋徽宗却自有道理，他说 :“月季确实不是名贵的花，但却很少有人能画好，因为月季每月开一次，但是在四季朝暮花蕊叶片都是不同的，这幅画画的是春天日中时的月季，跟真月季一点儿都不差，所以要重赏。”如此细致的观察和严格的要求，培养出一大批成就斐然的画家，两宋时期的著名画家，如范宽、李唐、刘松年、苏汉臣、马远、夏珪都诞生于那个时期，宋代绘画成为中国绘画史上的一个高峰。

画《千里江山图卷》的少年天才王希孟也是画院的学生，他几次把画呈送给徽宗，开头画得并不怎么好，但徽宗却发现他是个可造之才，便亲授技法，使他不到半年便画出了这幅山水名画，那时他才十八岁。著名的《清明上河图》，也和这位书画皇帝不无干系。张择端完成这幅歌颂太平盛世的历史长卷后，首先将它呈献给了宋徽宗。宋徽宗因此成为此画的第一位收藏者。作为中国历史上书画大家的宋徽宗酷爱此画，用他著名的“瘦金体”书法亲笔在图上题写了“清明上河图”五个字，并钤上了双龙小印（今佚）。

宋徽宗自己也创作了不少传世作品，今天仍在市面上可以看到的也有二十多幅，如《池塘秋晚图》《柳鸦图》《雪江归棹图》《听琴图》等，无一不是各大博物馆的镇馆之宝和各大拍卖市场的顶级宠品。宋徽宗本人在其创作的书画上使用一个类似拉长了的“天”字的花押，据说其中的寓意是象征着“天下第一人”，这也是中国历史上最出名的花押之一，如果说还有之二，那恐怕也就只有明末八大山人的“哭之笑之”花押可与之比拟了。

宋徽宗精善吹弹、书画、声歌、辞赋，在诗词方面也有造诣，他曾亲自编纂自己的作品成一册《宣和宫词》，可惜早已佚失，否则一定可以将乾隆御制诗比下去，而他在书法上的成就突出地表现在其独创的“瘦金体”书法上。从他传世的《千字文卷》等书法作品来看，“瘦金体”锋利清秀、简洁典雅，每一个字都细瘦、挺拔，笔画舒展、遒丽，在转折处，都明显可见刻意的藏锋、露锋，运转提顿的痕迹都被保留下来，形成横画收笔带钩，竖画收笔带点，撇似匕首，捺如切刀，竖钩细长而内敛，连笔似飞而干脆等特点，看了他的书法，你一定会惊讶：一个帝王可以爱美到这种程度!

宋徽宗在艺术方面的天赋是全方位的。有人说故宫博物院的第一任院长应该是宋徽宗，因为在一千多年前，他就开始收藏文物，还发动了一场“整理国故”的运动：把皇家收藏的各类精品分门别类，编纂成书，《宣和画谱》《宣和书谱》《宣和博古图》《宣和睿览集》《大观茶论》……没有他主编的这些图书，恐怕就没有今天的古玩行业!

有关宋徽宗在艺术方面的天赋与成就，你或多或少早已有所耳闻，但你也许不知道，其实，宋朝的皇帝很多都有艺术家潜质，也不仅是宋徽宗，他的第九个儿子、南宋开国皇帝宋高宗也是一个造诣很深的艺术家，精通诗词音乐，擅长书法、绘画，并精于鉴赏。宋高宗的传世画作《篷窗睡起图》，用笔精工，设色雅妍，有极高的专业水准，拿到今天美院里评个教授绰绰有余。宋高宗的书法，早年学黄庭坚，后转学米芾，再追摹王羲之、王献之父子，后世评价他的书法“天纵其能，无不造妙”。

用今天的话来说，宋朝的皇帝们大多都是极会享受生活的性情中人，无论在怎样困难的条件下，他们都会做着精致的梦。在国力不是很强盛的情况下，他们用文化打造了宋朝在后世心目中的软实力。在他们的推动下，追求生活的精致也就成了宋朝的时代风尚，宋朝也成了中国历史上文化艺术最为昌盛的时代，瓷器、玉器、铜器、漆器、书法、绘画、造纸、印书，无不尽善尽美，达到后世不可企及的高峰。今天评论古玩的人，都以宋代生产的器物为最高水平，认为其最为精妙，这倒真不是过誉之词。

宋朝的玉器瓷器，搁在今天样样都是国宝

今天的中国人喜欢玩玉，这个全民普及的风气其实也是从宋朝开始的。宋朝之前，玉作为礼器出现，王室诸侯士大夫把玉当作美德的象征，每个人从头到脚都有一系列的玉佩，所谓“君子无故，玉不去身”。到了宋朝，世俗化倾向开始抬头，玉的实用价

值和美术价值得到充分体现，可谓是“礼”性大减，“玩”味大增。这个时期，人们追求美学上的朴质无华、平淡自然的情趣韵味，而这种追求恰恰暗合玉的真谛，可以说，从宋朝开始，玉器才真正接近现实生活，真正进入寻常百姓家。

相传宋徽宗嗜玉成癖，简直是玉不离身！而宋朝的民间也出现一大批雕玉琢玉的手艺工匠，宋代话本《碾玉观音》里的主人公崔宁崔待诏就是这么一位手艺精湛的玉雕师，他替郡王韩世忠雕了一块玉观音献给皇上，连皇帝都赞誉有加。玩玉的人都知道，从宋朝开始，形成了专琢花鸟形和宗教题材的玉件，这既是平民化世俗生活的要求，也跟宋朝绘画中花鸟、人物画的发展密不可分，而这两种题材的玉件至今仍是中国人把玩的主体。

宋朝的玉器存世不多，像今天故宫博物院收藏的北宋花形镂雕玉佩、南宋玉荷叶杯都是国宝级的藏品。宋朝的瓷器更是开创了中国瓷器史的巅峰时代，今天仍为我们称颂的“五大名窑”都是诞生在那个时期。宋代的瓷器无论在质料、颜色、装饰、做工等方面都有神奇的造诣，在我国陶瓷史上可谓登峰造极，数百年来人们都以宋瓷为楷模。虽然经过元、明、清各代帝王的极力模仿，但还没有能超过宋瓷的，宋瓷的精妙程度可想而知。

宋瓷的颜色大都是敷单彩釉，表面显示出各种各样的细碎花纹，也有表面平滑没有碎纹的，其颜色或纯正或驳杂，有各种不同的色彩，如白色、青色、蓝灰色、鲜红色、暗紫色及各种窑变色；至于宋瓷表面的装饰则有了划花、绣花、印花、锥花、堆花、暗花、法花、嵌花、釉里红、两面彩、釉里青等多种手段，可以说，后世瓷器的种种装饰基本上都在这里了，无非是在此基础上花样翻新，无出其右。

那么，这些装饰究竟是怎么做的呢？

划花就是凹雕，在瓷器表面用刀刻上图案；绣花则是用针刺成图案，跟刺绣那样；印花是用印模在瓷器表面印出图案；锥花就是用锥子凿上图案；堆花就是用笔蘸上泥在瓷器表面堆成图案；暗花就是平雕，用刀在瓷器表面刻去一层，使有花纹的地方稍微薄一点儿，看起来好像没有花纹，但对着光线一照，花纹就出来了；法花就是在瓷器表面凸堆起图案；嵌花则是先另外刻好花纹，然后嵌入瓷器表面；釉里红就是釉下有红色花纹的瓷器；两面彩则是指瓷器的内外有同样的花纹，拿着它对着阳光看，就可以见到两面有完全相同的花纹；而釉里青更是宋代瓷器制作技术中最重要的发明：用阿拉伯人贩来的颜料，如苏门答腊的苏泥、槟榔屿的勃青、印度的佛头青等，在薄质的泥坯上画上花纹，再施一层薄釉，瓷器烧成后呈现出美丽绝伦的青花。釉里青开创了从来没有烧制过的先例，后来的元青花就是在这个基础上产生的。

宋瓷讲究的是细洁净润、色调单纯、趣味高雅，表现为对神、趣、韵、味的追求和彼此的呼应协调，从而形成一代美学风尚，宋朝为我国的陶瓷美学开辟了一个新境界，如钧瓷的海棠红、玫瑰红灿若晚霞、变化如行云的窑变色釉；汝窑“汁水莹润如堆脂”的质感；景德镇青白瓷的色质如玉；南宋官窑和龙泉窑中粉青、梅子青多层厚釉巧夺天工的翠绿晶润。高温色釉工艺的高度成就，使瓷器的釉层不再单纯是器皿的保护层，而是被赋予了独立的美学价值。它们的仪态和风范，成为后世长期追捧的榜样，至今犹令我们为之流连和倾倒。

据说后周世宗柴荣曾经创设了一种瓷器，用其姓氏命名为“柴窑”。这种瓷器青如蓝天、亮如明镜，薄如纸张，声如响磬，釉质滋润细腻，颜色精妙绝伦。柴世宗很喜欢这种瓷器，他本人对此有一个著名的评价是“雨过天青云破处，者（这）般颜色作将来”。

等到赵匡胤篡夺了后周的江山后，看着满宫的柴窑瓷器，不时触动他对世宗的歉疚之情，他下令将全部柴窑瓷器统统毁掉。所以，柴窑在今天只是一个传说，你如果某一天在古玩市场看到一件神秘的柴窑瓷器，可以明确告诉你：一定是假的，人家设局等着宰你呢！

不过，赵匡胤并不是光破坏不建设，他毁掉了柴窑，但是在两宋时期又涌现出中国瓷器史上的五大名窑：定、汝、官、哥、钧。

定窑有南北之分，最初的定窑设在河北定县，所以用地名命名，到了金人南侵，河北定县沦陷了，定窑也被摧毁。宋室南渡后，就在江西景德镇开设瓷窑，完全用定窑的方法烧制瓷器，称为“南定”。景德镇出产的影青、青白釉瓷器通过泉州、广州两大商港开通全球好易购，一时间风靡世界。据说荷兰、葡萄牙商人最早将这些瓷器贩售到欧洲，价格堪比黄金。据南宋宗室赵汝适所著《诸蕃志》记载，宋代的瓷器远销全球五十多个国家，日本、高丽、印度、南洋、欧洲甚至还到了非洲的坦桑尼亚。看过电视上打捞“南海一号”的新闻吗？告诉你，这还只是冰山一角！

定窑瓷器质地很薄，并且很有光泽，以色白而滋润为正宗，质地好的雪白似粉，所以又有“粉定”的说法。定瓷烧制时都是倒着放置，所以上边口沿处没有釉，需罩铜圈作装饰。定瓷的装饰花纹以划花为最好，绣花为最差。

宋朝人认为定瓷有芒口，也就是白色的光泽太刺眼，于是又在河南汝州建青色瓷器窑，这就是汝窑。汝窑瓷器将玛瑙碾碎制成釉，釉汁晶莹润泽，像堆起来的油脂，颜色和传说中的柴窑瓷器差不多，以淡青为主，也有豆青、虾青、茶叶末等颜色。釉汁中有棱眼及蟹爪纹，其底部有芝麻花一样细小挣钉的为上品。

汝瓷的釉质最厚，而且大多凝聚在瓷器上部，像融化的膏脂一样不流淌，凝结在半途。当时人们却认为这种釉汁不均匀的瓷器很美观，所以十分看重汝瓷。据说，现今流传下来的宋朝汝窑真品全世界只有六十五件！

官窑的创设始于宋徽宗。这位艺术家皇帝亲自在汴京设置瓷窑烧制专供宫廷使用的瓷器，称为“官窑”。官窑出产的瓷器，其胎和釉都像纸那么薄，而且表面有开片，以冰裂纹为最佳。官窑存在时间不长，所以真正的北宋官窑瓷器存世的当然很少。金人占领开封后，毁坏了这个瓷窑。后来，南宋又让修内司衙门负责烧制官窑，修内司的衙门位置在今天杭州凤凰山脚下，后世称之为“修内司官窑”或者“南宋官窑”，这种瓷器足色如铁，器口上仰，釉汁下流，所以器口上的釉质极为稀薄，且带着淡淡的紫色，称为“紫口铁足”。

五大名窑中的哥窑则属于民间瓷窑。相传浙江龙泉有姓章的两兄弟都是瓷器工匠，哥哥烧的叫“哥窑”，又叫“琉田窑”；弟弟烧的叫“弟窑”，又叫“龙泉窑”。这两个窑都是民窑中的佼佼者，所制瓷器的质量可以与官窑瓷器相媲美，紫口铁足也很像官窑，其中以表面有碎纹的最有名，有的上面有断纹数百条，称为“百圾碎”，又叫“千峰翠色”。

最后来讲讲钧窑。河南禹县从前称钧台，宋时称钧州，宋代初年在这里开窑烧瓷，称为钧窑。钧窑的瓷器与其他各窑很好区别，因为其他的窑都是单纯颜色的瓷器，而钧窑所烧制的瓷器五色斑斓，光彩夺目，其中最著名的有玫瑰紫、海棠红、茄皮紫等，相传以红如胭脂色的为最好，明代的祭红就是受其影响而制成的。钧窑的产量有严格的限制，据说每年只出产三十六件精品全球限量发行，宋朝多少年历史，你算一算就知道有多少产量了。

花了那么多口舌来介绍宋玉、宋瓷，是因为它们都十分金贵，真正的精品、限量版并不是每个人都有能力拥有的，今天的 LV、爱马仕手包尚且不是每个人都用得起，何况国宝级的宋玉、宋瓷呢！到博物馆去看看，了解一下就可以，要想去古玩市场淘宝“捡漏”，那么最后“吃药”的一定是你！

一页宋版值一两黄金，那么，文房四宝呢？

宋朝的文化昌明，造纸和印刷术也在当时稳居世界第一，宋朝人崇尚文化，流行刻书，像开封、临安等地都有不少刻书坊，还出现了像毕昇这样大师级的人物。宋朝以前的图书多以卷轴的形式出现，而到了宋朝才有我们今天熟悉的线装书。宋朝的线装书纸墨精良、版式疏朗，字体圆润、做工考究，只可惜宋版图书流传至今的已十分稀少，所以图书收藏界有“一页宋版抵得上一两黄金”之说。

宋版书如此金贵，宋朝的文房四宝也备受后世追捧。古代的“时尚话语权”完全操纵在文化人手中。既然是文人当家，那么时尚用品当然首推文房用具。

“文房”这个词最早见诸文献是在南北朝时期，当时专指国家典掌文翰的地方，相当于今天的档案馆，端着一副高严的架子。到了唐代，“档案馆”开放，人人家里建“档案馆”，于是文房就演绎成了文人的书房。那个吟哦“春花秋月何时了”的南唐后主李煜在他的书房里收藏了不少书画，所有的藏品都押上“建业文房之印”，他这一招也被后世文人学去，于是有了藏书印、藏书票之类的劳什子。

古人说玩物丧志，但因为话语权在文人自己手中，所以对文人的玩物就另有说法了：“文房器具，非玩物等也。古人云：笔砚精良，人生一乐。”陆游的诗《笔砚纸墨戏作》中就有“水复山重客到稀，文房四士独相依”之句。可见至少从宋代起，笔、墨、纸、砚这四种主要的书写和绘画工具已经超越了它们的基本功能，成为文人文化中具有象征意义的核心元素，甚至被文人雅士视作个性化的朋友。

［笔］

就像今天的苹果电脑、万宝龙钢笔是时尚人士的最爱，古人的书写工具是毛笔，一支好毛笔当然是一个文化人的首选。

在宋朝，安徽宣城制笔名家诸葛氏家族是当世制笔的第一高手。家族的代表人物诸葛高创制了一种广受欢迎的无心散卓笔，笔头虽然只有半寸长，但扎进笔管里的毫毛却足有一寸之长。正因为这样，根基极为扎实牢固，使用起来笔力持久，不秃不散，“一支可敌它笔数支”。不仅如此，它还不像生毫所制的毛笔那样生硬，据秘籍记载，诸葛高在笔做成之后，要把它放进饭甑里去蒸一斗米饭熟的时间，待取出之后，再悬挂在水瓮上好几个月，然后才投放市场。苏东坡特别喜欢用这种笔书写，在《东坡题跋》卷五中，把诸葛笔比作“内库酒、北苑茶”。

今天我们说毛笔首推湖笔，其实湖州的毛笔要到元明之后才异军突起。你去问问苏东坡，他一定不知道湖笔为何物。

[墨]

毛笔不如现代的钢笔、自来水笔那般方便，它必须有墨、砚相配套。古人用的墨是由碳素单质（烟、煤）与动物胶相调和，并掺以贵重香料、金箔等，经和剂、蒸杵等工序加工而成的，特别是桐烟、漆烟墨等，还会加入麝香、冰片、樟脑、珍珠等十几种贵重原料，产品尤为称著。

人工制作的墨是从魏晋时代开始的，曹操本人就是个墨收藏家，陆云写给陆机的信中提到，“曹公藏墨数十万斤”。魏晋南北朝时期诞生了王羲之、王献之、钟繇等一批著名的书法家以及顾恺之、陆探微、张僧繇等著名画家，“工欲善其事，必先利其器”，这些书画大家对墨都有一种本能的痴迷，王羲之就自言“一日不闻墨香，三天不知食味”。可见，书画业的发展直接影响了墨的演进。

据苏东坡的儿子苏过回忆，苏东坡当年被贬海南，百无聊赖之际，也曾在家里自己制墨，不过，苏东坡的制墨技艺显然不如韦诞，墨没制成，还险些把整栋房子都烧了。但是苏东坡的名气大呀，很快，在杭州等地出现了打着他旗号的所谓“苏式名墨”，这也算古代的“虚假广告”吧。

今天我们知道，墨首推徽墨。徽墨的生产始于南唐，其开创者是五代十国的奚超、奚廷珪父子。奚家原居河北易水，属世代制墨名家。由于后晋将幽云十六州割让给契丹，奚氏便举家南迁。奚超途经黄山一带，为当地白练之奇、松树之妙姿所吸引，并且发现皖南的松烟品质超群，尤其适合做墨，便留在歙州，以皖南古松为原料，又改进了捣松、和胶等技术，创制出“丰肌腻理、光泽如漆”的徽墨。

到了奚廷珪继承父业后，他孜孜不倦于墨源的开拓和传统技艺的改进，经过多次试验，发现桐油烟和漆烟的品质远胜于松烟，是制墨的头等原料。廷珪又创造了“兑胶法”，即反复和胶，有时多达四次，称为“四和墨”。在配方中，他又试着把金箔掺进墨团捶打，制成的墨写起字来闪闪发光又不褪色。这一番技术革新的成功让奚廷珪大受鼓舞，他干脆又将麝香、冰片、丁香等贵重香料一起掺进墨中，使得墨锭郁香常存、不蛀不腐。

南唐后主李煜酷爱书法绘画，手下人将一盒奚廷珪制作的精墨献给他，李后主打开一看爱不释手，立即把他宠信的文人近臣召进宫来一起评墨。当内侍在砚台上放上水，轻轻研墨时，一股甜甜的幽香由淡变浓，弥漫屋宇，令人精神一爽。李后主亲自提笔试墨，他持笔蘸墨，只觉墨汁润泽，不胶不涩，挥笔作书，墨落纸上，乌黑放光，不浸不晕。李后主大喜，当即召奚廷珪担任墨务官，并赐国姓，他们所制的墨也被称为“李墨”“廷珪墨”。

“廷珪墨”好在哪里？来看看古人的记载。南唐文人徐铉、徐锴兄弟使用的廷珪墨，长不过一尺，筷子粗细，日写五千字，用了十年才磨尽，平时兄弟俩还利用这块墨尺坚挺的边刃裁纸，连裁纸刀都省了。

宋人范正敏《遁斋闻览》中记载，有人不小心将一锭廷珪墨掉入水池，以为墨落水中一定不能再用了，也就没去打捞。过了三年，因一件金器掉入池中，这才找人打捞，结果连墨一同捞了上来。意外的是，这锭墨居然“光色不变，表里如新”，于是廷珪墨“置之水中，三年不变”的口碑立刻流传开来。

奚廷珪改叫了李廷珪，他生产的墨获得了“落墨如漆，万载存真”的美誉，大部分被藏于宫廷，少数大臣可以因赏赐而得到，民间极为罕见。但也就是这个“落墨如漆”的美誉，使得这么精贵的廷珪墨被暴殄天物地当作墨漆用了一回：大宋一统天下，南唐政权“归为臣虏”，廷珪墨被作为战利品运回汴京，据说在一次修缮开封相国寺门楼时，竟成车成车地将墨改制成漆，挥霍糟蹋殆尽。几经消磨，到了北宋中后期，已经出现了“黄金易得，李墨难求”的情形。据说词人秦观曾得到李廷珪残墨半锭，当时的制墨名家潘谷见到后，竟至下拜道："真李氏故物，我生再见矣！"

廷珪墨虽然已成奇货，但是徽州的制墨产业却保留下来，到了宋代形成了"徽人家传户习"以及"新安人例工制墨"的盛况。宋代的"供御墨"同样闻名于世，其中"龙香剂"更是历代收藏家追求的瑰宝。宋代的制墨名家大量涌现，吴滋所造之墨"滓不留砚"，曾得宋孝宗犒赏缗钱二万的奖励；潘谷更被世人誉为"墨仙"，潘谷所制的"东庭枢阁""松丸""狻猊""犀角盘双龙"等墨在当时就被称为"墨中神品"，即使是同潘谷相识的苏轼、黄庭坚得到一锭半锭潘墨也都视若珙璧。潘谷鉴别墨的能力也极高，墨只要经他手一摸，便知精粗。据说，有一次黄山谷将自己所藏之墨请他鉴定，他着墨囊一触，便告诉山谷：此李承晏之软剂，今不易得。又拿一囊说，此谷二十年前造者，今精力不及，无此墨也。潘谷为人豪爽，不拘小节，晚年因酒醉落井而死，苏东坡还特地写下"一朝入海寻李白，空看人间画墨仙"的诗句悼念他。

宋人喜欢比茶、比墨，苏东坡说："近世，人好蓄茶与墨，闲暇辄出二物较胜负。"他还讲了两个人的故事：蔡君谟老病不能饮茶，却喜欢"烹而玩之"；吕行甫好藏墨而不能书，则"时磨而小啜之"。

[砚]

相较于笔墨纸这样的消耗品而言，砚更是一种耐用的文房用具，因此也就有些固定资产的意味，所以弥受珍重。

汉代刘熙《释名》中说："砚，研也，研墨使和濡也。"在笔、墨、纸、砚文房四宝中，砚的寿命最长，出生最早，先笔而生，伴墨而长。今天收藏界有一句名言，叫"砚必宋唐"，好的砚台都产在唐朝、宋朝！

宋朝的名砚有端砚、歙砚、洮砚、澄泥砚四种，其中尤以歙砚和澄泥砚最受欢迎。

歙砚的石质像冬瓜皮一样坚老滞手，能感觉到一层雪白而糙手的瓜霜，"索索有芒"，纹理却又像丝绸一样柔美。好的歙砚，砚堂上的纹路如长眉并列，巧如琴弦，被称为眉纹歙砚。苏轼钟爱歙砚，对歙砚稍有了解的人都知道"瓜肤縠理"出自苏轼对歙砚的评价。他在《孔毅甫龙尾砚铭》中写道："涩不留笔，滑不拒墨。瓜肤而縠理，金声而玉德。"前面八个字概括了用砚的感觉和好处，后面十个字分别从摸、看、听、赏四个方面总结了歙砚的质理优点，言简意赅，形象传神，被历代文人奉为鉴赏歙砚的权威标准。除苏轼外，欧阳修、黄庭坚等人都是追捧金星歙砚的粉丝。黄庭坚在《砚山行》一诗中写道："日光灿灿飞金星，碧云色夺端州紫。"硬是把端砚给贬了下去。

澄泥砚产地有青州、虢州、绛州等，都是以泥为原料，用水淘去杂质和砂粒，再摹刻成型，最后火烧成砚。

澄泥砚"取之于泥，成之于火"，品质高低不像石砚那样取决于坑口和自然石质，而取决于人为的生产工艺。但由于端砚、歙砚等优质石砚的迅速普及，烧泥成砚的工艺日渐式微。真正的澄泥砚到宋以后就失传了，欧阳修在《砚谱》中就发出感叹："虢州澄泥砚唐人品砚以为第一，而今人罕用矣。”据说，宋代大书法家米芾就喜欢用澄泥砚，他的传世作品《研山铭》在今天的拍卖市场屡屡拍出天价，而刻有这篇铭文、帮助米芾创作了无数天价艺术品的那方古砚若能面世上拍，成交价一定是天价的天价。

[纸]

笔、墨、砚的使用最终还得落到纸上，因此，文房四宝中的纸才是最后的落脚地。纸是东汉时期的一个太监蔡伦发明的，作为中国古代四大发明之一早已为世人所熟知。文人重视用纸，在唐有薛涛笺，在宋有澄心堂纸。

北宋的王晋卿曾经写信给苏东坡说，我一天到晚购买你的书法，近来又用三缣换来了两张字。你如果有新作，就应该稍许送我一些，省得让我再破费了。苏轼于是就用澄心堂纸、李承宴墨，写了在黄州时作的《黄泥坂词并跋》二百多字送他。

这里，苏东坡为了送王晋卿书法，除了用上好的李承宴墨，更用了名满天下的澄心堂纸，可见友情的深厚。

说到澄心堂纸，这是五代南唐时池州、歙州一带特制的一种质量优异的宣纸，深得南唐后主李煜的宠爱。这种纸坚洁如玉，密薄莹细，即使是五十尺一幅的长纸也从头到脚匀薄如一。澄心堂本是南唐烈祖李升节度金陵时晏居、读书的地方。后来，李煜设局监造名纸，以供宫中御用，就袭用了澄心堂的名字。到了北宋之时，还有好些南唐澄心堂纸留存，据说欧阳修撰《新五代史》用的就是澄心堂纸。一次欧阳修还曾将澄心堂纸送了些给好友梅圣俞，梅圣俞得纸后，高兴得当即吟下了“滑如春冰密如茧，把玩惊喜心徘徊”这样的诗句，接着诗人又笔锋一转继续吟道：“江南李氏有国日，百金不许市一枚。”可见，这种御用纸是何等的珍贵。

北宋末年，擅长书画的徽宗皇帝也爱用这种纸写诗作画，可惜其时所剩已不多，所以皇帝也用得很节省。今天上海博物馆所藏《芦雁柳稚图》等两幅作品，就是徽宗用澄心堂纸画成的。

澄心堂纸之所以上乘是以用水的寒冷为特色，先要把楮皮料浸在寒冷的溪水中，然后在举帘、荡浆的过程中，所需之水都要用冰块融成。正因为这样，才能使所制的纸紧密细洁，有如白玉。至于具体的做法，因为早已失传，所以北宋以后虽有潘谷在歙州所造的仿澄心堂纸以及清乾隆年的仿澄心堂纸，可却仅仅是空仿其名，质量已经不可同日而语。

好了，说了这么多宋朝的名牌货，大家口袋里的铜钱银子毕竟有限，恐怕也只能是心向往之而实不能至，就到此为止吧。

同样到此为止的，还有我们这一段的愉快旅程。天黑请闭眼，等一觉醒来，你会发现你又回到了五彩斑斓的二十一世纪。临行之际，请允许我为大家送上一首歌：《梦醒时分》！